知识生产的原创基地
BASE FOR ORIGINAL CREATIVE CONTENT

颉腾商业
JIE TENG BUSINESS

VUCA时代的
跨文化领导力

杨壮 王进杰 ◎ 编

北京理工大学出版社
BEIJING INSTITUTE OF TECHNOLOGY PRESS

版权专有　侵权必究

图书在版编目（CIP）数据

VUCA时代的跨文化领导力 / 杨壮，王进杰编. —北京：北京理工大学出版社，2022.7
ISBN 978-7-5763-1434-2

Ⅰ.①V… Ⅱ.①杨… ②王… Ⅲ.①跨国公司—企业领导学—研究　Ⅳ.①F276.7

中国版本图书馆CIP数据核字（2022）第110496号

出版发行 /	北京理工大学出版社有限责任公司
社　　址 /	北京市海淀区中关村南大街5号
邮　　编 /	100081
电　　话 /	（010）68914775（总编室）
	（010）82562903（教材售后服务热线）
	（010）68944723（其他图书服务热线）
网　　址 /	http://www.bitpress.com.cn
经　　销 /	全国各地新华书店
印　　刷 /	北京市荣盛彩色印刷有限公司
开　　本 /	710毫米×1000毫米　1 / 16
印　　张 / 20.25	责任编辑 / 时京京
字　　数 / 278千字	文案编辑 / 时京京
版　　次 / 2022年7月第1版　2022年7月第1次印刷	责任校对 / 刘亚男
定　　价 / 89.00元	责任印制 / 李志强

图书出现印装质量问题，请拨打售后服务热线，本社负责调换

Preface | 前言

文化的桥梁，思想的启蒙
——专访北京大学跨文化领导力论坛杨壮教授、王进杰博士

朱明明

跨文化领导力论坛，由杨壮教授于 2017 年 6 月在北京大学牵头成立。自 2020 年以来，论坛从线下讲座转变为线上分享，至今已经开展了逾 40 期线上讲座。该论坛汇聚了世界各地不同领域的专家、学者和业界人士，探讨不确定时代的跨文化领导力及其相关问题，探寻跨文化情景中的差异和共性，促进国家之间的理解、沟通、交流与合作。

受访人：

杨壮（杨）：北京大学国家发展研究院 BiMBA 商学院前联席院长，管理学教授，美国福坦莫大学加贝利（Gabelli）商学院终身教授，DPS（Doctor of Professional Studies in Business）金融管理博士项目学术主任。美国普林斯顿大学公共事务与国际关系硕士，美国哥伦比亚大学社会学硕士，美国哥伦比亚大学管理学博士。

王进杰（王）：北京大学国家发展研究院讲师，北京大学南南合作与发展

学院研究办公室主任。美国哥伦比亚大学国际教育发展硕士，美国宾州州立大学成人教育和国际比较教育学（双）博士。

1. 为什么要发起跨文化领导力论坛？动因是什么？希望达到什么目的？

杨： 北京大学跨文化领导力论坛是 2017 年 6 月 11 日成立的。那天来到现场的差不多有 1 000 人，基本上都是校友，包括校友企业家。很多人关注这个论坛，究其原因，有以下几点：第一，中国的企业特别是民营企业在 2016 年左右对外投资是一个高峰期，有点像 1988—1989 年的日本，但是在海外经营中出现了很多质疑的声音，遇到了大量瓶颈，包括政治瓶颈、法律瓶颈，特别是文化理解上的瓶颈。国外一些媒体也写了一些负面评价的文章，评论中国企业。第二，有调查说，中国企业在海外成功率不到30%，70% 都运营失败了。中国企业满腔热情踌躇满志地走出去，可并没有对当地的情况进行了解，没有对当地的法律进行探索，也没在当地找到很好的合作伙伴。这让我想起了当年自己写的博士论文，日本企业来到美国，在并购过程中也遇到了很多问题，其中很大原因就是在不同文化领域里的融合问题。第三，跟北京大学国家发展研究院（以下简称北大国发院）和美国福坦莫大学联合培养的金融管理博士项目（Doctor of Professional Studies，简称 DPS）也有关系。2015 年开始的 DPS 是一个国际合作项目，也是为了更多地了解文化和冲突，了解问题里面蕴含的文化现象，提高我们的判断能力。第四，对我影响很大的丹娜·左哈尔（Danah Zohar）教授 2015 年来到中国，请我帮助翻译她写的《量子领导力》（*The Quantum Leader*）这本书，翻译这本书的工作过程让我收获很多。丹娜·左哈尔挑战了"基于牛顿思维模式的西方管理模式"，提出了"基于互联网时代组织的量子特征、量子领导者"的概念。面对世界在政治、经济、社会、技术等领域越来越不确定、多元、复杂的环境，对我很有启发，让我们不断去思考环境发生变化之后，我们应该怎么做。这本书已经在

2016年11月正式出版了。在2017年我们筹备论坛的时候，尝试起过很多名字，但是后来还是觉得"跨文化领导力（Cross-cultural Leadership）"比较好。因为我一直都对国际商业行为和全球化领导力比较关注。我们研究不同国家的跨文化商业模式和企业的组织管理。随着中国越来越强大，中国的商业模式、理念和领导风格，更加需要跟国际接轨。

2. 您为什么选择王老师做这个平台的主持人？

杨：跨文化领导力论坛的一大特点就是多元性。王老师有十多年海外的学习和工作背景，英语也是她的强项。她是教育学专业背景，在价值观和包容心等方面契合平台的主持人角色。另外，她有多年的教学经验，在做直播嘉宾和我互动的时候，她能敏锐捕捉要领，进行承上启下的串场，把控全场的节奏和时间，这也是我们这几年工作配合的结果。

3. 您为什么愿意参与杨老师的这个论坛？

王：2018年开始给北大国发院暨南南学院的学生讲专业课，一直得到杨老师的帮助和指导，我们都关注发展中国家的问题，在教学的时候经常交流讨论。2018年到2019年，我多次往返非洲调研，对跨文化交流更加感兴趣，也会在杨老师的课上跟非洲学生们交流，一起探讨案例。大家有着共同的价值观和认知，还要经常沟通研究教学课程，所以我就经常参与论坛活动。

4. 论坛发展有哪些原则？

杨：第一，每一期分享的题目选择要有政治觉悟和战略视野，分享嘉宾的邀请也要注意这一点。我们工作的目的是帮助大家提高认知能力，自身就不能戴有色眼镜。第二，应对不断变化的挑战。尤其现在的国际环境复杂化加剧、黑天鹅事件频出、国家间的博弈格局变化，让我们更加意识到不能有先入为主的定位。学术严谨的要求，就是在这个阶段，要把信息摆在大家面前，但并不下一个什么样的定论。因为它会有很多的变化，无论从讲解者的角度，还是听众的角度，都必须与时共进。第三，多样性。中国在不断进行着变革，国外也发生着很大的变革。互联网时代有个去中心化的特点，各行各业的人都不断有新的发现和挑战。有些题目由教授们分享相当到位，有些分享如果由教授来做，就可能落后于时代了。我们需要跟上互联网时代发展的节奏，而且在这个过程中，要能够认真地提出一些观点，这也取决于你是不是能够与时俱进，是不是能够跟青年对话，是不是能够抓住事情的本质，是不是在那个节点上。

5. 世界其他国家的大学有没有类似的论坛？为什么这样一个有着核心主题和不同话题的论坛能够在中国、在北大国发院由一位管理学教授开展起来？

杨： 这与个人的经历有关，也是在特殊的历史和人文环境下创造出来的，二者有一定的必然性。我从哥伦比亚大学博士毕业之后，1990年—2000年这十年在美国福坦莫大学教书。这期间受到同事老师们的启发——不但有美国人，还有印度人、芬兰人等，他们的教学方法，其中一部分就是游学，这是一个让我好奇的教学方式，老师带着学生们满世界跑。我们游学了欧洲和美洲。记得我回国前参加的最后一趟游学去的是巴西、智利和阿根廷。在2001年回国工作之后，我就把这个教学方法带到了中国，变成了我带着中国学生去美国、欧洲等地方。我们都知道2001年年底正是中国加入WTO的时候，中国与西方主要国家之间的氛围是以相互信任、互相合作为基础的，也是中国与世界进一步接轨、经济高速起飞的阶段。

在北大国发院，我们的中外合作MBA项目首先开展了这种游学的教学方式,其他项目也陆续开展起来,的确帮助同学们开阔了视野。游学目的地是从美国开始的,再加上韩国、日本、俄罗斯、欧洲、英国等地每年选一个。但每次都要去的是美国,我认为这个国家是最重要的。大家去了以后还跟西点军校的学员比赛,特别有意思。我的收获是什么?我发现学生通过游学的方式,得到了特别好的一种思维方式,它真正改变一个人的认知和判断,因为你看到很多东西跟你想的并不一样。

王: 这样的平台,其目的就是将不同的声音、不同的专家聚集在一起,来深度剖析同一个问题。从过去举办的 40 期在线论坛反馈来看,我们的听众很珍惜这个学习交流的机会。不同听众对我们的主题和每一期不同国别的话题都有所反馈,一批忠实听众有过国外学习工作的背景,有着双语甚至三语的能力,既熟悉中国文化,又熟悉国外环境,他们知道跨文化知识的重要性,了解文化差异与商业关系的重要性。

6. 通过游学的视角去看世界,有什么新的收获吗?

杨: 绝对是不一样的。往往自己去的时候是作为一个游客在看,去游学的时候,心里有一个目标和宗旨,根据安排和规划去了解核心的问题,这个问题就是国际化。我读博士的时候,我的学术委员会就极具国际化特点。其中有一位教授是经济学家,他把日本引入我的研究视线。他跟我说你要去日本看那里的美国公司。例如,日本人把他们的习俗带进美国公司来,让从美国去日本工作的员工,特别是男性员工很不适应,因为日本企业的女员工要主动倒茶倒水,而且是义务,这是组织要求的工作,必须这样做。但美国的企业文化是每个人有自己的工作,在工作上的划分也非常严格,不需要这么客气,收入与工作绩效挂钩。你去做其他的工作就会让人感觉你有失专业。为了学习和了解情况,我当时还特意学了半年日语,经常从美国跑去日本调研,最后回到哥伦比亚大学写了半年论文,答辩毕业。但是在这之后,我又写了一些文章，都是关于日本和日本企业的问题分析。

1986年，我和夫人在瑞典。有一次，坐在当地的公共汽车上，我俩讲中文聊天，前面一个瑞典当地人回头居然用中文跟我们搭讪！那是1986年啊，我有些惊讶，问他在哪里学的中文？他说就在当地学的，他特别喜欢中国文化。想想，那时候没有网站，中文教材也很少，中国跟世界隔离了很久，也刚开始接触外面，可他们已经开始了解中国了！

2001年我回国来到北大国发院，学校跟我谈话，交给我的任务就是搞国际化，我就努力把国际化搞得丰富多彩。我带着学生在美国游学过程中最重要的活动叫汽车课堂。例如，从纽约到华盛顿车程4小时，我们设定了总体教学目标，除了导游介绍一个小时，其余时间我们自己要坐车上分享，问同学们来美国以后你的观察、你的理解、你的想法，还有你来美国之后，美国对你有什么影响？这一路上老师基本就是一个主持人，学生分享完了，我就点评。今天的跨文化领导力论坛的形式，其实从那时候在汽车上就形成了。我们在这儿一定要记住——伟大的精神，领先的思想，就是这样来的。

7. 每一期跨文化论坛准备工作包括哪些？有没有一些外界的支持？

杨：2020年论坛的密度比较大，而且从线下改到线上之后，听众人数也增加了许多。在VUCA加经济时代，世界各国怎么做的，政府什么态度，人民什么反应，都是大家关注的话题。在这个时候交流这些问题，就要争取让最好的人，最客观地去讲。因为那时候，不论自媒体，还是其他各种媒体，你都能看到偏见。领导力很重要的一条就是领导和下属情境互动。情境的变化，领导者和下属追随者是有别于客户的，完全不一样。后来我们就主要去关注这些主题内容。美国怎么做？英国呢？日本呢？以色列、俄罗斯又是怎么做的？这些内容都是在那段时间慢慢做起来的。

每一期论坛分享的准备工作很多。星期四下午一小时时间，召集论坛筹备所涉及的各部门老师和分享嘉宾一起，完全预演一遍，大家针对嘉宾分享内容和 PPT 提出修改意见和建议，再把分享需要使用的平台和工具设备沟通安排好。准备内容还包括在线 zoom 平台管理、IT 设备、文稿速记、文案宣传等工作。真正论坛分享的时候，每一期都是安排嘉宾先进行一个小时左右的分享，之后有半小时可以进行听众与嘉宾的互动和对话，最后由我进行总结，结束当期论坛。直播结束后，我们会马上开个电话总结会，总结当期论坛分享的优缺点，以及今后论坛可以借鉴和注意的经验教训。这样，论坛的质量就会慢慢得到提升。所以星期日晚上的论坛分享结束之后，工作团队还要做收尾，休息得比较晚。

感谢北大国发院领导，校友部主任程军慧、施静、姚家珍，EMBA 中心主任柴豫荣，MBA 中心主任于斌、马宏莉，DPS 项目张宇伟，公关部主任王贤青、高琳娜，计算机中心主任沈成铃、黄天衡等老师——大家付出了很多辛苦和努力，我非常感激大家这样支持这个平台的建设！论坛可以给每一位听众带来价值，汇聚起来就能给社会带来价值，从财富向价值，从物质向精神。

王：在已经举办的在线 40 多期中，90% 以上的嘉宾都是杨老师自己的朋友，或者朋友转来的资源，会有大量的沟通工作，准备宣传材料和分享提纲等。每次直播前，我们会提前请嘉宾进入直播间调试。世界各地的嘉宾所处的 IT 环境不一样，遇到过各种各样的挑战。每一次论坛直播分享结束之后，我们还会跟嘉宾继续保持联系。因为在线直播之后，我们会在后期整理出文字稿——有专门聘请的速记员和编辑。每次直播结束以后，速记员和编辑会很快提交文字稿，我们再请分享嘉宾审阅确认之后，就会在"杨壮谈领导力"微信公众号上发布，给没来得及参与直播分享的朋友们回顾阅读。

8. 每一期论坛邀请来做分享嘉宾的选择标准是什么？每期话题又是怎么设定的？

杨：我们找分享嘉宾的标准是要有一定的学术水准。例如，我一开始找的基本都是北京大学毕业居住在世界各地的校友、教授、知名企业家，不分国籍，都是在当地居住了很久的职业人等。主要考虑国别加专业吧。选择嘉宾的标准一定是在领域的专家或学者，特别是研究国际关系的教授，还有商业领域的精英，以及学术和实践都非常优秀的复合型专家。在业内有知名度和良好的口碑。分享主题是由大家协商最后敲定的。嘉宾都有很丰富的背景，同样一个人可能有很多故事要说，但每期论坛时间只有一个多小时，所以必须聚焦。选择嘉宾还要注意话题的国别。例如，我们在谈到 VUCA 时代的领导力和危机领导力的时候，特别注重选择不同国家和区域对不确定情况的解决办法。我们现在分享了美国、英国、印度、日本、以色列、欧洲包括北欧四国，还有澳大利亚等。论坛话题就是围绕三块内容：第一，不同国家的危机领导力，国别差异的危机应对；第二，跨文化的商业行为在流行性疾病的冲击下，有哪些变化和发展、应对措施，以及后 VUCA 时代的发展思路；第三，领导力的核心就是领导与人，包括哲学价值观、品格完善、学习与成长。

9. 跨文化领导力论坛的举办频率在 2020 年有过很大的调整，从之前线下的每月一次变成了每周一次。有听众反映说，2020 年上半年只能居家办公，很多人就是靠汲取这个跨文化领导力论坛的营养来给自己打气加油的。那时候大家没机会去学校上课听讲座，甚至一段时间里出门的机会都很少，大街上也见不到人了，但是在论坛上，大家又能看到杨老师了，又能听到您讲课了，都挺依赖这个平台的。

杨： 是的。论坛最早期是每个月一到两次分享，之后是一周一次。互联网时代本身有个特点，就是很容易产生谣言，并得到传播。在 VUCA 时代的各种话题，真真假假层出不穷，包括各种疗法、物资问题、疫苗研发、国际交流、国家竞争，还有政治博弈等，很多事情层出不穷。我看到团队特别支持，觉得一定要让大家听到世界各地的一手资料，听到重点，知道真实情况。

真实性就建立在每个人的判断基础之上。我们请的嘉宾都是我熟悉和了解的，很多都是多年至交，我很清楚他们的学术能力、客观性和独立观察水平，才会发出邀请。例如，以色列那期的分享嘉宾是父子二人，都是我的好朋友。

王：VUCA时代是全人类共同面临的问题。所以更需要彼此增加透明度，加强教育和文化交流。这些手段都可以帮助我们共同发现问题，寻找解决问题的途径。而信息闭塞，文化认知严重隔阂，可能会增大我们人类共同面临不确定性所带来的困难。所以在2020年年初的时候，希望了解世界不同国家在不确定情势下的发展状况，找专家讲出来，会促进大家彼此的了解，尽量避免误解、猜忌和恐慌。我们在力所能及的范围里去推广认知，加强了解，把问题提出来，把现象描述出来，认清楚问题就是解决问题的开始。

10. 北京大学跨文化领导力在线论坛已经举办超过40期了，每一期论坛的通知都是在北大国发院校友群里发布的，也就是说，目前的听众基本上还都是在校友范围里。请问将来的听众群会发生什么变化吗？

杨：是的，论坛目前还处于一种半封闭的状态，尚未完全对社会开放。下一步，我们打算做的是让题目更加聚焦，更加关注国际化的问题。我们也考虑把录像做成方便回看的短视频，在做好保护版权的前提下，发布在公共平台上。这样，更多对此类问题感兴趣的朋友就能够从论坛分享中获益了。这样做，还能避免另外一个问题，就是现在有些自媒体会误传或者断章取义，形成误导。所以我们推出了论坛公众号，用我们自己整理的文字和短视频分享论坛内容，确保大家获取准确的信息。

11. 论坛发展需要的资源和资金支持，现在是怎么解决的？

杨：我们尽量调动自身积累的人脉资源，只是资金支持比较少。必须产生的一些费用，就是用我的课题研究经费解决的，虽然我的研究经费并不充裕，目前没有收取赞助。公益讲座的工作团队基本都是在义务服务，包括我们的准备会、总结会，都是利用大家自己的时间甚至夜晚进行讨论的，团队一直很支持我，让我特别感动。其实星期日白天我自己经常有课要讲，五点半才下课，论坛是在星期日晚上七点开始，我得下了课赶紧往家跑。因为我必须认真听全场，不断地动脑子思考，才能参与互动和最后的点评。

12. VUCA 时代，论坛未来会有什么变化？

杨： 目前从各方面情况来看，论坛应该继续在线上进行，现场直播配合后期的短视频和文字分享。线上传播力度更大。为了进一步提高质量，论坛的举办频率会调整为每月一两次。做一场优秀的讲座不稀罕，但是连续做 40 场，已经做了三年多。尤其在 2020 年全世界都充满挑战的一年，很多人只能留在家里，不太清楚外面的世界，更不清楚明天会怎样，各类媒体上充满了指责和猜疑的时候，有这么一扇窗户，能够让我们从各领域专家们的视角去观察这个世界，其实是一个很好的事情。

VUCA 时代的跨文化领导力：机遇与挑战

杨壮　王进杰

人类共同面临的流行性疾病威胁让我们进入了 VUCA 时代。VUCA 是 Volatility（易变性）、Uncertainty（不确定性）、Complexity（复杂性）、Ambiguity（模糊性）的缩写。今天的全球政治、经济、社会形势变得越来越复杂。联合国贸易和发展会议（UNCTAD）分析认为，2020 年全球经济将萎缩 4.3%，导致陷入极端贫困的人口增加 1.3 亿，而流行性疾病造成的经济影响将比健康危机持续更长时间。

2020 年美国大选，出现了在美国 200 年历史上罕见的暴徒冲击国会事件。美国黑人弗洛伊德受害事件使得美国社会种族冲突日趋激烈。中美关系全方位倒退，剑拔弩张。美国、日本等主要 G7 国家的经济贸易由于流行性疾病都遭到了重创。全球航空业和旅游业包括中国损失惨重。发展中国家受到流行性疾病影响更为严重。WHO 警告说，非洲流行性疾病可能会导致更多的人挨饿、疾病、死亡。中东政局极度不稳，以色列和周边国家不断发生武装冲突。印度、巴西及南美的发展中国家出现了严重的变异流行性疾病，流行性疾病更加难以得到有效控制。

流行性疾病不仅在政治上、经济上给世人造成混乱,不同国家、民族、社会、家庭群体内也在价值观、人生观、心灵上出现撕裂、纠结、冲突。暴力袭击亚裔事件在美国社会越演越烈。AI 技术和互联网信息爆炸式发展,让很多自媒体平台上出现争吵和谩骂。假新闻、不实新闻充斥国内和国际自媒体平台,让国家和普通百姓很难对现实做出客观判断,进一步加剧了人们对未来世界的恐惧和担忧。

流行性疾病及 VUCA 的不确定性让我们深深体会到跨文化领导力在这个时代是多么的重要。领导力是"通过动员组织,激励下属,为了共同的愿景努力奋斗的艺术"(库泽斯、波斯纳)。我们现在生活在世界村。今天的世界我中有你,你中有我。在跨文化情境下,组织、激励需要在不同民族之间有坦诚、真实、及时的沟通和交流;跨文化共同愿景就是在不同跨政治、经济、文化情境下,不同民族的人可以得到相对真实、准确、可靠、客观的信息,加强相互之间的了解和互助,共同携手应对流行性疾病这个看不见的敌人,尽快降低流行性疾病的感染率和死亡率,迅速恢复国家企业的生产能力和国际贸易交流往来。

北京大学跨文化领导力论坛成立于 2017 年 6 月 11 日,之后邀请了来自世界各地的学者和专家分享了多元有趣的跨文化领导力实践、跨文化管理知识、商业管理经验等。特别是 2020 年流行性疾病出现以来,跨文化领导力论坛坚持每周线上公益直播,每次两个小时,成功举办 40 多期,让人们在家隔离也能知道天下大事。来自美洲、欧洲、亚洲等不同地区的专家、学者、企业代表及时准确分享各国流行性疾病分布形势和国家流行性疾病领导力专题讲座。同时,论坛亦邀请了北大国发院 BiMBA 商学院 MBA 和 EMBA 学生和校友分享流行性疾病时代下的企业领导力理念和领导者对待流行性疾病的具体政策和实践。

本书基于跨文化领导力演讲嘉宾的线上和线下讲座内容,经过系统梳理后进行分类编辑、成书,涉及不确定时代的国际关系、商业环境、企业发展、跨文化领导力实践、个人成长等内容。本书共分为三篇，上篇是学者们对跨文化领导力及相关概念的前沿研究；中篇讲述跨国企业的领导力和特色；下篇结合生动案例，聚焦跨文化领导力实践。无论商学院的学生、企业领导者或者雇员，还是对跨文化知识感兴趣的各界人士，都会从本书中拓宽国际视野，了解跨文化情境下的领导力，获取跨文化知识并加强自我认知和自身的跨文化情商。

这本书的意义在于在全球流行性疾病和VUCA的环境下，读者可以获得来自世界各地第一手的跨文化领导力的观点和信息，相对准确、真实、客观。通过学习、消化、思考分享人的观点，梳理个人在不确定环境下的内在情绪，最终制定个人的价值取向、人生定位和职业发展。20多位分享者都是各自领域中的专家，他们的分享可以让我们明白任何国家都有自己的国情和文化传承，有对待流行性疾病独特的方针、方法和政策，没有一个国家的做法可以被其他国家轻易拷贝，也没有一种领导行为放之四海而皆准。更重要的是，这些分享人积极的人生态度、专业的职业素养、辩证的思维方法、发展的认知模式，让我们最终得出结论：世界永远都在变，经济、社会、技术永远都在进步，也会不断遇到挑战和威胁。我们必须正视这个变化的世界，与时共进，眺望未来，不管遇到多大的挑战和困难，时刻增强内心的抗压能力和自控力，用积极的态度面对环境和人生的挑战，为这个世界的和平和安全，做出每个人的一点努力和奉献。

Contents 目录

上篇 跨文化领导力前沿研究

构建新时代中国特色企业家精神 　　003

犹太文化传承与现代以色列 　　017

中美企业的关系：脱钩还是重挂钩 　　032

VUCA 情境下的"三元领导力" 　　046

跨文化领导力与人力资本发展 　　051

企业人才管理面对的挑战与机遇 　　064

中篇 跨国企业的领导力

雷克萨斯在美国成功的案例分析 　　075

20 世纪 80 年代日本企业在美国经营的经验和教训 　　081

德国企业的领导力思考 　　091

荷兰企业的领导力思考 　　098

日航重建——稻盛和夫哲学的公开实验 　　119

跨文化领导力和跨国公司的实践 　　132

跨文化领导力的实践

在巨大的不确定性中探索"人是谁" 151
文化差异与契约精神 169
未来进中求：连锁酒店行业的生存法则 181
以酒店业为例的领导力探讨 200
国际工程与跨文化领导力 213
创新领导力成就业务高成长 233
儒商之道与犹太生意经的碰撞 244
正念领导力——修炼内心，以实现卓越的跨文化领导 258
中美跨文化沟通的机遇和挑战 271
外企和中国成长型企业的领导力建设 289

后记 306

上篇

跨文化领导力前沿研究

构建新时代中国特色企业家精神

宫玉振、石东、侯云、廖天亮[①]

摘要　本文从中西对比和历史分析的视角，分析了企业家和企业家精神的基本内涵，梳理了中国企业家精神的演变过程，并提出了构建新时代中国特色企业家精神的基本维度。本文认为，需要从以下维度构建新时代中国特色的企业家精神，这就是：传统文化中社会情怀所滋养的责任与担当、商业活动中竞争所培育的创新与冒险、社会关系中的伦理结构所培育的约束与自律，这是新时代中国特色的企业家精神的基础架构。同时，构建有利于企业家精神成长的制度环境，是新时代中国特色企业家精神构建必须倡导和强化的重要方面。

导读

生产与商业活动始终伴随着人类的发展历史，经济价值的创造是人类文明发展的重要基础。"企业家精神"概念的提出，聚焦于经济价值创造的主

[①] 宫玉振，北京大学国家发展研究院管理学教授。石东，美国福坦莫大学金融管理博士。侯云和廖天亮均为美国福坦莫大学金融管理项目在读博士学生，中国政策科学研究会研究员。

体——企业家群体和企业家精神的特质分析，为我们认识和解释人类经济活动的特征和差异，提供了独特的视角。

改革开放以来，中国经济发展成就有目共睹。在这个过程中，当代企业家群体的贡献功不可没。改革、开放、搞活，其实质就是释放以企业家为代表的社会劳动生产力。正如人们常说的"企业家是经济活动的重要主体，企业家精神是经济发展的重要源泉"。关注中国经济发展，企业家精神是避不开的话题。如何构建新时代中国企业家精神是本文论述的核心观点。

一、西方企业家精神的形成路径及特质

西方商业文明的发展复杂漫长，其文化源流也是多元杂糅。古希腊文明提供了人文主义基础，古希伯来文明提供了宗教信仰渊源。希腊文明强调理性思维与实践、培养人类科学精神，以及注重通过知识积累和创新而产生的想象力和创造力。希伯来文明强调精神信仰对人类行为的规范和对道德的自我修养。

在古希腊，多山多岛、土地贫瘠的自然环境，使古希腊人的经济生活对外依赖性很高，造就了其开放和勇于开拓探索的商业意识。广泛的贸易交往培养了平等、互利、理性、自由的商业精神，并加以制度化、契约化和法制化。当然，同时伴随的还有殖民扩张，靠掠夺其他民族来改善自身生活，充分体现出以竞争和冲突作为生存基本法则的社会达尔文主义。因此，古典时代的希腊商业精神，是英雄主义、人本主义和现实主义的结合体，是集贸易、掠夺、殖民于一身的外向型理性海洋文化的典型代表。

希伯来文明可以追溯到两河流域与古埃及的人类早期农业文化和商品文化，这一文明通过宗教（基督教）的形式，与西方的罗马帝国及之后的游牧和狩猎为主的蛮族文化相结合，形成农耕文化与商品文化以及游牧狩猎文化相互杂糅的独特文明结构。游牧狩猎文化的自由奔放、勇猛无畏抵消了一些

农耕文化中的保守、谨慎和束缚，而农耕文化中的谦和、宽容、责任、敬畏、节制、勤劳又中和了一些游牧狩猎文化中的粗暴、鲁莽、凶残、散漫。同时，商品文化，又在这个结构中注入了合作、互利、诚信、守约的基因。因此，带有强烈宗教色彩的希伯来文明，是一种以封建农牧制度、土地争夺战争、强权为主的内向型大陆文化体系。

此外，以日耳曼各民族为代表的刚毅果敢、自由奔放、野蛮好斗的游牧狩猎民族传统，以及从维京海盗为代表的无所畏惧、掠夺成性的海盗文化，也深深影响着西方文化和民族精神。正如桑巴特所言"资本主义是由欧洲精神的深处生发出来的"，我们可以理解，这个精神深处既包含了希腊和希伯来文明的文明精神，也包含了蛮族的野蛮精神。

进入中世纪之后，西方文明曾在黑暗中沉睡了多年。一直到14世纪文艺复兴使希腊文明重新回归，大大解放了人们的思想，继而引发了地理大发现并带来全球化贸易革命以及科学革命和宗教改革，重商主义则成为西欧各国的立国之本。商业力量的发展最终在以荷兰、英国为代表的国家内引发制度革命（资产阶级革命），而制度革命又为以企业家为核心的资产阶级和资本主义市场经济提供了有力的制度保障体系，从而为企业家精神提供了爆发式成长的机会，最终形成了我们今天所见到的西方现代企业家精神。企业家的地位与作用更受关注，企业家精神的特质更加突出。为追逐利益而不断创新与冒险，是西方企业家群体普遍的共性，也成了西方资本主义持续发展的原动力。创新和冒险由此也就成为西方企业家精神最突出的特质。

值得注意的是，在创新与冒险构成西方企业家精神的基本内涵的同时，西方现代企业家精神也受到宗教伦理尤其是新教伦理的影响。在经典性的《新教伦理与资本主义精神》一书中，马克斯·韦伯曾就新教伦理对包括企业家精神在内的资本主义精神做了详尽的阐释。从韦伯的分析中我们可以看出，新教伦理中"天职观"和"入世禁欲主义"构成了西方现代企业家精神的主体性来源之一。"天职观"促使人们为上帝的荣耀努力工作、拼命赚钱，从而创造了财富。"入世禁欲主义"则使人们控制欲望，远离奢靡、浪费、懒惰等恶习，崇尚节俭、勤奋、不贪图享乐，从而大量积累财富。"选民"的身份使人们自信、自强、珍惜时间和生命、坚持目标、意志坚定、承担责任。在韦伯看来，"'人们履行天职的责任'是资本主义文化的社会伦理中最为典型的特质，是资本主义文化的根基所在。"这种以"天职观"为核心的新教伦理，赋予西方企业家精神在价值观上以勤俭、自律为基本道德内涵。

不过，近代企业家精神的兴起过程，同时也是西方通过暴力手段进行殖民扩张的过程。正因为如此，如果说创新、冒险以及勤俭、自律是西方企业家精神中积极的一面，在近代以来的西方的企业家精神中，我们也能看到另一面，即与殖民扩张和对外侵略相关的掠夺、剥削、贪婪、野蛮，以赤裸裸的利益追逐、弱肉强食为内涵的社会达尔文主义。可以说，创新、冒险、勤俭、自律成就了西方世界无数的创富故事和传奇，那么，社会达尔文主义也在西方企业家精神发展史上留下了许多为了财富而侵略、殖民、屠杀、剥削的斑斑劣迹。马克思所说的"资本来到人世间，从头到脚，每个毛孔都滴着血和肮脏的东西"，在西方的殖民扩张历史上表现得淋漓尽致。可以说，西方现代企业家精神从一开始就具有文明与野蛮的多重性格。我们在构建中国企业家精神时，必须以借鉴和批判的态度，取其精华，弃其糟粕。

二、当代中国企业家精神的顿挫与复兴

新中国成立后，作为后发国家的中国，为了实现国家的生存与发展，并保持社会主义意识形态，选择了通过政府行政手段来实现经济赶超。通过与原苏联的156个援建项目以及大规模的三线建设，完成了新中国工业基础建设。[①] 与此同时，新中国进行了公私合营、三大改造，资本主义工商业基本被

---

① 何一民，周明长. 156项工程与新中国工业城市发展（1949年—1957年）[J]. 当代中国史研究，2007, 14（2）: 70–77.

消灭。

在计划经济体制下，民营企业全面没落，取而代之的是国有企业和集体企业。随着民营企业的消失，企业家群体也基本消失，取而代之的是没有所有权的官员作为企业管理人。没有了企业家，企业家精神自然也就无从谈起。中国企业家精神的发展，出现了二十多年的断层。

1978年改革开放之后，中国经济从计划经济先后走向有计划的商品经济和社会主义市场经济，曾经消失的民营企业终于开始规模性地出现，企业家阶层开始逐渐产生并兴起壮大，企业家精神也随着时代的发展，开始重建并迎来了全新的发展阶段。市场经济的发展呼唤企业家精神的传承、发扬与光大，中国企业家精神再一次进入人们的视线。

四十多年来，中国企业家们从改革开放初期单纯的闭塞、蛮干、一味逐利的模式，发展到中期较为复杂的模仿、逐利、迷惘的阶段，最终走上探究、开放、成长、壮大的路径。在市场经济的大潮中，一代代企业家演绎出一部又一部精彩的商业史，或成功，或失败，都给后人留下了宝贵财富。

当代中国的企业家，按照时间，一般被划分为三代。

第一代：1978年到1988年左右，主要是农民出身的企业家。①

在1988年之前，私有企业是非法的。由于户口管制政策，企业家没有社会地位，所以除了农民和在城市找不到工作的人以外，很少有人愿意干个体户，愿意自己办企业。农村的能人穷则思变，由农民转变的企业家和由城市贫民转变的个体户成为这一代的主流。其主要代表人物有傻子瓜子的年广久、大邱庄的禹作敏、南德的牟其中等。

这一代企业家大多是农民创业的背景，商业方式初期以倒买倒卖为主，企业发展具有野蛮生长的特性，以逐利和冒险为其主要特征，相当一部分人缺乏儒商的家国情怀和资本主义企业家的自律精神。由于其文化教育程度相

---

① 张维迎.企业家精神与中国企业家成长[J].经济界，2010，000（002）：25-26.

对较低，很多是小学或初中毕业，在企业发展到一定阶段后必然会遇到发展瓶颈。如何打破瓶颈，能否通过终身学习的能力和现代管理理念的接轨，实现突破自我就成了企业存亡的关键。

第二代：1988 年到 1998 年左右，主要是党政干部和事业单位的知识分子出身的企业家，又称"92 派"。

1988 年私有企业合法化、1992 年邓小平南方谈话以及其后"社会主义市场经济"目标的确立，激励了很多体制内的精英开始投身商海。仅 1992 年一年，中国有 12 万党政干部下海，从此之后这个风潮就没有中断。联想的柳传志、华为的任正非、万科的王石、用友软件的王文京、万通的冯仑、中坤的黄怒波等都是其中的代表人物。

这个时期的企业家，绝大多数都有较高的学历，受过良好的教育，不少还有从政的背景，既有人脉又有激情，极富冒险精神，对西方的商业伦理与价值观全盘接受并倾力模仿。加之"抓到老鼠就是好猫"的政策导向，积压多年的制度松绑，和西方的资本主义文化冲击，这群素质高、背景好、关系深的下海官员迅速成长为身经百战的企业家。但是，在很多人的成功背后，仍然是对传统权力的依附，这种依附关系使他们耗费心力，很难把全部精力集中到创新这一最重要的环节上来。于是出现了中国企业家身上所谓的"狼性"和"羊性"兼具的二元特质：[1][2] 在官商关系中，充当温顺的羊，以获取更多的权力套利机会；在市场竞争中，则充当攻击性的狼，不择手段追逐更多利益。于是，在走向富足之后，这一代企业家往往面临着严重的精神空虚和价值缺失的迷惘。

第三代：1998 年前后至今，主要是海归派和高科技出身的企业家崛起。又称"WTO 派"。代表人物有阿里的马云，腾讯的马化腾，百度的李彦宏，

---

[1] 孟祥林. 狼性还是羊性：企业文化选择与发展趋势分析 [J]. 电子科技大学学报（社科版），2008，04（No.43）：33–37.

[2] 黄怒波. 黄怒波：重塑企业家精神 [J]. 创业家，2015，02（2）：104.

网易的丁磊，新浪的王志东，360的周鸿祎，京东的刘强东，搜狐的张朝阳，小米的雷军等人。

千禧年之后随着高科技产业的飞速发展，一大批高学历、懂技术和投资的人或创办企业，或归国发展，国外领先技术及管理理念再加上国内的广袤市场，最终使这一代企业家适应了时代的潮流。这些企业家的特点是：高科技产业领域的人才，名校毕业居多，精通外语或计算机，大部分海外留学归来，并有在国外工作的经历，回国后带回了大量的风险投资。熟知西方的制度文化与技术趋势，善于借助全球化形势下的资本的力量和西方的管理理念，在IT和互联网领域从引进、模仿到超越。他们对制度的敏感性更高，希望拥有公平公正的环境。

由于信息科技的发展，全球一体化趋势不可阻挡，社会价值体系发生了根本性的变化，以马云和马化腾为代表的新力量的出现，代表了新的文化冲击，帮助中国走出了第二代企业家所面临的"狼和羊"的困境。第三代企业家更好地融合了东西方文化的精髓，加之中国加入WTO的契机，中国特色的市场经济更加大行其道，国企处于收缩发展阶段，而民营企业则迎来了近百年来的辉煌发展时代。上述企业家中绝大多数企业家引领着他们创始的企业一路高歌前行，从过去的发展壮大到如今的超越领先。

制度环境的变化，引发文化的回归。这个时代的企业家，既具有创新精神，也具有自律的特质，在逐利的同时，重视社会责任，热心参加社会公益，反哺社会。同时由于制度的变化、经济的发展产生的文化自信，传统的儒释道文化不断地回归，传统的家国情怀，度己度人的儒商理念帮助企业家们从单纯逐利的迷惘中找到人生的意义和方向。因此，这代人少了狼性的勇猛与贪婪，多了人性的智慧与服务意识，是中国近现代以来比较健康和可持续性发展的一代。

总之，随着改革开放和经济体制改革的不断深入，企业家的活力得到了释放，商业经营者在市场中打拼，在国际市场中学习，我国企业家群体不断发展壮大，已经成为中国经济社会发展的重要力量。

然而我们也应该看到，在体制转轨时期，很多制度不完善，对企业家精神的培育氛围与激励机制尚不健全，导致官商关系依旧模糊，灰色地带依然存在，利用市场不平衡的套利投机型企业家依然多于创造新格局的创新开拓型企业家，还有些企业家则是两种特性兼存于一人之身。尤其是在过去的十年中，随着国企改革进入了深水区，难度逐渐加大，政府的调控能力不断增强，如何合理把握历史的机遇，让中国的企业家精神不发生畸形，让中国的民营企业顺利发展并成为国家经济发展的栋梁，将是新时代面临的重要挑战之一。

三、新时代中国特色企业家精神的建构方向

2017年9月，中共中央、国务院发布《关于营造企业家健康成长环境、弘扬优秀企业家精神，更好发挥企业家作用的意见》（以下简称《意见》），十九大报告强调"激发和保护企业家精神"，中国政府第一次从国家层面提出了中国企业家精神内涵及其成长环境建设的时代命题。《意见》用三个"弘扬"勾勒出了新时期优秀企业家精神的核心内涵：爱国敬业、遵纪守法、艰苦奋斗；创新发展、专注品质、追求卓越；履行责任、敢于担当、服务社会。至此，企业家精神形成了新时代的"中国定义"。

《意见》认可企业家精神是社会主义市场经济的活力源泉，确认"企业家是经济活动的重要主体"，从理论上澄清了企业家作为能动的生产要素的本质。习近平主席指出："我们全面深化改革，就要激发市场蕴藏的活力。市场活力来自人，特别是来自企业家，来自企业家精神。"因此，营造企业家健康成长环境，弘扬优秀企业家精神，更好发挥企业家作用，是中国特色社会主义进入新时代之后的必然选择。

历史和现实都证明，我们需要构建新时代中国特色的企业家精神。在前面两部分的基础上，我们提出了一个新时代中国特色的企业家精神建构的基

本维度，这就是：传统文化中社会情怀所滋养的责任与担当、商业活动中竞争所培育的创新与冒险、社会关系中的伦理结构所培育的约束与自律，是新时代中国特色的企业家精神的基础架构。同时我们提出，构建有利于企业家精神成长的制度环境，是新时代中国特色企业家精神构建必须倡导和强化的重要方面，具体如图1所示。

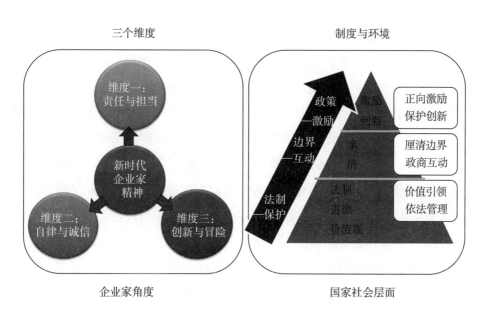

图1　新时代中国特色企业家精神及制度环境构建图

四、从三个维度构建新时代中国特色的企业家精神

从企业家群体的角度来说，构建新时代中国特色企业家精神，需要从三个维度着手。

第一个维度：责任与担当

首先，传承历史文化，肩负时代使命。责任意识与担当精神是中国传统文化最优秀的组成部分，从屈原的"虽九死其犹未悔"，到范仲淹的"先天下之忧而忧，后天下之乐而乐"，从文天祥的"留取丹心照汗青"，到顾炎武的"天下兴亡，匹夫有责"，都是责任担当的生动写照。十九大吹响了"为人民谋幸福，为民族谋复兴"的号角，人民幸福和民族复兴离不开财富的创造。企业家是财富创造的领军人物，企业家精神是财富创造的精神底蕴，也是对中国传统文化的传承与弘扬。企业家要顺应时代潮流，爱国为民，勇于开发实业，勇于参与竞争，勇于创造财富。只有把创造财富的经济活动与人民幸福和民族复兴的神圣使命结合在一起，才能更加彰显企业家的社会责任和担当精神。

其次，胸怀远大梦想，抓住历史机遇。进入21世纪以来，科技革命的颠覆性影响，知识经济的迅速兴起，网络经济的席卷全球，经济发展正在经历人类前所未有的变革。中国梦的实现，就是要紧紧抓住这个历史机遇，建设富强、民主、文明、和谐、美丽的社会主义现代化强国。强国的五大特征之首就是富强，富强就是要创造财富，中国人民走过了站起来、富起来的道路，现在迈入了强起来的征程。企业家的财富梦在这里与国家的富强梦融合在了一起。《意见》从国家的高度提出"营造企业家健康成长环境，弘扬优秀企业家精神，更好发挥企业家作用"，为企业家群体的成长和企业家精神的弘扬创造了从未有过的好机遇。

再次，增强理想信念，实现个人价值。"路漫漫其修远兮，吾将上下而求索"，每个人都有目标，都有理想，企业家是社会上最有理想的群体之一，企业家精神本身就是一种崇高的理想。新时代呼唤有理想信念的价值创造者，呼唤有责任担当的企业家精神。把自己的理想信念、个人价值，与新时代的社会价值、强国梦想结合在一起，把个人理想融入民族复兴的伟大实践，就能成就一批新时代中国特色的企业家，形成一种新时代中国特色的企业家精神。

第二个维度：自律与诚信

首先，彰显法治精神，坚持依法治企。十九大提出全面依法治国，并指出依法治国是中国国家治理领域一场广泛而深刻的革命，是中国特色社会主义的本质要求和重要保障。依法治国、以德治国有机结合起来，为新时代中国特色企业家精神奠定了良好的法制基础和思想基础。既有法律的刚性，又有道德的柔性，刚柔并济，恰恰是最具中国特色的企业家精神的特质所在。有了依法治国、以德治国的国家治理理念，企业治理就有了准绳和保障。财富创造，企业管理，都要全面树立依法治理、依法管理的理念，以法治的眼光审视企业发展问题，以法治的思维研究公司转型、创新路径等问题，以法治的理性选择发展的模式，以法治的办法破解转型发展和创新发展中的各种难题，以法治的手段保障和保护公司发展取得的成果。

其次，严守道德自律，诚信守法经营。《周易》讲"诚者，物之始终"，《论语》讲"义者，宜也"，在中国传统文化中，"信"和"义"两种道德规范合在一起，成为最主流的商业道德观，因此诚信经营也一直作为一个道德命题而存在。这种信义观塑造了中国两千多年来"货真价实""童叟无欺"的基本经营思想，也是中国历代优秀商人人格的写照。人类发展进入新的世纪，中国发展进入新的时代，传统的信义观依然是中国企业家群体立信创富的道德基础。

再次，修身养性懿心，成就非凡人生。中国传统文化强调"修己安人"。儒家讲"存心养性"，道家是"修心炼性"。"修身、齐家、治国、平天下"是许多中国人的人生信条，修法不同，但不断完善自己的目标相同，正心诚意，修身齐家，治企济天下。个人的道德操守与职业道德，个人的人生追求与事业发展，个人的修身养性与国家富强，通过企业家的经营活动和企业家精神的不断完善紧密结合起来。

第三个维度：创新与冒险

首先，增强制度自信，敢于市场竞争。中国已经不是过去的中国，对企业家精神的压抑或扭曲的时代也已经过去。新时代、新思想、新矛盾、新目标、新部署，市场在资源配置中的决定作用得到了充分肯定。习近平总书记在2016年就指出，要着力营造法治、透明、公正的体制政策环境和舆论环境，保护企业家精神，支持企业家创新创业。市场繁荣、国家稳定、政策明确，中国特色社会主义进入高质量发展阶段，到了建设现代化经济体系阶段。在市场上打拼的企业家群体，要理直气壮地参与竞争，充满自豪地彰显企业家精神。从过去的投机驱动，到后来的套利驱动，到现在的创新驱动，新时代中国企业家群体大有可为，新时代中国特色企业家精神大有市场。

其次，拥抱科技革命，勇于技术创新。创新是企业家的灵魂，熊彼特说"企业家是那些对成功充满渴望的人"。进入21世纪以来，技术革命引领着制造和商业的潮流。随着中国经济实力的不断增强，技术水平的不断提高，过去的模仿学习和拿来主义，已经不能完全满足新时代的竞争需要，中国企业家群体不能畏惧技术革命，相反要积极拥抱技术革命，参与技术革命，引领技术革命。只有通过技术革命、科技创新才能真正满足中国经济高质量发展阶段的要求，才能取得供给侧结构性改革的胜利，才能真正解决新时代的新矛盾，即人民日益增长的美好生活需要和不平衡、不充分的发展之间的矛盾。

再次，胸怀全球格局，敢于国际比拼。2001年中国加入世界贸易组织，第一次与世界经济接轨，进入21世纪以来，中国经济在国际舞台上的地位更是举足轻重，许多领域已经处于引领态势。这是中国经济发展的奇迹，是中国企业家群体创造的奇迹，是中国企业家精神的丰硕成果。然而，要真正建成中国特色社会主义强国，中国企业家必须以国际视野思考定位，在全球格局中布局市场，在世界范围中开展合作与竞争。

肩负责任担当，坚守道德自律，敢于创新冒险，这是新时代企业家精神的核心内涵，是全社会难能可贵的一种精神。企业家也是社会不可多得的稀缺资源。《意见》提出"三个营造"和"三个加强"，为激发和保护企业家精神提供了重要的政策保障。我们要紧扣十九大报告的激励和保护两个方面，着力营造依法保护企业家合法权益的法治环境、促进企业家公平竞争、诚信经营的市场环境、尊重和激励企业家干事创业的社会氛围。

五、构建新时代中国特色企业家精神的制度环境

古今中外的历史都证明,企业家精神的发育与成长,离不开适合培育企业家精神的制度环境。从国家与社会层面,我们认为可以努力的方面有四个:

第一,要尊重企业家的创新活动。要创造良好的企业家创新环境,从制度层面减少对企业家创业创新活动的干预,依法依规保护企业家的创新成果和知识产权,引导更多高质量高水平的创新和创业投入,加大对企业创新创业活动的物质和精神激励,保护企业家在创新和经营活动中获得的财富,让创造财富的企业家拥有更多的获得感、荣誉感、成就感。

与此同时,在支持和鼓励创新的同时,要营造允许试错、宽容失败、鼓励开拓、支持创新的社会文化氛围。除了讴歌那些成功的企业家,更要关心和支持那些在失败中东山再起的企业家。不怕失败、知错就改、百折不挠,是企业家开拓创新必需的精神要素。要加强创新体制机制建设,加快建设风险投资、科技创新联盟、产学研一体化、人才流动、产权市场,要更加开放和自信,吸引推动创新要素的汇聚。

第二,要厘清边界,建立政商互动的良性关系。要建立"亲""清"新型政商关系和企业家自律的风气,官员同企业之间公私分明,厘清边界,不得以权谋私或钱权交易,受贿行贿同罪,自律他律并行,形成风清气正、廉洁自爱的官商、政商关系和风气。同时,强化官员与企业的交流与沟通机制,简政放权,优化流程,减少干预,为企业和企业家解决实际困难,提供优质服务。

第三,价值引领,依法管理。首先,履行责任、敢于担当、服务社会是中华优秀传统文化的重要价值原则。每个人包括企业家在内,坚守怎样的道德准则和理想信念,追求怎样的人格品质和生活方式,直接影响一个社会的面貌和时代的气质。道德的力量蕴藏在每个企业家的心中,我们要通过制度建设和氛围营造,充分调动这种道德的自发力量,让每一个企业家多一些担

当，尽一份责任，汇聚成中国社会前行的强大力量，汇聚成中国经济发展的强大力量。

第四，公平竞争的良性市场环境是企业家精神成长的土壤。科学设定规则和公平维护规则是政府市场管理的准则。企业家的社会担当分为不同的层次，最基本的层次是生产和提供安全可靠的产品和服务；再上一个层次是解决就业，多纳税款，造福社会；更高层次是乐善好施，扶危济困；最高层次是把自己的创富行为与国家战略、人民福祉结合起来，与社会道德淳化和社会风气净化结合起来。

迈进新时代、开启新征程，中国企业家群体正在迎来更好的发展机会，中国企业家精神的成长也迎来了开花结果、再上新台阶的新时代。我们相信，新时代中国特色的企业家精神必将推动中国的经济成长和社会发展，为中华民族实现伟大复兴做出时代性的贡献。

犹太文化传承与
现代以色列

王宇[①]

摘要 犹太文化的核心成分——犹太教,在长达两千年的流散中起到在困境中指导犹太生活、振奋犹太精神、凝聚犹太民族的重要作用。法国大革命后,欧洲各地犹太人经历百年,大多获得解放和公民权,但民族国家的兴起及近现代种族主义和反犹主义的出现,又给犹太社团带来巨大的困惑和威胁。传统社团的领导者——拉比和学者们已无法继续带领本社团民众适应新环境、应对新挑战。具有强烈世俗色彩的犹太复国主义运动和之后现代犹太民主国家以色列的建立,给传统犹太教和犹太身份认同带来冲击,但同时犹太教和犹太文化也根植于以色列文化之中,并对社会和犹太个体生活产生重大影响。犹太教、犹太复国主义和对大屠杀的记忆并列为现代犹太身份认同的三大支柱。

[①] 王宇,北京大学以色列和犹太文化研究所所长,毕业于北京大学希伯来语专业,后获得耶路撒冷希伯来大学罗斯伯格学院犹太文化专业硕士和以色列海法大学中东历史系博士学位。主要研究领域——以色列政治与当代社会,发表中英文学术著作与论文多部/篇。主持项目:以色列阿拉伯少数民族的基本状况及以色列的民族政策(教育部人文社科基金规划项目)、犹太教与现代以色列国家的关系及其演变(国家社科基金项目)、以色列的教育情况(教育部国别与区域研究基地项目)等。

导读

不仅在中国，在东亚的日本、韩国、新加坡等地，大家都比较熟悉犹太"光环"。犹太人名人辈出，众所周知的马克思、爱因斯坦、弗洛伊德等，都曾在人类历史上做出重大贡献。在诺贝尔奖的历史上，超过1/5的获奖者是犹太人。在2020年10月份刚刚颁布的12个诺贝尔奖获奖者和组织当中，有4位是犹太人，还有一位具有犹太血统。另外，犹太人也擅长经商，如罗斯柴尔德家族、扎克伯格等，都是在各自领域成就非凡、享誉世界的犹太人。

在东亚，尤其是在中国，大概没有任何其他"外族"的历史比犹太民族更被人们熟悉，没有其他任何民族的"神奇"和"成功"更被人们所津津乐道。大家普遍认为犹太人的成功与犹太民族在历史上多舛的命运和历经的磨难形成鲜明对比。在长达两千年的大流散时期，犹太人没有自己的国家、没有自己的土地，在失去政治独立的状态下却保持了宗教信仰和民族的独立性，并在两千年后重建了自己的国家，这确实是一个奇迹。很多人甚至笃信犹太人对世界有隐性的影响力，认为世界上发生的诸多大事背后都能看到犹太财团或犹太人的身影。而以色列这个现代犹太国家，建国70多年来，在阿以和巴以冲突中，不但立于不败之地，而且能够一边作战，一边建设国家、发展经济，近年来更是以创业创新闻名世界——以色列是除北美和中国以外，在纳斯达克上市公司最多的国家。其人口体量非常小，至今人口仅900多万。这个小国为何能够取得如此大的成就？这确实值得探讨。

一、概念阐释：犹太人与以色列人

在讲犹太文化传承之前，首先要明确犹太人和以色列人是两个不同的概念。当今世界犹太人口并不多，2019年为1 470万（数据来自希伯来大学人口统计学家Sergio Della Pergola教授），全世界的犹太人中有46.5%在以色列，

38.8%在美国,世界犹太人口的85%以上集中在这两个国家。而关于以色列人,据以色列中央统计局的数据,2020年9月时以色列人口为925万,其中犹太人占3/4,还有20%是以色列阿拉伯人,以及5%的其他人口。在西方国家中,以色列是比较罕见的人口增速比较快的国家,年增长率约1.9%。

按犹太传统及现代以色列国家的一些规定,有两种成为犹太人的方式:一种是生而为犹太人——从母亲一方获得犹太血统;另一种是对于非犹太母亲所生的人,可以通过改信犹太教成为犹太人。

从历史上看,一个人是不是犹太人、是否属于犹太民族,实际上与其是否信仰犹太教画等号。所以并非所有的犹太人都完全保持了自己信仰和民族的独立性,而那些没有保持下来的人已经被其他民族同化掉,淹没在世界民族之林中,我们无法把他们再区别出来。换言之,成功复国的这些犹太人,确实保持了自己的民族和宗教独立性,但其他人,如所谓的"消失的十个部落",其实已经被同化。

犹太民族之所以能够在流散期间被保持下来,除了独特的宗教信仰,另一个重要因素就是犹太社团的存在。在很多地方,尤其是在欧洲和历史上由伊斯兰教控制的地区,犹太人都以社团的形式生活。他们通常在当地统治者的许可之下,过着半自治的生活。

所谓的半自治,是指犹太社团作为一个整体纳税,在社团内如何分摊税款则是内部事务。如果两个犹太人之间发生了纠纷,也要在社团内部的法庭,按犹太律法进行裁决。除宗教和(部分)司法职能外,犹太社团还要负责下一代的教育和慈善事宜,如济贫、助养孤儿和寡妇等。正是因为有了社团组织,犹太人才能在那么不利的大环境之下生存下来,保证其宗教和其他社会生活能够延续下去。

但是,历史上的这种犹太属性被近现代兴起的种族主义所破坏。在纳粹德国通过的《纽伦堡法案》中,并不是按照这个人是否信仰犹太教、是否属于犹太社团来判定其犹太身份,而是按照血统、血缘关系认定。在纳粹屠杀的 600 万犹太人中，如果按犹太传统观点，其中有很多根本都不能算是犹太人，但他们被当作犹太人歧视、区别对待并杀害。以色列建国以后，向全世界犹太人敞开了移民的大门。1950 年通过的《回归法》赋予世界上所有犹太人移民的权利，无论你是谁、生活在哪里、是否受到迫害，也不论你是有血统还是归宗，移民者的子女、配偶、子女的配偶等都可以移民到以色列。这也算是以色列针对《纽伦堡法案》做出的一种补偿，但这样一来，在移民中就会有很多人并不是真正意义上的犹太人，这就是前文提及的以色列 5%"其他人口"的主要来源。

二、犹太人的教育

犹太人的成功与犹太人重视教育是分不开的，而犹太教育也要溯源到犹太宗教，因为民众要学习圣经和律法。第二圣殿时期在犹太人内部存在两个教派：撒都该派和法利赛派。撒都该派代表祭司和贵族，主导献祭仪式，虽然人数少，但权力很大，掌管着圣殿的财富，他们特别重视流传下来的律法书。而法利赛派的出身一般没有撒都该派这么高贵，主要是一些有学识的文士，负责向民众讲解律法。

这两派之间的斗争在几百年里一直比较激烈，文士慢慢地掌管了犹太教大公会，大公会本是贵族机构，相当于古代犹太人的议会机构。随着其中法利赛派的人越来越多，影响力也逐渐扩大。犹太人在公元 66—70 年举行了一次反抗罗马的起义，后被镇压。在公元 70 年，耶路撒冷陷落，第二圣殿被毁。按犹太教的规定，献祭不能在圣殿以外的地方进行。这样一来，最重要的宗教活动无法持续，撒都该派慢慢退出了历史舞台，法利赛派成了主流。法利赛派可以继续给民众讲学，并用祷告来取代献祭，这就是后来的犹太会堂，而学者们进行讲学的地方就成了学堂。

犹太人鼓励大家都把孩子们送到学堂，由专门的教师授课。学习不是某个阶层的特权，也不是为了谋取某个职位才进行的活动。犹太人把学习当成一种权利和义务，认为每个人都要学习和研究神的律法，所以大家平时可以做各自的工作，但闲暇时间就要学习。另外，家庭教育在犹太传承中的重要性也值得关注。这种教育并非是父母教导孩子读书，而是在日常生活中，让孩子们潜移默化地接受犹太文化，作为家庭和个人生活的组成部分。

三、犹太人与以色列：历史与现实

依照圣经，犹太人是神的选民，但这个民族的命运却格外多舛，一直被欺负、被迫害，在这一看似矛盾的境遇下，犹太人如何保持自己坚定的信仰呢？在历史上，在中东或其他地方存在着或者存在过很多宗教，各个民族可能都有自己信仰的神。人们往往难以避免会以成败论"神"（英雄）——如果一个国家失败了，被灭国了，是否说明它所信的神没有其他的神祇那么强大呢？这是很容易产生的一个疑问，但也是特别危险的一个疑问。对于犹太人来说，却并非如此。以色列人的得失胜败，并非取决于其武力值的高低或其神的能力的大小，而是取决于以色列人是否得到神的帮助。在以色列人与外族的争战中，如果以色列人战胜，说明神站在他这一边，是神帮助了他取胜；战败，则是因为以色列人得罪了神，神没有帮助他，甚至借外族之手来惩罚他。

正是这种超脱于历史之外的"历史观"，让以色列人能够摆脱现实中成功和失败的困扰。外界的羞辱和压迫被认为是神的惩罚，所以在大流散时期的犹太人对现实有一种超现实的解读。现实再困苦，也打不垮他们的精神，他们把自己的命运放到很长的历史阶段中去看待，放到他们与神的特殊关系中去解读，而不是着眼于现实的身份和自己的遭遇，这是那么多犹太人能够保持自己宗教信仰的一个重要原因。

犹太人流散两千多年，没有自己的国家，基本上也未曾尝试回到应许之地去建立自己的国家。这是因为在犹太历史上曾有过惨痛的教训，在公元1

世纪和 2 世纪时，犹太人曾两次大起义，但都被罗马帝国残酷镇压并带来了悲剧性的后果——公元 70 年，圣殿被毁，公元 135 年，罗马帝国不再允许犹太人住在巴勒斯坦和耶路撒冷。这种悲剧性后果，让犹太人在流散的过程中坚守着三大誓约：一是不登高墙，高墙是指耶路撒冷的城墙，意味着不要强行回到耶路撒冷圣地去；二是不反抗外族统治者，因为外族统治者实际上是神的工具，是神惩罚以色列人的工具，因此反抗外族就是在反抗神；第三，作为回报，外族也不得过于压迫以色列人。这三大誓约在犹太人的整个流散生活中起到了非常重要的作用。

在历史上，曾有一些人出于宗教原因回到了以色列，回到了耶路撒冷、希伯伦等圣城定居，但绝大多数人都留在了流散地。这也是在 19 世纪末犹太复国主义运动兴起的时候，遭到了来自犹太教内部激烈反对的原因，因为人们觉得犹太人的流散是神的旨意，所以什么时候回归、什么时候重建圣殿、什么时候建立自己的国家，都由神来决定，而不应该由人力来推动。而早期的犹太复国主义，实际上是一些受到启蒙思想影响的、比较西化的犹太人，为应对反犹主义，为给在东欧及在沙俄统治下正在遭受迫害的犹太同胞寻找一个可以安身立命之所而兴起。犹太宗教徒认为这是出于完全世俗目的的行为，违抗了神意，也会妨碍最终将要到来的救赎进程。但主流犹太教对复国主义运动和现代以色列国家的反对，被大屠杀和第二次世界大战打断了。第二次世界大战时欧洲犹太人受到了灭顶之灾，尤其是在东欧，比较传统的犹太社团几乎都被消灭，只有很少的幸存者存留了下来。这个悲剧事件改变了很多信教犹太人的观念，让他们接受了现代以色列国家作为一个世俗国家和民主国家的存在，因为它对于保存犹太人有着现实意义。

1948 年，各种机缘巧合下，以色列得以建国。从赫茨尔写《犹太国》这本书，一直到以色列建国，大概有半个世纪的时间。这当中有犹太复国主义者的积极推动，但是也不能少了国际社会的助力。

以色列实行三权分立制度。四年一度的美国大选吸引了全世界的关注，以色列因为国家太小，所以没有受到很多关注。实际上以色列从 2019 年 4 月到 2020 年 3 月，在这一年时间内连续进行了三次大选，因为前两次都没能组成政府，这在世界政坛是比较罕见的。

关于现代以色列国家，坊间也有许多"传说"，其中最引人瞩目的是以色列如何成为"创新的国度"。笔者认为，首先是以色列自然条件比较恶劣，没有什么可以依赖的自然资源，因此不得不依靠科技兴国。以色列最早从农业科技开始发家。犹太人在流散过程中很少有人从事农业，建立以色列以后，他们开始利用这个机会改变在流散地时犹太人不太健康的倒金字塔型的经济结构，大力发展现代化农业。除了肉类和谷物，以色列农业基本自给自足，还可以向欧洲出口蔬菜和水果以换取外汇，曾被称为"欧洲冬季的厨房"。农业方面取得的成就与以色列发达的农业科技息息相关，其节水滴灌技术、温棚技术和奶牛养殖技术等，都居于世界先进水平。

关于以色列的科技创新力的第二个奥秘，就是以色列的军工业。以色列的武器工业原本并不是特别发达，刚建国之时还曾向捷克等东欧国家购买武器，随后法国和美国先后成了其最大的武器供应商。跟美国结盟之后，美国大力武装以色列，以色列自己也开始研发，所以在军工方面表现比较突出，从 20 世纪 80 年代开始，成了国际上比较活跃的军火供应商。20 世纪 90 年代，原苏联的 100 多万移民来到以色列，这些俄语移民的平均受教育程度远高于其他苏联人，他们给以色列带来了知识、技术和高素质的人力资源，为以色列高科技产业的腾飞奠定了基础。

第三个对以色列创新有重要推动作用的因素是以色列的全民义务兵役制。除了极端正统派犹太教徒（即经学院的学生）和信教的犹太妇女之外，其他每个犹太人在高中毕业以后都要去当兵，男生三年，女生两年。当然绝大多数以色列阿拉伯人是被排除在以色列义务兵役制之外的。

初创公司员工服兵役的情况如图 1 所示。

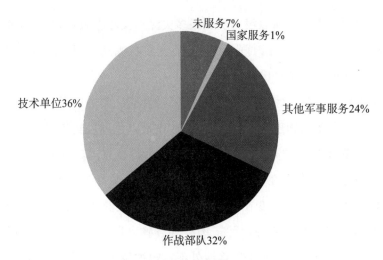

图 1　初创公司员工服兵役的情况

以色列在科技创新方面的从业者，约 93% 都曾在以色列军队服过役，其中技术单位 36%，作战部队 32%，国家服务 1%，其他军事服务 24%。技术单位包括创业界的一个传奇单位——8200 部队。8200 部队隶属于以色列国防军的情报部门，最初负责情报工作，成员是从全以色列的高中挑出来的最优秀的学生。他们在军队服兵役期间，接触到高端军事科技，受过专业培训（语言、技术等），并有机会在实践中检验研究成果，同时也深谙团队和合作的重要性，服完兵役后再去上大学。虽然与其他国家的大学生相比，以色列学生的年龄普遍偏大，但他们已经在部队里经历过很多，了解自己的长处，有了自己的人生规划，知道自己想做什么、需要学些什么，比较有的放矢。在大学期间，以色列学生一般都会参与工作，积累经验和资金，在毕业之后很快就能融入工作环境中。

四、中以关系回顾与展望

中以两国于 1992 年建交,建交后双方仍以军事技术交流为主,同时也进行农业方面的合作。但在 21 世纪初,因为美国两次蛮横干涉,中国和以色列之间在军事方面的合作被中断。一次是 2000 年的预警机事件,关于费尔康预警系统的协议本已签订,在美方强大压力之下以色列不得不单方面毁约。第二次是 2005 年的哈比战斗机事件,此飞机在 20 世纪 90 年代中期已经卖给中国,但在升级过程中,由于美国的干涉,以色列扣留了飞机。

这两次事件造成了中以两国关系的恶化,两国经历了近十年的"冰点期"。直到 2013 年以色列总理访华,中以关系才进入了一个基于创新合作的新阶段。2014 年,中以创新合作联合委员会成立,推动中以两国在各方面的合作。2017 年 3 月,中以宣布建立创新全面伙伴关系,而以色列是唯一一个被授予这种全面合作伙伴关系的国家。

2018 年是中美关系的分水岭,美国向自己的盟友施压要求随之调整对华政策。美国的智库兰德公司在 2019 年初发布了对中国和以色列的关系的评估报告,报告对中国和以色列在资本和基建这两个方面的合作进行了深入分析,并对与中方,或者可能与中方进行合作的以色列公司进行风险评估,做出建议。报告建议那些可能涉及敏感技术或可能被用于军事目的的技术公司不要跟中国公司合作,甚至建议那些创始人或重要成员曾在 8200 部队服过役的公司都不要与中国合作。参照以色列初创公司和高科技公司员工曾在军队服役的比例,这一建议几乎意味着所有的以色列科技公司都不应与中方合作。在美国的压力之下,2019 年 10 月,以色列成立了一个所谓的外资审查委员会,实际上就是针对中国。

中国在以色列也有一些基建项目,最受美国反对的是海法港集装箱码头的建设项目,原因是海法港附近有以色列的海军训练基地,美国的第六舰队也会到那边停泊。实际上,这个码头工程是上海港务集团在 2015 年中标并开始建设的,原定于 2021 年交付使用,中方有 20 年的运营权。2018 年,美国才开始关注到这个事情,并警告以色列方面,称如果码头交给中国运营,他们的舰队就不会在这里停泊,因为中国会进行监视。类似的例子还有很多,如特拉维夫地铁工程、索里克 2 号海水淡化工程等。简言之,美方的态度是反对中国参与以色列的任何重要基建项目。

近十年来,以色列和中国在科技和经贸等方面的合作基本能够实现双赢。双方重视共同利益,而且双方都比较务实,所以能淡化在意识形态等方面的差异和分歧。但中以的关系从来都不仅仅是中以两个国家之间的关系,而是中、以、美,甚至还包括一些阿拉伯国家在内的多角关系。以色列在军事援助和联合国否决权这两方面严重依赖美国,不可能放任其他任何因素干扰到以美的这种盟友关系。但在不影响与美国盟友关系的前提下,以色列实际上愿意和中国保持比较友好、比较健康的经贸往来,这是非常务实的态度。

结语

本文聚焦于犹太文化特征及其在现代以色列国家中的传承,概括了犹太人重视教育的起源、教育方式,以及犹太民族的历史观等文化现象,也对现代以色列国家成为创新国度的奥秘进行了探究,并对中国和以色列关系进行了总结和展望。以色列作为中东的地区强国和"一带一路"倡议的重要节点国家,在科技创新、教育、经贸等方面与我国有着紧密的联系和合作,因此深化对以色列和犹太文化的认知和了解,具有重要意义。

后记

1. 延展思考

思考一：《出埃及记》《托拉》《塔木德》的真实性和内容详情是什么？

在公元前 13 世纪"麦尔涅普塔赫法老记功碑"铭文的结尾部分记述了法老对迦南地的征服，其中提到了对以色列人的大胜——"以色列变荒场，子孙不存"，这是迄今已知的唯一提到"以色列"的古埃及文献。但关于以色列人"出埃及"则没有除圣经外的任何证据，所以《出埃及记》中的内容真实程度有待考据。例如，其中称"当时有 60 万人离开"，而现代考古学家按照当时的气候、当时的生产力水平进行评估，发现这个数字是不可信的。至于到底在历史上有没有类似事件发生过，因为现在没有任何实物证据，所以没有办法确认。

关于《塔木德》，在东亚，人们对《塔木德》的兴趣应该源自日本。在 20 世纪 60 年代时，日本一个犹太社团请来了一位犹太教拉比。那位拉比学会了日语，先后用了 20 多年的时间，写了 20 多本在日本非常畅销的书，把犹太教的知识介绍给日本人。该拉比对《塔木德》有比较深的研究，于是把《塔木德》里面一些脍炙人口的东西，结合个人经历和理解，用东方人容易接受的方式汇编成书。其作品随后在韩国、中国台湾等地区被翻译，到大陆版本变得五花八门，还可能被译者或编者进行了改写。所以很多我们以为是《塔木德》中的故事，实际上跟《塔木德》没有什么关系。

《托拉》实际上就是摩西五经，即希伯来圣经中最重要和基础的部分。希伯来圣经的内容基本上就是基督教的旧约圣经。基督徒接受旧约，但认为神和以色列人建立的旧约已经被神和基督徒建立的新约所取代。犹太人不承认所谓的新约。希伯来圣经，在希伯来语中被叫作塔纳赫（音），是圣经中三个部分希伯来语首字母的缩写形式。其中第一部分就是《托拉》，即圣经里面的前五章：《创世纪》《出埃及记》《利未记》《民数记》《申命记》。而《塔木德》则是口传律法被整理成文，用来解释圣经。

思考二：以色列企业和中国企业在商业合作上成功率低的原因是什么？以色列企业的主要群体如何看待中国商业环境？

首先笔者认为，双方在对方经济体系中的地位并不对等。现在中国已经是以色列的第二大贸易合作伙伴，但以色列则远远不是。以色列方面跟中国的合作很多是技术领域的，尤其是2013年以后，中国资本大量进入以色列，对高科技企业进行投资。中国企业也成功收购了一些以色列的企业。但相较中国企业在以色列的情况，以色列的企业在中国的成就并不是特别突出，双方合作还是有一些瓶颈与限制。因为以色列市场太小，而中国的市场很大，所以我们更愿意用资本的方式来进行。而对于以色列来讲，中国的市场又太大，除了技术之外，他们不知道能把什么东西介绍过来。此外，以色列有很多初创公司并不执着于做出一个终端产品，而更愿意转卖给其他国际性大公司。与其费力为自己的产品开发市场、开通渠道，他们更愿意把时间和精力省下来再去做其他的新项目。另外，以色列的产品虽好，但是价格偏高，如他们的温棚和滴灌设备，效果确实好，效率也确实很高，但对于中方合作者或潜在的消费者而言，性价比不高。显然，这种不同的理念也会造成合作方面的问题。

思考三：以色列大学教育质量如何？怎么培养孩子在未来有希望冲顶诺贝尔奖？

以色列的大学现在在国际上的排名一直下降，中国大学的排名一直在上升。在以色列，学生没有名校情结，以色列目前国际排名最高的大学应该是希伯来大学，但很多以色列学生甚至不愿意去希伯来大学读书，因为耶路撒冷是一个偏宗教化的城市，对于很多学生而言不是很方便，打工的机会也相对较少，他们更重视专业和知识。另外，以色列的大学十分自由，而且鼓励"虎刺帕"精神，即英勇无畏、直截了当、就事论事、甚至粗鲁的一种精神。中国讲究尊师重道，但犹太学生则把礼节看得比较淡，有质疑精神，积极表达自己的意见。有时候抛掉一些"礼貌"，在追求真理或在追求创新方面，可能会给孩子的教育带来一些新的思路。

思考四：在历史上犹太人有被同化的经历吗？

在犹太历史上，的确存在被同化的例子。北宋时期，开封曾经有过一个犹太社团，当时几百人来到这里，碑文显示他们得到当时皇帝的许可，可以定居并继续遵循自己的宗教。几百年之后，他们逐渐失去了对自己宗教的知识，到19世纪中期基本上完全被同化。笔者认为，他们被同化不是因为这部分犹太人容易被同化，而是中国的环境让他们同化。究其原因，一是我们不反对他们同化，甚至有专门的鼓励同化的政策。例如，在明初，就有让"少数民族"必须与汉族通婚的规定。中国的社会也比较包容，还有一个重要的因素是科举制度。在中国生活的人，包括这些犹太人和他们的后代，如果想进入官场，都必须学习四书五经，考科举求功名，而且因为中国传统一直比较轻视商人，所以犹太人做生意做得再好，也不会成为安身立命、受人尊重的根基。对很多人而言，同化是一种自然而然的社会选择。另外，中国的犹太社团的同化还跟血缘传承有关，按照犹太宗教传统，传承是在母亲一方，而中国犹太人没有留存下来一个明确的谱系。归根结底，还是因为中国社会很包容，能够同化异质性这么强的团体。

2. 杨壮教授点评

王宇教授的分享十分精彩。她的文章涉及犹太民族及以色列的宗教问题、安全问题、教育问题、创新问题、中以关系等等，观点鲜明，内容丰富，数据准确，我学到了很多。在这里，我只对王教授谈到的以色列创新做一点补充。

王教授总结了以色列创新的四个突出特质：第一，以色列的自然环境十分恶劣，没有资源，国土有限，为了生存，必须创新；第二，建国初期，以色列创新从农业开始（滴灌），不仅解决了农业上的自给自足，而且还出口水果农产品到欧洲；第三，以色列创新和军工产业有很密切的关系，100万俄罗斯移民也给以色列带来了先进的技术；第四，以色列实行全民义务兵役制，创业者93%都当过兵。以色列很多创新者并没有读过MBA或者上过哈佛商学院，而是从部队中学到了很多创新知识。

我对影响以色列创新的政治、历史、文化、教育等因素更为关注。

第一，犹太人的千年坎坷与苦难经历和创新有着密切的关系。面对各种挑战和迫害，犹太民族为了生存，唯一道路，没有选择，就是持续创造创新，在各自领域里做出成就，做到最佳，从科技、教育、学术到商业、投资，犹太人取得的成就充分说明了这一点。

第二，我认为犹太教（旧约）以及《塔木德》给了犹太人持续创新巨大的精神力量。旧约让犹太人荣幸地成为上帝的选民，鼓励他们敢于挑战权威。《塔木德》是一部百科全书，充满人生智慧，通过故事，教会犹太人如何思考人生，如何质疑别人的观点，如何面对挑战，如何持续创造、创新，做正确的事情，并把事情做对。

第三，教育是犹太人和以色列国创新的巨大推动力。犹太人自古就重视教育和读书，认为教师比国王更加伟大。以色列政府高度重视教育，教育经费高于世界平均水准。以色列学校注重培养孩子的思辨能力、独立思考的能力及经商能力，注重素质教育，而不仅仅强调应试教育模式或者考试成绩。记得几年前去以色列参观，了解到犹太母亲通常会在孩子放学之后问：在学校开心吗？今天你问了几个好的问题？犹太人的教育理念和中国不一样。犹太社会没有把教育当作一门实用工具，或者升官发财的敲门砖。学习通常出于爱好、兴趣、有用。中国教育有很多优势，但是"劳心者治人，劳力者治于人"的人文传统让很多中国人学习带有明确的功利性。

第四，思维模式很难同质化。以色列是一个移民国家，历史上来到以色列定居的移民来自世界各地，国家充满多元文化、多元思维模式、多元教育背景，这对犹太人的创新能力增加了分数，因为不同背景的人讨论问题，思想上容易产生火花。多元的视角更是同质化思维的大敌。记得在英国参观牛津等文理学院时，学校老师对中国学生讲，很多诺贝尔奖获得者在学校学习生活期间，经常与不同学科、不同背景、不同种族的学者交流，这种交流对他们的学术研究、心灵灵感、思维模式产生重大影响。中国过去40年改革开放的最重要的经验就是打开国门，引进多元的教育和思想。

第五，性格决定命运。犹太民族的传统、地理、政治制度和教育理念造就了犹太人不同于其他民族的很多性格特质。这些性格特质对犹太人不断持续创新起了重要作用。2014年访问以色列法理大学，苏罗门教授分析了以色列半导体行业工程师的13个行为特质：韧力（Resilience）、锲而不舍/永不放弃（Stubborn Persistence）、榜样（Role Models）、改变世界的动力（Desire to change the world）、不惧怕风险（Lack of fear of risk）、追求财富（Desire for wealth）、愿意打破规则（Willingness to break the rules）、追求独立（Desire for independence）、愿意挑战权威（Willingness to challenge authority）、"混不吝"（Hutzpah）、部队技术经验（Army technology experience）、部队领导力经验（Army Leadership experience）、追求名望（Desire for fame）。其中一些特质和中国人性格雷同，如追求财富、锲而不舍、追求名望等等。但是中国文化历史传承和基础教育理念强调规避风险，而不是不惧怕风险；遵守纪律，而不是打破规则；好面子，而不是"混不吝"；服从权威，而不是挑战权威。

综上所述，犹太人的宗教信仰、文化传承、教育理念、性格特质是犹太民族和以色列国持续创新的源泉和根基。

中美企业的关系：
脱钩还是重挂钩

Partha Ghosh[①]

摘要

在过去几年中，随着国际地缘政治矛盾不断升级，我们所知的和平年代已经到达了一个危险的临界点。流行性疾病进一步加深了我们身处时代的危机，甚至有可能将全人类带入一个地缘经济大末日的场景。在这一切混乱和争端的中心，是世界两个经济大国——中国和美国之间日益陷入困境的双边关系。围绕着贸易、信任和技术共享三个中心话题的争论，中美之间曾经合作与共存的基本框架受到了严重的威胁，一度遥不可及的冷战成为新可能。笔者希望中美双方可以抛弃旧观念的束缚，重新构想和开辟新的合作道路，尽一切努力，阻止世界陷入无法想象的残酷和绝望之中。过去几十年空前的经济成就提升了中国在国际政治与全球贸易领域的话语权，同时也带来了更多的审视和关注。当中国逐渐成为全球舞台上的重要角色时，任何一个微小的和看似无害的决定与行为都将格外引起关注，被世界放在显微镜下进行分析和审视。展望未来，中国的宏观决策部门和企业必须考虑

---

① Partha Ghosh，国际知名管理和政策顾问，在行业战略、运营和复杂组织等方面有着40多年的丰富经验。他曾在美洲、非洲、亚洲和欧洲的60多个国家为顶级跨国企业和政府机构提供咨询服务。他目前是 Quantum Logik Consulting 首席，同时也是 MIT Sloan 学院和 Tufts Gordon Institute 实践教授（Professor of Practice），以及多个公司的顾问和董事会成员。此前，Ghosh 博士曾是麦肯锡公司的高级合伙人。

的一个核心问题是：中国在世界领导力指标上应如何从当下的"利益相关方"转变为"带领人类进步的合作伙伴"。要完成这一重要的领导力转变，中国需要以高度的全球政治敏锐性和战略眼光，做出根本性的战略调整，获取国际社会的信任，不断提高国际声誉和形象。笔者希望以多年的战略咨询经验和全球性的观点，就这一问题给大家提供一些提示，为中国如何调整与世界互动的战略模式提出一些指导性的建议。

导读

对笔者而言，"脱钩"和"重挂钩"突出了我们目前必须要做的根本性反思，特别是在涉及（中美双方）贸易、技术和信任的话题上，因为这三个话题构成了中美关系挑战的核心。在过去的70年中，中国的崛起在多个方面都是空前的。不仅帮助近十亿人摆脱了贫困，而且中国的教育和价值创造体系也迅速转型，从农业到制造业，再到高科技和社会服务与研发行业，通过贸易和投资实现如今的经济体量，令世界羡慕。如此历史性的成就应该为其他国家提供灵感，特别是那些国民人均每日生活费仍低于3美元的国家。

巨大的经济成就进一步提升了中国在国际事务与全球贸易领域的话语权，同时也带来了更多的审视和关注。展望未来，中国（企业和政府）必须考虑一个核心问题：在世界领导力指标上（见图1）应如何从现在的"成为相关合作方"（右侧）转变为"成为受尊敬的合作伙伴"（左侧）。希望这篇文章可以就这一问题给大家提供一些提示，帮助中国调整与世界互动的战略模式，完成这一重要的领导力转变。当然，这种转变并非易事，也不可能由中国单独完成。中国以及美国的领导人需要从全世界人民的福祉（而非只关注本国短期利益）出发，共同带来这一转变。

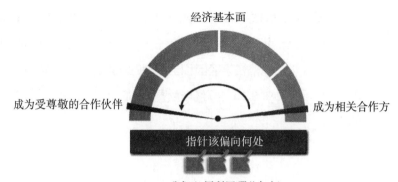

图1　利用新领导力指标，制定"新国际商务参与模式"

图片来源：QLC分析

一、处在多变状态的中国与世界各国的关系

在讨论中美关系之前，我们必须首先认识到地缘政治（Geo-political）和地缘经济（Geo-economic）的力量平衡正在迅速转变。自第二次世界大战以来，冷战时期建立的秩序正在以无法预测的方式迅速瓦解，而全新的秩序尚未出现。或许，企业和政策制定者必须去了解并接受这其中的异常和随机性，因为它们很有可能将定义未来新的发展动力。

就目前而言，地缘政治局势极为动荡，处处充满危机，举几个例子：由于持续的高失业问题和在政府预算上的巨大分歧，欧盟内部国家之间的压力和矛盾日益加深，并因英国脱欧而变得更加复杂；一些地区持续的极端宗教冲突继续散播恐怖主义。这些冲突和矛盾正在逐步破坏原有的国际对话的准则，也使全球化逐渐失去意义。

在所有这些变化中，也许最重要的变化是由中国带来的。得益于其惊人

的经济成就，中国从20世纪90年代初的一个边缘角色迅速变成了在全球舞台上举足轻重的大国。在有了参与和影响国际事务的资格后，如果没有系统性的战略指导，中国在与国际商业和政治领导人交往中所做的努力极有可能被曲解或者不被接受。另外，如果能从全面长远的角度进行详细的战略计划，中国将有独特的机会成为全球社会经济进步的真正伙伴，赢得全世界人民的尊重。

不幸的是，在过去一年，流行性疾病进一步加深了地缘政治危机。在白宫办公室充满负面情绪且不稳定的言论领导下，世界似乎正在走上一条危险的道路，有可能将全人类带入一个"地缘经济大毁灭（Geo-economic Armageddon）"的场景。在这个场景中，各国政府只关注本国利益，企业的全球供应链被打乱，最重要的是，普通民众将对未来不再抱有进取的态度，希望转变为绝望。这对世界的损害可能是灾难性的，我们急需培养新的"领导意志（Leadership Will）"来扭转局面。

综上所述，我们所处的世界处于拐点，我们确实需要一种新的模式。

二、中美关系：需要重新审视核心假设与合作目标

在讨论中美关系之前，我们应该认识到一个事实：2013年，中国的国民生产总值（以购买力平价PPP计算）首次超越了美国。在近百年的全球历史进程中，第一次由一个东方国家取代西方国家成为世界第一经济体。这对美国以及整个西方世界的民众来说，都是一个巨大的转变、甚至打击，因此在心理上难以接受。

从某种意义上来说，中国经济成功的一个关键驱动因素是美国制造业外包模式的发展。在此过程中，尤其是在2001年中国加入世界贸易组织之后，

美国对中国的贸易逆差急剧上升。如今，美国的贸易逆差①（709亿美元）几乎与中国的贸易顺差（708亿美元）持平，这一点已成为中美紧张关系的焦点。即使我们知道贸易逆差的根源来自美国企业为了寻求提升生产效率及更高的资本回报而外包的结果，并非中国之过，但是在美国以及西方，贸易逆差的问题还是一再被政治化，并且成为攻击中国的武器。

同时，如大部分发展初期的企业那样，中国的企业也渴望迅速获得发展机遇，吸收新的技术，并在全球范围内铺开市场。在此过程中，有一些企业也许没有很好地尊重国际的专业行为准则（通常是在不知情的情况下），特别是在知识产权保护方面。

此外，中国发起了"一带一路"倡议，旨在创造一条新丝绸之路和一种新的贸易模式。尽管中国认为这可能是推动中国西部（延伸至中亚，欧洲乃至非洲的）欠发达地区社会经济发展的重要举措，但这项举措并不一定被外界理解。在世界许多地区（尤其是西方国家），"一带一路"倡议通常被描述为中国独霸全球的宏伟计划的一部分。

不幸的是，这种看法对于中国而言，虽然有可能与现实矛盾，与中国的真实意图相反，甚至充满了不公与偏见，但是如西方俗语所说，"感知即事实"，因此它不能被忽视。中国需要考虑如何更好地去影响和处理这种认知，这将是中国未来需要面对的"新现实"。也许中国的领导层还未完全意识或者重视这一点，当一个国家成为全球舞台上的重要角色时，任何一个微小的和看似无害的决定与行为都将格外引起关注，被世界放在显微镜下进行分析和审视。中国的决策层需要高度的敏感性和战略眼光，获取信任，进一步提高国际声誉和形象。

综上所述，当前中美之间的紧张关系由三个"失衡"（3 T's）组成——贸易失衡（Balance of Trade）、信任失衡（Balance of Trust）和技术共享失衡

---

① 截至2020年7月，数据来源IMF。

（Balance of Technology sharing）。这三个失衡的核心，是美国对于中国崛起的一种不安。这种不安情绪可能不可取，却是自然的。中国政府和企业领导人必须做出根本性的战略调整，以理性、积极和主动的方式去影响和应对类似情绪。

另外，中国对美国屡次干涉其内政感到担忧。所有国家（特别是美国）的政治领导人都必须理解并意识到，每一个主权国家都应拥有选择自己的经济制度和政治进程的权利。将美国与中国的竞争比作自由与压迫之间的斗争，是一种情绪化的政治语言和无意义的过度解读，只会助长更多的摩擦和误解。

在这种充满猜疑和不信任的负能量的气氛中，支持完全脱钩和去全球化的声音正逐渐扩大影响力。这样的发展，特别是在一个全球最需要合作的时刻，尤为危险。更令人遗憾的是，如果脱钩成为事实，将严重限制各个国家在解决有关人类社会发展和存亡的重大问题方面的合作，如全球变暖、对全球机构的不信任以及日益扩大的贫富差距。

历史反复地告诉我们（如第一次世界大战、第二次世界大战与冷战），如果不及时制止这种冲突，它将有可能会破坏人类文明在过去75年（后二次世界大战时代）取得的一切发展。开明的领导层绝不能受到白宫在过去2至3年中极具情绪化及煽动性的言论影响，而应从高度的战略视角出发，继续以全人类繁荣和平的发展为最高目标，制定策略和路径。

作为一个解惑者与国际公民，笔者并不代表美国或中国的立场发言。但笔者坚信，在中美对话中，持续保持高度的理智与平衡是我们所有人的共同责任。我们应以创新的思维重新审视和定义中美对话的内容和模式，以确保两国可以重新挂钩而不是脱钩——并由此带来国际合作的"新范式（New Paradigm）"。

同时，我们不要忘记，中美两国已经深度融入对方市场。以高通、博通为代表的许多顶级美国科技公司的全球收入有超过一半来自中国，在类似苹果、英特尔等企业中，中国市场所占收入也都在20%以上。中国不仅为美国提供了14亿消费者市场，更有新兴技术和顶级人才。在另一方面，中国企业也在各个行业对美国进行了大量的投资，积极参与并购和IPO活动，从而进一步提升了中国企业在美国市场的参与程度和随之而来的风险。

我们还应该清楚的一个重要事实是——中国与美国的经济总量占全球总数的近50%，两国有大量的人力资源、技术和资本。目前最急迫最重要的问题是中美如何重新挂钩，解决贸易、信任和技术共享的问题，在此基础上利用两国之间的资源，致力解决人类发展进程中最大的难题（如贫富差距问题、自由市场的局限性、气候变化和生态资源限制等），开创一个更开明、更生态、更道德、更公平的文明新时代。

综上所述，中美在多个领域存在着巨大的协作和共同解决问题的可能性。两国应该利用各自资源，优势互补，在这些领域创造全球化的下一阶段发展。这不仅对中美两国有利，也将为全球社会的发展带来巨大贡献。

三、 企业战略调整的历史性机遇：企业领袖需要以"未来已来"（Future-in）的心态来重新审视其商业模式

鉴于上述讨论，无论美国或中国的政府政策将如何发展，我们都需要探讨在微观层面，中美两国、特别是中国的企业决策层应如何研究和调整战略，以维持或加速现有的发展速度，继续在中美两国之间以及跨多个国家的贸易和投资中谋得长期发展。

首先分析在目前中美经济关系的背景下可能出现的不同情景。如图2所示，我们将通过两个关键维度评估未来可能发生的情景：第一，中国的宏观决策机构将如何对当前美国政府的言论做出反应与回应（尽管新一届白宫政府很可能对华态度有重大改变）？第二，企业，尤其是在中国的企业如何应

对新兴的地缘政治环境？在这两个维度的交叉之下，出现了四种可能的未来情景。

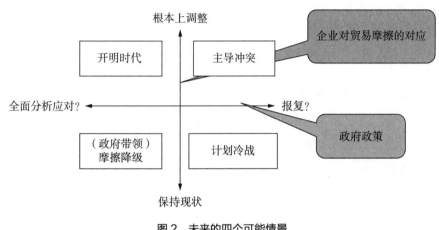

图 2　未来的四个可能情景

图片来源：QLC 分析

我们应该尽一切可能防止图2右下方情景的发生。新一轮冷战（New Cold War）将阻止全球两大经济体通过互补获取发展。最重要的是，在目前继续国家合作的历史性关键时刻破坏国际社会关系，可能导致第二次世界大战以来文明取得的经济和社会进步彻底崩溃。直接的经济损失可以高达数万亿。显然，作为领导者或问题解决者，我们必须避免这种结果。

在宏观层面上，虽然可能看不到美国或西方大国与中国之间根本性的重建关系，然而，一些力所能及的努力就有可能有助于描绘出多边经济和平的新路线。对于中国而言，政府不应该对全球紧张局势做出激烈反应，而应作为耐心和冷静的进步合作伙伴（直到下届美国政府选举产生），更积极地通过新的国际经济政治参与方式成为进步的合作伙伴，而不是全球经济体系脱钩或对抗的竞争者。

由于政府通常不太容易迅速改变其施政方法，有可能出现一种情况，如图2右上象限所示，由企业主导冲突降级（Corporate-led De-escalation）。对笔者而言，这种情况在可能性范围之内，我们希望企业的首席执行官与董事长们不会排除这种途径。中国的公司将需要在全球市场中应对新的"不确定性和模糊性"，并进行根本性的战略调整。然而，知易行难，中国的跨国公司和中小型企业需定义管理和组织流程，开发新的机制，以成功地整合和融入充满规则的国际业务基础架构中。该基础架构的特点是遵守国际规范，如保护知识产权、保护（客户）隐私、数字化自由、法治、高度透明等。

在进行战略转型之时，中国企业需牢记中国享有的八个基本战略优势，即基础设施完善、科技能力提升迅速、政策环境稳定、国内市场庞大、劳动力高效、数字化经济程度高、工业生产体系成熟以及文化传承优秀。如果（中资企业）能以负责任的方式作为世界企业的合作伙伴，而不是竞争对手或征服者，这些优势将为中国企业在世界不同地区（不论远近、发达与否）带来重大发展机遇。

基于这些竞争优势，在美国和世界其他地区的贸易伙伴的推动下，过去25年中，中资企业成功打造了数百个成功案例。传统的美国和欧洲企业一般需要30到50年的时间，才能完成从创业公司到跨国扩展到全球化的发展路径。日本企业曾经在15到20年内完成了同样的全球化进程（但日企更关注的是G7国家的市场，而非真正意义的"全球化"）。对于顶尖的中国公司（如阿里巴巴、华为、海尔、联想、字节跳动等）来说，他们已经从纯粹的本土公司发展成为新兴的全球巨头，用了不是50年，也不是20年，而是10到15年。

这么短时间内的成功也为企业领导人带来了一个最重要的挑战：为了实现成为真正受人尊敬的全球企业的目标，中资企业需要在10到15年内学习并熟练掌握美国和欧洲企业通过50多年学会和积累的技术、工具、管理框架和解决问题的能力，并且中资企业的学习环境将充满更多来自地缘政治的复杂性和不确定性。

中资企业必须在多个层面上不断发掘和发展战略能力，在此过程中建立动态的差异化能力。如图3所示，中国企业若想摆脱低成本策略，在竞争中获得长期优势，应当在知识/技术、品牌（声誉与品牌信任度）、营销网络（全球化生态体系）、顾客关系（尤其针对B2B客户）等方面取得突破，建立差异化竞争壁垒。企业必须将这些优势中的每一项作为战略杠杆组合进行管理，抱着类似改善模式（Kaizen起源于丰田公司的改善管理法）的持续发展精神来优化投资和知识产权的经济和战略收益。

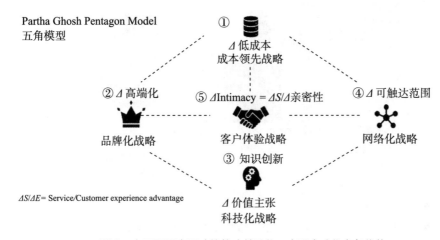

图3　由不同因素驱动的战略差异化，实现全球化竞争优势

图片来源：QLC分析

这种转型并非易事，（企业）需要在三个关键向量上做出重大投入，进行改变，这三个向量分别是运营和组织模型、创新过程和政府关系，以确保公司能够独立于地缘政治动荡，适应突如其来的竞争和挑战，并灵活敏感地应对IP管理。在此过程中，公司必须努力克服政治动荡，确保作为真正的全球公民的信誉。

为了成功实现这一转型，我们需要新的具有前瞻性的领导力，这种领导力能以广阔的视野看待问题,并为复杂的局面注入积极的能量,如图 4 所示。到目前为止,中国公司在培养基础的硬性领导力技能方面做得非常出色。例如,执行和运营的能力在企业发展的早期阶段至关重要。但是在新环境中,企业需要与不同国家区域政府合作,应对不同的国家政治期望、反垄断法规、工会设置、政治程序和其他一系列复杂的情况。因此,中资企业在下一阶段领导力发展的重点应更多地转移到柔性管理能力。

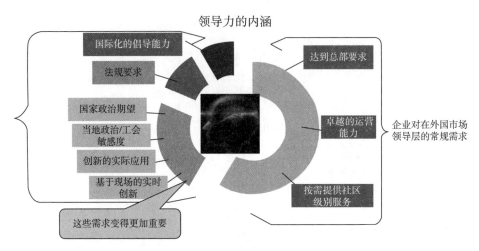

图 4　新时代的领导力需要包括更广泛的技能和应对问题的方式

图片来源:QLC 分析

这将带入本文最后一个观点,即中国的成功来自对以下两个维度上的高效利用:人均附加值(由一个国家的"增值能力"决定),以及人均资源投入(由管理人力资源的"投资质量和数量"决定),如图 5 所示。在目前的经济结构下,中国在这两个维度上能获得的发展可能已经趋近极限。

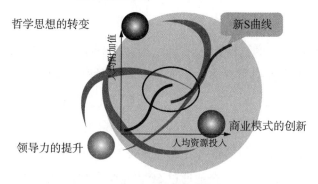

图 5　确保自我延续的变革

图片来源：QLC 分析

现在是时候让中国迈向新的 S 曲线，以实现更高水平的繁荣和进步。在过渡到新的 S 曲线的过程中，中国需要在三个不同的层面上进行根本性的变革：在感知和分析世界的方式上进行哲学性转变，企业在商业模式方面进行革新，最后，重要的改变来自领导力的提升，以帮助我们从过去的范式过渡到 21 世纪的范式。未来的挑战是巨大的，但潜在的机遇将同样巨大。从反面来说，如果中国公司未能实现我们今天谈到的本质上的转型，则下行风险同样严重。我们是否有意愿做出变革？

结语

笔者从国际视角出发，以独特的战略眼光和系统的数据分析，分析了中国过去 70 年辉煌的经济成就给原有的全球地缘政治经济平衡带来的影响。在这其中，中美两个超级大国的关系更是攸关两国和人类的前途命运，笔者主张中美两国需尽一切努力阻止新一轮冷战的出现。在宏观层面上，中国政府不应该对全球紧张局势做出激烈反应，而应作为耐心和冷静的进步合作伙伴，更积极地通过新的国际经济政治参与方式来成为进步的合作伙伴，而不是全球经济体系脱钩或对抗的竞争者。在微观层面上，中国的公司将需要在全球市场中应对新的"不确定性和模糊性"，并进行根本性的战略调整。中国的跨国公司和中小型企业必须在多个层面上不断发掘和发展战略能力，建立动态的差异化能力，以成功地整合和融入充满规则（如保护知识产权，保护客户隐私，数字化自由，法治，高度透明等）的国际业务基础架构中，并成为真正获得全球政府、企业与消费者尊重的企业。这意味着中资企业需要在10到15年内学习并熟练掌握欧美企业通过50多年学会和积累的技术、工具、管理框架和解决问题的能力，并且中资企业的学习环境将充满更多来自地缘政治的复杂和不确定性。笔者根据多年跨国咨询经验，为中资企业提供了多个战略和领导力框架供决策层思考下一步转型计划。

最后，笔者认为中国的发展已经到了一个拐点，为了能实现更高水平的繁荣和进步，中国需要过渡到新的S曲线。在这过程中，中国需要在三个不同的层面上进行根本性的变革：哲学性的思想改变，创新能力的转型，以及领导力的提升。未来的挑战是艰巨的，但潜在的机遇同样巨大。

杨壮教授点评

帕特教授站在全球战略高度，从国际领导力的标准角度分析了流行性疾病给世界地缘政治、全球经济、中美之争带来的巨大挑战，提出解决世界日益恶化的流行性疾病和国际关系，急需政治家的"领导意志"。

帕特教授认为中美关系由于日益增大的贸易赤字（美国对中国有高达700多亿贸易逆差）、技术之间的激烈竞争（知识产权保护、技术共享等问题），以及中国"一带一路"倡议引来的不信任感造成了中美关系的三个失衡：贸易失衡、信任失衡、技术共享失衡。中美关系恶化的关键点是中国在经济上和技术上正在迅速崛起，造成美国政府和群众心理上高度的不安全感。

帕特教授的分享不但从宏观方面分析了中美关系恶化的原因，在微观层面，希望正在走向世界的中国企业运用新的思维模式、全球跨文化领导力的战略视角，不仅从商业角度降低企业成本、提高技术能力、加强品牌建设、吸引国际客户，更要提高企业国际化领导力运营能力。具体来讲，走出国门的中国企业必须遵守国际准则，熟悉投资当地国度的政治法规、市场特质、文化历史、客户需求，坚守国际化经营的哲学理念，明晰企业的核心价值观，公正公平，阳光透明。

流行性疾病之后的世界已经变得尤为复杂、多元、不确定（VUCA），反全球化趋势出现、民粹主义抬头、种族之间争斗厮杀、局部地区爆发战争已经给世界带来巨大的震荡。中美两国的经济总量几乎是世界经济总量的50%，两国对于世界政治的影响力之大毋庸置疑。记得2016年7月，笔者带领企业家俱乐部一行30人访问以色列，92岁的以色列前总统佩雷斯在长达一个小时的交流过程中强调的一个重要观点是：建国初期，中国和以色列都很穷。而未来，中国会成为世界上最伟大的两个国家之一，另一个是美国。中美未来的竞争焦点应该是比谁给予得更多、更好。回想起来，佩雷斯总统的判断具有前瞻性。今天中美关系对维持世界稳定、推动全球经济复苏、维护世界和平的作用影响巨大、举足轻重。

未来中美关系应该建立在相互依赖，坦诚沟通；相互影响，相互竞争的基础之上。两国之间的共同利益（经济、文化、教育）大于分歧，很难脱钩。两国人民应该加强彼此之间的了解，不应该陷入新一轮的冷战之中。作为国际关系载体，中国海外经营的企业家也要迅速提升自身的领导力和综合素质，加强企业国际化、全球化的基础设施建设，打造企业国际化品牌，让企业受到世人的尊重。

VUCA 情境下的"三元领导力"

杨壮

> **题记** 2020年7月16日，中信出版集团和北大国发院 BiMBA 商学院联合主办"中信读书会暨北大跨文化领导力论坛"，本文根据北大国发院管理学教授杨壮的演讲内容整理。

我想分享的是"三元领导力"模型，这一模型基于我多年的研究。在中国生活多年，我充分了解到这种特殊的领导力模型对中国人来说非常有用，特别是对中国的管理者，包括政府官员、企业高管等，都可以根据这一领导力模型去了解个人在领导力和行为方式中的优点与不足。

中美两国之间存在跨文化差异，这种差异也存在于领导力领域。例如，美国哈佛大学伦纳德·马库斯和埃里克·麦克纳尔蒂两位教授在新书《哈佛大学危机管理课》中聚焦于领导力的三个方面（即个人、情境、联通力三个维度），这三个方面中，我们中国人更侧重于人与人、与领导者和其他利益相关者之间的联通力。

大多数中国人非常了解自身周围的情况，但是当他们遇到困难时，尤其是面对自然灾害和非常严重的危机时，许多中国商业领袖开始超越个体的局限，努力思考和学习作为公司一把手，他该如何发挥领导力，如何带领公司度过危机，甚至化危为机。

当然，与西方相比，中国商业领袖的领导力修炼晚了一些，毕竟，领导力这一全球通用概念在二十年前才被引入中国。中国进行市场化改革后，中国的商业领袖开始与全球商业领袖互动。因此，中国领导者还处于感受领导力模型的阶段，更关心如何能更好地与美国以及其他国家的企业协同应对危机，还不太能主动引领全球商业伙伴度过危机。

一、什么是 VUCA 情境

我要谈论的主题是 VUCA 背景下的"三元领导力"模型。VUCA 即 Volatility（动荡）、Uncertainty（不确定）、Complexity（复杂）以及 Ambiguity（模糊）四个英文单词首字母的缩写，VUCA 代表着易变性、复杂性、模糊性和不确定性。

易变性囊括了很多实例，如这次人类共同面对的流行性疾病的变化速度很快。其实我们进入数字化时代以后，知识的更新也极快，有些知识可能几天或几周之后就过时了。尽管科学家们正努力弄清为什么会这样，但目前还没有人弄清真相。

复杂性方面，全球流行病相比 2003 年的非典以及其他传染病，在流行性疾病来源、传播途径等很多方面都表现得更为复杂。

模糊性也在流行性疾病中体现出来，目前没有人完全清楚流行性疾病究竟是怎么回事。之前以为流行性疾病会跟非典流行性疾病相似，会随着炎热夏天的到来而消失，事实并非如此。北京又遭受了一轮流行性疾病的反弹，但人们并不能清楚未来会怎样。这就是模糊性。

不确定性同样也是对很多事实的提炼。例如，至今人们也无法确知流行性疾病在中国、在全球将持续多久，是一两年，抑或作为新常态与人类长期共存？

因此，VUCA 情境不限于中国，而是全世界都如此。

二、什么才是领导力

如果在稳定的、确定的情况下谈论如何解决问题，我们往往谈的是管理；如果讨论如何应对 VUCA 情境下的挑战，我们谈论的才是领导力。因为领导力主要是应对变化和不确定性。我个人理解的领导力定义之一是："领导力是动员其他人为共同的愿望而奋斗的艺术。"这一定义出自詹姆斯·库泽斯和巴里·波斯纳撰写的书籍《领导力》，也是我目前在使用的领导力课程教材。

回顾历史，我们会发现有许多具有远见、能鼓舞人心的领袖人物都符合上述领导力定义的特质。例如，美国历史上我经常提到的两个领袖人物，林肯总统和马丁·路德·金。林肯结束了美国的内战，将美国统一为一个国家。马丁·路德·金在美国也是英雄，他在 1963 年发表的演讲至今仍能打动很多人，在他的那次演讲后，美国展开了多年的民权运动。

本质上，领导力理论中所说的领导力与管理学中对领导者的界定完全不同。领导力理论中的领袖主要关注人，他们会产生追随者，并且他们需要为追随者创造愿景和目标。他们必须目标明确、言辞清晰，让追随者能够理解如何追随，进而实现组织目标。

许多教授和学者一直在撰写关于变革型领导力的文章，我在教学中也使用了这个概念，但在当今互联网的环境下，我认为这种变革过程可能非常困难。人们的想法正变得非常不同，不同时代的人对领导者和领导力本质的理解也存在代沟，人们对于未来的看法可能在不同的组织之间也有很大不同。不过可以确定，如果领导者自己对未来没有明确的方向，对自身、组织和社会价值观不清楚，将很难获得别人的追随。

还有一个非常重要的关于领导力的定义我很喜欢，那是三十多年前我在哥伦比亚大学读书时了解到的。这个定义是罗伯特·金·默顿教授在 1969 年所说的一句话："领导力是一种人际关系，在这个关系中人们遵循领导者是因为他们内心也想这么做，而不是因为他们不得不这样做。"

当我今天听伦纳德·马库斯和埃里克·麦克纳尔蒂两位教授介绍的"元领导力"，除了中间的"人"之外，他们确实非常强调人所处的情境和联通力，其中联通力主要关注向上、向下、对内和对外的领导力。结合上述领导力定义，我个人理解，联通力的目的也包括让人们能发自内心地追随，而不仅仅是解决眼前的危急事件。

三、VUCA情境下的"三元领导力"模型

我的"三元领导力"模型核心包括思想力、专业力和品格力三个维度。在平常情况下，具备这三大领导力一定会让人们追随，在不确定性和危机情境下，包括在极端情境下人们完全不知道该怎么办的时候，这三种领导力也同样有效。因此，身为组织里的领导者，拥有思想领导力、专业领导力和品格领导力至关重要。

第一个维度是思想力。

尽管我是商学院教授，但我并没有将领导力的重点放在策略上。在我看来，当你运用策略的力量时，有时会难免忽视思想。思想相比策略是一个更宏观的概念，它包括一个人对未来的梦想。例如，美国企业家乔布斯和马斯克对未来及其人生使命的追求，又或者像南非前总统曼德拉一样，有一个宏伟而清晰的目标：使生活在这片土地上的人们不再受种族影响。

建立思想领导力的关键要素是愿景、激情和价值观。价值观是指领导者需要明确最重要的事，即便在有限的时间内，也能明确个人需要做的最重要的事。作为一个有思想的领导者，会面临许多优先事项，但是必须明确自己在特定时刻必须重点关注的事。为此，领导者要明确自身的价值观，必须洞察其他人看不到的东西，能对未来做出判断，同时还要做出短期决策。

第二个维度是专业力。

只拥有强大的思想能力还不足以应对危机，还需要专业领导力。当谈到

专业领导力时，要清楚领导者并不需要做所有事，你也做不到。作为领导者，你必须具有可胜任的专业领导能力和素养，这种素养与管理人员、技术人员或任何专业人士的专业素质不同。

领导者的全部工作是专注于排布和培养组织中的人才；危机时期必须与专业人士、有才能的人，以及对情况非常了解的人交流；必须与来自不同组织的专业人士协调，因为你无法自己解决问题；必须激励团队合作，激发人们跟随。做不到这些，你作为领导者将永远无法解决问题，尤其是在危机时期。

作为领导者，还必须不断创新和变革，因为VUCA情境正在成为新常态。换句话说，在未来，没有和平时期或危机时期，每一个当下我们都会面临危机。

第三个维度是品格力。

历史上，有的人有很多思想，而且他们非常专业，但他们可能反人类，可能不诚实，或不太正直，或对他人隐藏信息；他们有意志但并不谦虚，也不尊重他人。

品格领导力中所包含的优秀品质，尤其是诚实和正直，能让领导者和追随者之间产生信任。

我经常在课堂上说，品格的力量能够在思想领导力和专业领导力之间架起一座桥梁。在思想和专业能力之间，在领导者和追随者之间，它是一座名为信任的桥梁。这样一来，你才可能实现组织的目标，因为你会吸引很多追随者来解决极端情况下的问题。

这就是VUCA情境下的"三元领导力"模型。从今天开始，我们应该将VUCA情境视为新常态，从思想、专业和品格三个维度打造自身强大的领导力，以应对未来的每一次危机。

跨文化领导力与
人力资本发展

中国企业在非洲经营的挑战

王进杰

摘要　处在探索工业化发展之路初期的非洲国家近些年纷纷推出吸引外资的各种优惠政策，把建立工业园作为抓手，大力推进工业化发展，以此带动国家经济发展。2013年以来，中非合作的工业园如雨后春笋在非洲各国建立。工业园完善的基础设施、稳定的营商环境和有竞争力的劳动力价格等优势吸引着越来越多的中国企业陆续入驻中非工业园。本文基于在东非、西非、北非以及中部非洲七个国家近一年的实证调查，走访了15个工业园中的184家中国投资企业，调研发现中国企业在非洲发展面临的最主要的挑战是员工劳动技能缺失和员工难以管理的问题。有关非洲跨文化情境下中国企业领导力发展模式和人才培养机制的研究较为缺乏，因此本文聚焦该问题，论述了在非洲跨文化情境下中国企业领导者亟须发展领导力水平和建立当地人力资本培养机制的重要性。

导读

　　为了深入了解中国企业到非洲投资后的现状以及探究跨文化情境下中国企业的经营情况，从 2018 年到 2019 年，课题组[①]共走访了七个国家，包括埃塞俄比亚、吉布提、肯尼亚、坦桑尼亚、赞比亚、尼日利亚和埃及，共涉及 15 个中非工业园。中非合作工业园在这七个国家有大量资金投入，而研究发现中国企业领导者共同面临的发展瓶颈是非洲员工职业技术缺乏、员工难以管理的尴尬局面。

　　非洲有着超过 12 亿的巨大人口基数，是人口红利最具潜力的大陆，然而人力素质缺乏为非洲国家能否承接工业化发展打上了问号。虽然非洲国家拥有巨大的人口红利潜力，但是相当大比例的人口无法转换为现实的生产力，因为大量非洲劳动力只能从事最初级的体力工种，结构单一的就业模式无法应对工业发展对多元化工种的需求。优质劳动力素质既要拥有数量同时需要质量，但是非洲国家往往在数量上充足，而在质量上较为匮乏。这也可能是非洲国家承接全球产能转移遇到的最大挑战之一。对中国企业领导者而言，因为缺乏在跨文化情境下的非洲领导力，让他们在经营企业和员工管理上处处碰壁。因此，中国驻非企业的领导者和员工都面临自身能力提升的需求。对中国企业领导者而言，他们需要提升自身的跨文化领导能力，以促进企业高效发展；对在中国企业任职的非洲员工而言，他们需要提升职业技术能力，以增加就业机会并得到更高工资回报。中国企业领导者和员工双重人力素质的提升是中国驻非洲企业可持续发展的重要保障。

---

① 本文研究和写作受到中国土木工程集团（CCECC）的资助，在此表示特别感谢。课题组成员（按姓氏首字母排序）：李其谚、王进杰、袁立等。

一、中国企业在非洲经营的挑战

非洲工业园起步于20世纪70年代，当时塞内加尔、埃及和毛里求斯最早开始在境内设立出口加工区。20世纪80年代以后，突尼斯、摩洛哥、马达加斯加、尼日利亚、肯尼亚、纳米比亚、津巴布韦、马拉维、莫桑比克和南非等国也相继建设了各类工业园。大部分非洲国家工业园直到20世纪90年代以后才开始正式运作，但多数发展较为缓慢。非洲早期的工业园规模非常小，与现代工业园在建设、运营和服务理念上也有很大不同。

21世纪以来，非洲国家开始推动工业园的建设，希望将其作为国家工业化起飞的引擎。例如，毛里求斯、尼日利亚、南非、埃塞俄比亚等国家对出口导向型的产业区给予入园企业关税、企业所得税、增值税等方面的税收优惠。2015年前后，非洲国家自建或与其他国家共建的各类工业园数量已经达到200多个[①]。2013年之后，越来越多的非洲国家成立了工业园，吸引了一大批中国企业前来投资。中国企业在工业园投资建厂帮助当地大大提升了就业率，一个工业园可以吸纳少到几千人多到上万人就业，尤其是劳动密集型企业，如服装鞋帽制造业，基本都是女性员工，这给非洲当地妇女提供了前所未有的就业机会。其次，工业园的建立也大大刺激了产品的出口，增加了当地的外汇收入。例如，埃塞俄比亚就非常欢迎外资企业，产品出口到全球市场的外汇收入给埃塞俄比亚的经济带来了可持续发展的动力。

课题组在东非、西非、北非以及中部非洲七个国家近一年的实证调查，走访了15个工业园中的184家中国投资企业，对企业在境外投资原因和发展

---

① 袁立，李其谚，王进杰.助力非洲工业化：中非合作工业园探索[m].北京：中国商务出版社，2020。

挑战等多个相关问题做了问卷调研①。

当被问及为什么选择到非洲投资时（见图1），接近45%中国企业领导者认为非洲劳动力价格低廉是首要原因。由此可见，劳动密集型产业转移到非洲国家，中国企业看重的是非洲充满优势的劳动力市场资源。非洲各国政府欢迎并支持外资企业投资（40.80%）和政局稳定投资安全有保障（28.80%）也是中国企业选择非洲的重要原因。

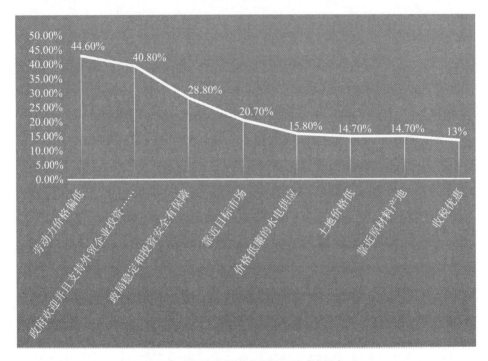

图1　中国企业投资非洲的原因（多选）

---

① 完整数据分析结果可参考：(1) 袁立、李其谚、王进杰：《助力非洲工业化：中非合作工业园探索》，中国商务出版社，第198至219页。(2) 王进杰：《新一轮中国资本与非洲人口红利——基于中非工业园区的调查分析》《非洲研究评论2019 一带一路调研特辑》，社会科学文献出版社。

谈及中国企业在非洲发展所面临的挑战（见图2），超过一半的中国企业表示面临的最大挑战是员工职业技能欠缺所导致的生产效率低以及员工难以管理（52.50%），其他挑战还包括外汇管制严格（48.10%）、当地政府审查过多（39.5%）、政府监管部门效率低（35%）等。

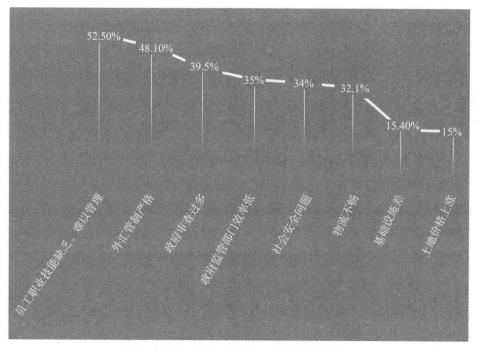

图2 中国企业在非洲工业园遇到的挑战（多选）

虽然最初吸引中国企业到非洲投资的主要原因是非洲国家数量庞大且低廉的劳动力市场资源，但是给企业带来阻力的恰恰也是劳动力的问题。当地员工的劳动技能缺乏造成生产效率低，不但没有给企业带来预想的发展，反而还大大增加了企业的交易成本。

劳动力质量不高往往和所受教育的程度密切相关。为了深入了解当地员工的受教育情况，课题组对中国企业所雇佣的当地员工的教育水平做了调查问卷。结果显示，企业所雇用当地员工中小学及以下文化占比 13.6%，初中占 44.9%，高中占 20.4%，大学本科占 17.7%，中职大专占 2.7%，硕士占 0.7%（见图3）。研究结果显示，超过65%的非洲员工有初中和高中水平，近18%的员工有大学本科的学历，总计超过80%的非洲员工有中学及以上教育水平。

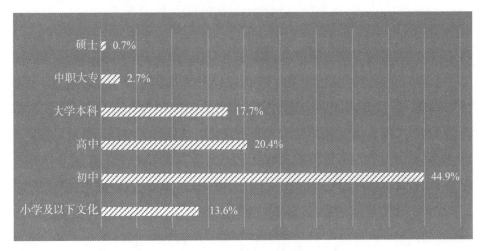

图3　当地员工的平均教育水平

从教育水平来看，在工业园工作的工人教育基础并不差，但是生产效率却不高，其中一个重要原因就是员工虽然有基础学历教育，但是他们基本都没有接受过专业技能的职业培训，也就是说，非洲教育培养出的人才不适合工业化发展的蓝领工作。"所教非所用"和"刚毕业就失业"的教育窘境，在非洲很多国家都存在。

调研中发现中国企业在非洲遇到的员工难以管理的挑战，不仅仅源自当地工人的劳动力技能的缺乏，还由于企业领导者自身缺乏在非洲跨文化情境下的领导能力。双重因素造成了在非洲经营的企业生产力水平不高、领导者创新能力不足的局面。而生产力水平和创新能力这些因素的实现在很大程度上又取决于人的能力和素质，这亟须提升企业领导能力和员工人力劳动技能的双重人力素质。由此可见，人力素质的发展不仅仅局限在员工技能的提升上，很大程度上也需要企业领导者在跨文化情境下领导能力的提升。显然，在这一点上，很多驻非中国企业没有做好准备。

二、跨文化情境下的非洲领导力

领导力与情境和文化有着密不可分的关系。文化代表着约束社会或组织成员的共同价值观和规范准则。[①]生活在一个特定的文化中，人们的行为通过一系列的共识来规范，这使人们的愿望（价值观）和普遍取向（行为模式）通过规范行为从而形成有序的、模式化和持久的社会形态。

根据 Hofstede 的文化维度，专制的领导方式可能适合于高权力距离、强调集体主义、重视男性气质和规避不确定性的文化。另外，专制领导可能更适合于那些高度重视等级制度的组织。相反，以关系为中心或民主领导风格为主的组织则表现出低权力距离、凸显个人主义、女性化程度高，不回避不确定性等文化特征。因此，谈论领导力是不能离开文化情境的。对于非洲文化的认知是中国企业领导者发展领导力的基础。

对中国企业而言需要结合非洲本土文化发展领导力，首先需要了解什么是非洲土著知识（Indigenous Knowledge），因为非洲本土文化充分渗透在非洲土著知识里面。虽然土著一词在西方往往与原始、野生、自然联系在一起，但是对于非洲、拉丁美洲、亚洲和大洋洲数以百万计的土著人民来说，土著知识是他们的日常生活，是对他们身份的界定。对这些人来说，土著知识反映了本土居民如何动态地了解他们与自然环境的关系，以及他们如何通过动植物、文化信仰和历史等民间知识来延续生活。土著知识里面包含丰富的传统生态知识，是人们克服自然界不确定性挑战和干扰所必需的宝贵资源，这

---

① Roberts, K.H. (1970), "On looking at an elephant: an evaluation of cross-cultural research related to organizations", Psychological Bulletin, Vol. 74, pp. 327–350.

使得他们与原生土地紧密联系在一起，并将他们与非本地人区别出来。

提到非洲土著知识和本土文化，与之形成鲜明对比的是殖民主义和西方外来文化。因此，土著一词往往与欧洲殖民者之间的历史关系密不可分。非洲有着极其宝贵的人类文化遗产，但是由于殖民统治和自然环境等多重原因，造成了非洲本土文化的遗失。充分理解土著知识的意义是一个思想上去殖民化的过程，因为只有立足自身文化并结合本土发展需求的知识才是切实服务本地发展和可持久的知识。因为只有本土居民知道什么是有价值的知识，什么是没有关联的知识，而并非外来者强加于他们的发展理念。

时代发展到今天，人们在数字技术和人工智能的潮流推动下，对于现代科学技术的推崇发展到了新高。本土知识被误解为落后于时代知识，殊不知本土知识与发展有着亲缘的关系，灵活运用本土知识才不会造成畸形发展。中国自古有句俗话叫"靠山吃山，靠水吃水"，本土知识不是落伍的，而是非洲人民发展的依靠。流行性疾病期间，医药无法满足非洲当地人的需求，当疫苗无法到达贫穷的非洲国家时，当地人用自己先辈留下的传统方式，使用土著草药应对流行性疾病，并卓有成效。

如何利用现代手段和科技保存并发扬本土知识是很值得探讨的。应当通过融合非洲本土文化的核心价值观和文化归属感来提升内生发展动力，从而形成独特的领导力框架。因此，发展非洲领导力模式需要嵌入文化理念，因为具备高度的道德情操和精神世界与经济发展密不可分。

由于非洲幅员辽阔，本土传统价值观也有很大差异。撒哈拉以南和以北的国家文化全然不同。如在撒哈拉以北的埃及、利比亚、突尼斯、阿尔及利亚、摩洛哥、苏丹等国家均以阿拉伯文化占主导，这与撒哈拉以南的非洲截然不同。在欠发达的撒哈拉以南非洲国家，学者们认为乌班图（祖鲁语：Ubuntu）作为一种道德准则和价值观，深深植根于非洲民间，是有代表性的非洲文化和精神。乌班图也许是最早从理论上阐述的非洲领导哲学概念之一，该词来自南部非洲班图语，意为"我与他人密不可分；一个人之所以为人，必须通过与他人互动和分享表现出来"。①乌班图理念强调挖掘自立自尊、社区互助和荣辱与共的内动力,从而创造共同利益和追求繁荣,从根本上解决了人的思维问题。

中国企业家需要对乌班图文化进行了解,并以此作为在非洲领导力的载体。乌班图的概念强调利用非洲传统的集体团结、社区网络、社区关系和社会敏感性来发展新的领导和管理实践方法。因为乌班图是以集体责任和同理心等价值观为前提的,领导者与下属之间不考虑权力差异或等级制度。在这一点上,领导者与被领导者是一体的,领导是从群众中产生的,所以领导者和下属具备"你就是我,我就是你"的共同认知。有了这种思想基础,具备同理心的领导力就会应运而生。在非洲跨文化领导力情境下投资的中国企业家在发展领导力的同时,可以考虑将乌班图和社群理念通过嵌入式领导方法激发领导者和下属的内在精神动力、自豪感和自信感,结合本土需求和实际应用来制定治理企业的发展目标,这将强化影响领导者的道德和文化因素,并强调领导力和企业发展的关系。

中国企业在非洲发展,除了要基于国内的成功经验,并结合非洲本土文化和土著知识以外,还需要了解非洲国家前宗主国企业运营的准则。因为先入为主的西方宗主国和国际组织的文化影响与职场惯例,已经在非洲当地员工中根深蒂固。联合国环境规划署在2004年提出环境(Environmental)、社会(Social)和公司治理(Governance)的概念(以下简称ESG),是中国企业和非洲融合的国际准则,对中国在海外投资有很大的参考价值。ESG是衡量公司是否具备足够社会责任感的重要标准。如果不关注环境、社会、公司治理等因素,中国企业就不可能成为受非洲当地人欢迎的企业。遵守国际惯例,践行ESG投资理念,可以更好指导中国企业规避各类风险,减少跨文化管理的摩擦。如图4所示,中国企业领导者在跨文化情境下的非洲领导力培养,

---

① D. J. Louw, "Ubuntu: An African Assessment of the Religious Other," *Twentieth World Congress of Philosophy*. 1998.

需要立足于国内成功的领导力经验,同时结合非洲本土文化和土著知识,并借鉴国际惯例和准则,从而形成包容且创新的非洲跨文化领导力模式。

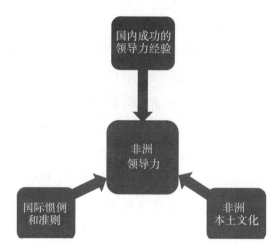

图 4　跨文化情境下中国企业在非洲发展领导力

三、跨文化情境下人力资本培养机制

构成人力资本的两大因素包括健康水平和技术技能,这两个方面在经济欠发达的非洲大陆均有待提高,也是主要制约非洲国家经济和社会发展的因素。对于中国企业在非洲的运营和发展,同样面临着相同的困境。培养有素养的工业化工人,除了需要扎实的基础教育之外,对于职业教育的需求更为迫切。然而和大多数高收入国家不同的是,职业教育与技术培训没有成为非洲青年就业储备的必然阶段。一些国际机构,如教科文组织(UNESCO)和儿童基金会(UNICEF)也呼吁要深化对发展中国家的教育改革,立足于投资和培养可以创造就业机会和促进经济增长的职业教育项目,通过知识带动经济发展,通过再培训和提高职业技能,鼓励更多劳动力参与到有效劳动力市场中去。经济合作与发展组织(OECD)的战略政策框架也关注教育和人力资本发展，强调通过投资教育和培训来提升人力资本质量，使之成为经济增长的关键驱动力。

非洲联盟也采取了积极推动职业教育的举措，在2015年颁布的《2063年议程》中呼吁非洲国家建立共同教育体系，将投资非洲民众作为非洲最宝贵的资源，通过扩大优质教育并加强科学、技术、创新和研究，包括发展远程教育等多样化教育模式。非盟在2018年批准了《非洲大陆职业技术教育与培训战略》，以促进青年就业，并成立了职业技术教育与培训专家组，支持和协助各成员国落实职业技术教育与培训战略。尽管非洲国家纷纷出台发展职业教育的政策，但是仍然需要通过和高校及企业的合作才能将这些政策更好落地。

中国企业尽管因为低廉的劳动力价格来到非洲投资，然而带给他们最大的挑战恰恰是劳动力的问题。由于非洲总体教育水平不高，加上没有足够资金投入，软件和硬件条件不到位和教师队伍流失严重，非洲的职业教育滞后于就业市场需求。所以，为了中国企业的可持续发展，将非洲人口数量转化为服务经济发展的人力资本，中国企业层面要立足于非洲国家发展的切实需求，将教育培训与企业发展相结合，在成人职业教育和技能培训方面进行深入合作。

在对非洲员工进行职业教育的过程中，需要切实考虑非洲当地人员的需求。在VUCA时代，加上非洲本土的艾滋病、疟疾等流行病，职业培训在关注技能提升的同时，需要给工人传授卫生保健知识以提升员工的健康水平。另外，发展工业化需要员工具备工业化的思维模式，由于绝大多数非洲国家是以农业为主的发展模式，员工保持着传统农业社会的思维习惯，缺乏与工业化发展所匹配的工业化思维理念和工业化知识储备。正如英国工业革命时期，工人在工业革命和工业化进程中起到了重要作用，他们在创造经济价值的同时，也在提升着自身的精神文化素质，并且工人的教育水平也为工业化进程提供着知识保障和理念转变。工人教育水平和劳动素质的提高反过来也会促进工业化的发展。非洲同样需要经历从农业经济价值体系向现代工业化思维的转变。因此，跨文化情境下中国企业在非洲提升员工人力资本，需要从三个方面入手：①通过职业教育提升员工的技术技能；②强调卫生健康知识的重要性以改善员工健康水平；③建立适应工业化社会发展的工作价值观，如工业化社会的工作方式和工作态度等（见图5）。VUCA时代，中国企业可以利用并改善信息和通信技术来达到职业技术培训资源的平等分配，加上健全完善的企业制度保障，企业的人才储备任务才有可能顺利展开。

图5　跨文化情境下中国企业在非洲提升员工人力资本

结语

由于研究非洲跨文化情境下中国企业领导力模式和企业人力资本培养机制的文献相对匮乏，所以本文聚焦中国企业在非洲发展需要应对企业领导者和员工双重人力素质提升的问题。一方面，企业基于在中国经营时的成功领导力经验，结合非洲本土知识和文化，并借鉴国际惯例和准则，形成跨文化情境下包容且创新的领导力风格；另一方面，中国驻非洲企业也需要关注员工的人力资本提升，结合非洲的实际情况，在设计培训课程时聚焦健康水平、职业技能和工业发展价值观的综合培养理念。中国企业在金融资本出海的同时，带着职业教育一同出海，通过远程在线职业教育和在岗培训来提升员工的劳动力水平。企业领导力和员工人力资本这两个要素的全面提升，才会夯实中国企业在非洲可持续发展的基础。

企业人才管理面对的挑战与机遇

杨壮

今天在世界范围内,人才管理面临三大挑战。

第一是人才的"复杂性"。科学技术和人工智能的迅猛发展,中国经济的规模和世界经济发展态势,使组织需要人才的标准发生本质变化,科学技术创新的速度让人才跟不上变化的局势,现有人才很难满足组织需求。我们过去培养的很多专业"人才",适应不了互联网时代组织对复合型、创新型人才的需求。传统学校讲授的专业知识,更难适应互联网时代给组织带来的颠覆性变化。很多企业招不到高端人才,因为很多人对复杂多变的市场环境缺乏独特的"个人洞察力"(Personal Insights)。

在互联网时代,如何定义"人才"?什么是构成人才的基本要素?如何识别、招聘、培养、留住人才?这些问题对于不同类型的国企、民企、跨国公司有不同的答案。但是组织如果没有人才,很难持续发展,基业长青。"第一资源"这个名字大会组织者起得好,因为人才在互联网时代就是组织的第一资源,比技术、资本、产品都重要。

第二是人才的"不确定性"。为什么?因为在"大众创业,万众创新"的互联网环境下,市场充满各种信息(真假)、机会(虚实)和诱惑(短期行为),对应届毕业生和从业职业人的心灵产生了巨大冲击,导致就业人多重目标、浮躁心态、纠结心理,这山望着那山高,人才流动性速度不断加快,极大增加了企业运营成本。因此，在招聘人才的过程中，如何找人，找什么人，对人才定出什么标准，关注人才的哪些基本素质和能力指标是互联网变革时代企业面临的最大挑战。人才不间断流动不仅对企业经营成本造成经济损失，更重要的是对组织文化氛围和员工信念、信心、信任造成长期损害。

第三是人才管理面临"多元性"。人才"多元性"的表层含义是越来越多的外国人到中国就业，学习中文，了解中国文化，加入中国企业之中。同时，大批中国留学生走出国门，学习、实践、就业、回国。2018年，中国企业中不仅接纳了接受过本土教育的中国毕业生和职业人，还雇用了有海归背景和来自世界各地不同肤色的外国人。人才"多元化"深层的含义是，海量中国留学生、企业家、政治家、游客在世界各地穿梭往来，读万卷书，行万里路，见多识广，思想活跃。互联网大数据、云计算、智能手机的发展更让中国迅速变成一个多元信息源、海量信息的连接沟通社会，不同观点通过微信、微博、自媒体在社会流动，跨时间、跨情境、跨国界，给政客、学者、学生、管理者和企业家带来了多元视角跨文化的思想、理念、观点、看法，是中国历史上自从春秋战国后从来没有看到的现象。如果说互联网技术是中国社会产生多元思想的必要条件，40年前邓小平主导的改革开放政策则是中国社会产生多元视角和观点的充分条件。这种多元化的视角给中国企业既带来了机遇，也带来了挑战。

变化是互联网时代的突出特质和主旋律。顺势者昌，逆势者亡。互联网智能信息技术正在改变人的工作方式、思维模式、生活习惯、工作效率、劳动生产率。**唯一没有改变，也无法改变的是人性：人的欲望，人的良知；人的弱点，人的善心；人的贪婪，人的进取。**

从某种意义上来讲，互联网时代的竞争更为放大了人的弱点。互联网技术可以提高生产力，但是无法解决国企深度改革和提升组织效率问题；人工智能可以迅速提升复杂病症诊断准确性，但是很难解决公立医院面对的复杂的医患关系问题；独特的互联技术可以吸引投资者给创新企业提供巨额资金，但是无法解决创新企业高管之间的信任问题，更无法保证企业合伙人为了一个共同目标持续合作，协调发展。互联网监控技术再发达也没有能力杜绝政府、社会、企业中的腐败现象。

2012年到2016年，中国的反腐规模和残酷现实告诉我们，科学技术发展可以提高生产效率，改善人民生活方式，但是不能改变人的弱点和贪婪。两千多年前老祖宗孔子的《论语》和老子的《道德经》关于人性的精辟论断迄今为止没有过时，人性的慈悲、弱点、进取、贪婪没有发生本质上的变化，尽管科学技术已经发生了天翻地覆的变化。

今天，中国的国企、民企、跨国公司遇到的核心问题还是人的问题。人的基本动力问题、人的激励问题、人的良知问题、人与人之间的信任问题，等等。企业与企业之间的关系如此，国与国之间关系也是如此，人性昨天没有变，今天没有变，明天也很难改变。历史的经验告诉我们一个残酷的事实，人类驾驭人的能力可能比人类驾驭机器的能力差出很多。未来，技术可能会像人类一样从事逻辑思考，但是人工智能很难替代人的思维、情感、欲望、价值取向。当然，人如果也会用机器方式去思考，我们的世界必将走向灾难。

那么在2019年，人才管理将会遇到哪些机遇和挑战呢？

（1）人口红利的消失。 中国企业人才管理面临的一个重要环境挑战就是人口红利的消失。多年计划生育政策的结果导致中国的"90后"和"00后"的年轻人数量和国家的总数人口相比，相当之低，跟印度比较更是低了几个层次。相比之下，20世纪五六十年代后出生的老年人口比例急剧上升，给社会造成巨大负担，企业人工成本迅速提升，迫使很多跨国企业把工厂从中国转移到越南、泰国、马来西亚等国家。在很多城市，包括珠海、深圳，制造工厂出现招工难、招不到人的现象。

（2）人工智能带来的机遇和挑战。 人工智能的蓬勃发展，对企业和社会的影响很大，既带来重大机会，更带来系列挑战。麦肯锡全球研究院近日发布报告，2030年全球八亿的岗位将被机器替代，中国有一亿人口面临职业转型，约占全部人口的13%。这个数字很大，包括在座的所有的职业人都要认真思考自己的专业及前景。麦肯锡的报告表明，人工智能特别对"零售、电力、制造业、医疗、教育"五个领域创造巨大价值，其中30%工作将被自动化替代。自动化的结果势必产生系列相关问题，如就业+失业问题，收入分配问题，企业转型问题，与人工智能相关的道德、法律和监管等问题。麦肯锡报告估计未来世界上3.75亿人口需要转换职业，并学习新的技能。在座的各位应该扪心自问一下，在互联网时代，我的知识是不是陈旧了？我是不是下一个被取代的人？我身上的核心竞争力是什么？核心竞争力就是别人不可复制的一种特殊能力。各位从事人力资源工作的人也要认真思考，在智能经济时代，人力资源工作的重点应该向哪些方面转移？新时代人才的标准是什么？如何培养复合型人才？如何找到有全球领导力能力和潜质，同时具备"个人洞察力"的人才？

（3）年轻员工高离职率的挑战。最近的研究报告表明，"90后"员工在国企、民企、跨国公司中的离职率超出我们的想象。这一代人的特质、自尊、需求、期望、资源、价值观和他们父辈有很大不同。我认为，核心问题是时代变了，环境变了。20世纪60年代到80年代的企业管理体制和激励体系与互联网时代趋势发生冲突。2018年的组织和激励体系趋势是去中心化，扁平化、充分发挥个人的潜力，组织要做到公正公平、阳光透明。大型国有企业和央企、家族企业、传统跨国公司，不进行组织变革和机制改革，年轻人不可能被企业吸引、对企业有忠诚度，也不会愿意为企业使命付出奉献。

（4）价值观的变迁和挑战。今天"90后"择业的价值观和"70后"的价值观有很大不同。"70后"出生在艰苦时期，父母比较贫穷，没有财富，家庭条件和经济条件不富裕，所以"70后"出生的人勤奋、打拼，不断努力，改变命运。众多"70后"企业家平均每天工作14到16个小时。"80后"出生的年轻人接受了比较完整的教育和理念的熏陶，养成自我认知、自我激励、勤奋工作的习惯和行为。"90后"的孩子出身于比较优越富裕的家庭环境，父母给予他们很多，在国内外接受完整的教育让他们形成了自己的价值观，独立思考、个性张扬、主张社会正义平等。在很多"90后"心目中，人生目的不仅仅是为生存而生存，要选自己喜欢的职业，做的事要有意义，同时给社会带来价值。

最近一段时间出差，在国内外街道、机场等公共场合看到一些蛮不讲理、胡搅蛮缠丢尽中国人脸面的不是"80后""90后"的中国人，而是出生在50年代或60年代的中老年人。长江后浪推前浪。新一代的年轻人很有活力和判断力。企业要变革，用新时代价值观培养激励新的一代年轻人，不仅仅强调外在物质刺激，满足他们生活的需求，更要把工资、福利、待遇和内在的激励、尊重、表彰、提拔结合在一起，激发出他们内心的工作热情和社会责任。

（5）**影响员工流动的其他因素。**为什么在互联网时代，员工的跳槽率增高？为什么很多员工不愿意留在自己的企业，迫不及待离开？除了以上讲的几个原因之外，还有下面几个因素：

第一，企业所处的行业前景十分重要。在互联网时代，企业所处的行业如果缺乏核心竞争力，没有发展前景，夕阳西下，或者行业很容易被互联网技术所颠覆，员工离职率势必很高。

第二，企业要提供有意义、有氛围、有挑战性的工作机会。否则，员工离职率会增加。企业如果按部就班，行政官僚，短期绩效评估，年轻员工潜力不会被激发，消极怠工，迟早离开公司。不要说企业，就在北京大学，我这两年看到的年轻员工离职率也比几年前高出几个百分点。如果企业工作氛围不尽人意，员工工作不开心，也会离职。2017年，我带学生在北京参观了很多创新组织，如优客、空中食宿等中外企业，那里的员工看上去开心、欢乐、愉悦，他们的工作极具挑战性，公司提供了富有挑战的职业平台，文化氛围相当人性化。

第三，激励机制不到位。员工离职的重要原因之一是公司对员工的付出没有回报。在互联网时代，企业之间竞争进一步加剧，如果创新企业对员工只要求付出、勤奋、加班，物质精神激励机制不到位，员工流失率势必增加。不论是国企、民营，还是跨国公司，员工的忠诚度势必下降。华为的经验特别值得学习借鉴。任正非创办的华为公司，销售额已经达到 6 000 亿，但是任总拿到的股份只有 1.5% 左右，因为任正非明白一个道理：财聚人散，人聚财散。为了人才，不惜代价。华为在 IBM 绩效评估体系基础之下设计了独特的华为管理激励体系，让每个员工在做出奉献之后得到丰盛的回报。

第四，员工离职与公司高管领导力缺失有直接关系。领导力专家库泽斯和波世纳曾提出领导力的五种行为：**身体力行、共启愿景、挑战现状、使众人行、激励人心**。作者通过 30 多年调研，发现卓越领导者身上通常具备四种素质：待人真诚（Honest）、有预见性（Visionary）、称职胜任（Competent）、鼓舞人心（Inspiring）。不具备这四种素质，领导力的五种行为只是空谈。仔细观察今天的创新企业、国企、跨国公司中的离职现象，领导力缺失是凸显导因。

综上所述，互联网时代技术发展彻底改变了人类的工作、学习、思维、生活方式，但是人性没有改变，也不可能改变。相反，互联网时代的人的管理工作变得更为重要，因为人势必引领互联网技术发展方向，让技术变迁为社会服务增值。基于以上论点，我认为企业 CHO/HRD 在互联网时代要协助总裁做五件重要事情，以激发企业人才的潜质和潜能，提升管理者的领导力，实现新时代的组织目标。

第一，协助 CEO 招聘、培养、发展一流人才。这是人力资源管理者在新时代的工作重点。不论是 CHO 还是 HRD，在找人、选人、育人、留人问题上，要付出巨大努力，特别要提升自身识别潜在人才的判断力和洞察力。要做到这点，CHO/HRD 自身要具备清晰的价值观，做正确的事情，坚持致良知、真善美，学会选人，懂得舍得，把人才的招聘、培育、发展工作当作头等大事来做。为此目的，CHO 必须得到 CEO 的授权和高度信任，成为企业的战略发展和创新合伙人。

第二，协助CEO从事组织设计和组织变革。德勤在2017年全球人力资本报告中，访问了130个国家的组织，问：今天组织遇到最大的挑战是什么？意想不到的回答是：最大挑战是组织设计。在互联网时代，采用什么样的组织设计和架构，让员工能够从等级森严的传统官僚体系束缚中解放出来是一个艰巨挑战。新的组织架构扁平、灵活、权力下放、去中心化，可以释放员工的潜能和积极性。中国一些超级央企和大型国企，组织变革十分艰难，原因之一就是组织中的等级行政概念根深蒂固，既得利益阻力很大。中国的很多高校、三甲医院、行政机关的官僚化、行政化、人浮于事的现象依然严重。

相比之下，世界级互联网公司，如谷歌，正在实践一种非常有效的网络组织。另外一些公司把传统组织架构细分为6~7人的战斗小分队，如海尔的"人单合一"，稻盛和夫敬天爱人的哲学理念，加上阿米巴经营的微型组织架构，至今为止保持日航在世界航空公司中高效率、高利润的领先地位。如果企业最终目的就是"创造客户"（德鲁克语），这种灵活性的组织架构让员工和客户的距离大大缩短，企业效率迅猛提升，对人才长期开发和培养也有积极的作用。

第三，协助CEO从事绩效机制改革。德鲁克曾讲过，组织必须实现三方面绩效结果：直接成果（销售+利润）、价值的实现（社会效益）和未来的人才开发（后继有人）。传统组织最大弊病是把重点放在短期绩效上，忽视企业的社会效益和人才的培育和开发。完全依赖传统短期KPI绩效方法，造成短期行为，在市场环境不好时，产生巨大的负能量，影响公司长远发展大计。KPI本身对短期绩效有积极作用，但其结果无法保障企业长期发展绩效，更无法让组织均衡发展，挖掘出个人的潜质。在互联网时代，全球企业正在研究实践多种试图充分发挥人的潜能的管理机制，如合伙制、分享制、分权制、期权制等等，但是成功案例不多，挑战最终还是人性的根本问题：如何在不同的机制中真正相互信任，相互合作，实现共赢？

第四，提升企业员工数字管理领导力。早在20世纪50年代到80年代，日本丰田管理体系（TPS）极大受益于美国戴明教授基于统计学和系统学的原理，把统计学知识运用到日本质量管理领域之中，诞生了全面质量控制（TQC）和全面质量管理（TQM），对日本20世纪80年代震惊世界的产品质量和品牌起了决定性的作用。戴明管理的14条原则中，强调对员工的正面引导和激励，调动一线员工的积极性，把次品和浪费杜绝在生产流程之中，反对基于短期行为的绩效评估。互联网大数据的迅猛发展证明戴明观点的正确性和前瞻性。今天企业人力资源CHO/HRD应该协助企业员工提高数字管理能力，有效运用大数据云计算的管理方法，提高产品+服务质量和运营管理效率。

第五，提升管理者跨文化管理能力/领导力。 中国已经成为世界第二经济大国。在"一带一路"政策引领下，大批中国企业走出国门，海外并购风起云涌。然而统计数据表明，中国海外企业并购的成功概率不到30%。关键原因是中国企业的全球化意识薄弱，跨文化人才稀缺，对国际化行为准则和全球化文化价值不熟悉，不理解，软实力薄弱，最终导致海外并购过程中文化冲突不断，成功企业屈指可数。

互联网时代下的中国企业人才管理要看国际化发展态势，协助CEO设计全球化战略规划，提升公司高管的全球化视野，熟悉全球价值观内涵，建立共享的企业文化，招聘全球化的一流人才，对公司核心人才进行全球化文化、理念、素质、能力、软实力的培训。华为国际化/全球化20年，吸取了IBM丰富的国际化经营理念和经验，风风雨雨，跌跌撞撞，在世界打下来自己的一片天地，积累了丰富宝贵的经验，培养了大批全球化国际化人才，值得其他企业学习借鉴。

中 篇

跨国企业的领导力

雷克萨斯在美国成功的案例分析

杨壮

"专注完美，近乎苛求（Relentless Pursuit of Perfection）"是雷克萨斯LS400的宣传词，*Brandweek*杂志评价这句广告词为"20世纪最有影响力的广告词之一"。雷克萨斯的诞生和成功完美诠释了这句广告词，丰田公司以其惊人的野心创造了一个奇迹。这是30年前日本企业在美国运营的一个经典案例，许多战略、经验、教训特别值得今天正在走出国门、走向海外的中国企业借鉴学习。

一、丰田成功进军美国

20世纪70年代，推动日本汽车企业迅猛进军美国的关键原因有两个：第一是石油危机；第二是日元升值。20世纪80年代前，美国汽车业以生产老爷车著称，尽管宽大舒适，然而十分耗油。而日本从20世纪50年代开始就生产小型轿车，经济实用，灵活省油，积累了丰富的经验。石油危机导致汽油价格骤涨，给美国消费者带来压力，给当地汽车行业带来挑战，给日本企业带来商机。20世纪70年代日元升值，激励众多的日本制造业开拓国际市场，海外直接投资。在这两大因素影响下，成熟的日本汽车企业到海外建厂成为日企理想的战略目标。当然丰田进军美国也面临重大挑战：日本企业在世界各地扩张态势引起美国政治家的注意，贸易摩擦和反日情绪日益高涨。日美企业在管理方法、思维模式、企业文化等方面存在巨大差异，使得日本企业能否在美国取得成功很难预测。

但是实践证明，20世纪70年代、80年代，日本汽车企业在美国取得巨大成功。五个原因：第一，企业进行了详细的市场调查研究；第二，高层制定了清晰的战略定位；第三，工厂合理的投资区位选址；第四，日本企业文化顺利嫁接美国企业，使美国工人很快接受了日本管理模式；第五，丰田管理模式（TPS）在美国成功落地。TPS基本思想就是杜绝一切浪费，从事准时化生产（Just-in-Time）。TPS特别重视人的管理，调动员工的主动性，把科学管理流程和工人的积极性相结合，把人的潜能完全发挥出来。不断改进，精益求精。TPS的管理手段包括：看板管理、零库存管理、标准化生产、平衡生产周期、质量圈、全面质量管理、小组团队合作。TPS是日企在美国成功的充分条件。

二、F1旗舰车计划

1983年，丰田高管认为必须在美国造出一辆高档车。因为日本价格低廉的小型轿车，如誉满全球的品牌车Corolla，无法给公司带来太多价值和利润。大众的印象也是丰田只能生产适合大众的小车，而无法生产高档汽车。而在20世纪80年代，美国经济复苏又使奢侈品汽车在市场崛起。战后出生的年轻一代长大，对高档车的需求增加。但这批成功人士与传统阔佬富豪不一样，比较低调，讲究实际，不愿意购买传统豪华车，而倾向买一辆有质量、有品位、靠谱的轿车。

当时美国豪华车市场几乎全部被欧洲汽车占据，特别是德国汽车，奔驰、宝马等汽车公司。丰田的优势是几十年生产小型轿车的经验，通过"花冠"等经典品牌深入人心，但是缺少豪华车品牌形象。从1981年5月1日起，连续三年日本汽车出口受限，丰田在扩大在美国生产汽车的同时，增加高级车对美国的出口。此时，丰田已经有了一些生产高级轿车的经验，如1967年生产的2000GT，但还未尝试过生产豪华汽车。"庞大但是保守的丰田汽车在同仁中没有得到丰田英二所期望的尊重。"《财富杂志》写道。董事们渴望丰田改变外在印象。因此1983年8月丰田最高领导做了一个秘密决定，专门为美国市场设计生产一款高档车。丰田给这个计划的名字为"F1"（Flagship 1），旗舰车计划。

三、专为美国人设计的豪华车

研发小组由雷克萨斯第一任领导者——传奇工程师神保正治组建。他们在日本比较各国豪华车之间的优劣，争论思辨丰田应选择的风格。1983年到1985年，在日本本土设计的车型基本上没有摆脱日本人对"豪华"车子的解释。丰田高档车最后应以奔驰S级和宝马7系为标尺。为了进一步明晰定位，1985年以后，日本工程师决定远赴美国，进行实地研究，了解美国豪华车主的内心需求和渴望。第二任工程师铃木一郎身体力行，带领日本工程师团队在美国进行市场调研。1987年9月，在主管F1项目6个月后，铃木率领一小队人在洛杉矶郊区，租下一栋豪华别墅，研究房屋的每个细节。日本工程师每天花许多时间到南部加州高级的消费场所、豪华街区、高档住宅区、高级酒吧、高级停车场，认真调查每个乘坐高档车的人选车的原因、体验的感觉、不同车型的性价比、社会功能、社会价值、可靠安全性能、存在问题及需要改进的方面。日本工程师搜集了大量情报，发送了上千份问卷，对开车人和乘车人进行了详细访谈。很多工程师设计师以前没有来过美国，来到加州的好莱坞高档住宅区，开始明白美国人真正喜欢的高档车型和美国人对奢侈产品的定义。

豪华车的不同特质：调研小组还组织了心理学家分析不同豪华车的优势

和劣势。调查发现，很多美国用户喜欢奔驰的庄重和耐用，但是不喜欢它的造型和控控感觉；宝马操控功能很强，设计也很时髦，但是乘客在车上缺乏舒适感；奥迪造型比较大方，但售后服务糟糕；沃尔沃安全可靠，但是样子像一个盒子，设计单调；捷豹有吸引人的造型，但是质量和空间都不甚完美。经过几年不断的调查、分析、设计、修改，一辆结合了多种世界顶级车子优点、专门为美国生产的高档车雷克萨斯于1989年诞生了。

777客机的研发投入规模：美国《商务周刊》纽约总部编辑、曾在日本丰田工作十年的资深记者达森先生（Chester Dawson），在他2004年所著的《雷克萨斯》一书中描述：雷克萨斯开始投入设计时，共有24个工程团队参与了设计，总计1 400名工程师，2 300名技师和200名工人先后加入进来，相当于美国90年代波音777客机研发人员的一半，从1985年第一款原型车设计出来到1989年LS400上市，丰田一共制造了450辆不同的原型车，花费上亿美元。从决定开发豪华车品牌到草图被认可整整3年4个月，最终丰田选择了保守的外形。雷克萨斯LS400模仿了奔驰300E，尾部灵感来自宝马735i。但是其综合性能最终超过了奔驰和宝马。

详细客户分类：丰田对雷克萨斯的潜在使用者也进行了详细的分类。美国老一辈的人喜欢凯迪拉克、林肯、纽约人，事业刚刚起步的年轻人喜欢操控性强的汽车，如宝马。事业有成的人更重视可靠性、服务和可见价值，他们往往会选择奔驰。因此丰田决定精准定位，把雷克萨斯锁定在那些事业有成、低调务实的新一代精英身上，而且更看重汽车的售前和售后服务。

售后服务：雷克萨斯提供了超越客户期待的售后服务。雷克萨斯上市前，丰田将招募的560名销售和服务代表集中培训，彻底了解雷克萨斯品牌，使他们能应对消费者提出的任何问题。这些人中22%有过于欧洲豪华品牌工作的经历，15%曾为美国本土豪华车品牌服务，83%有大学文凭，2/3年龄低于40岁，由于经销人员没有强制性的销售指标，所有人都能没有压力而更专心于服务。当你真正成为雷克萨斯的客户后，他们会记录你的所有信息。在雷克萨斯的 4S 店，有舒适的环境，优雅的氛围，还有咖啡饮品，有专门的销售人员。雷克萨斯还通过创立售前认证系统来确保自己在二手车市场的价值。

雷克萨斯轿车为客户提供的五个核心价值：第一，品牌、名气、形象；第二，高品质、可靠性能；第三，高额的二手价值；第四，高操控性能、舒适性、稳定性；第五，安全性、可依赖性。

四、屹立巅峰的消费者口碑

美国有一家杂志叫《消费者报告》（Consumer Reports），美国人买车或者重要家用商品几乎全部都是根据这本报告上面的评价来选择产品。在 20 世纪 90 年代初期，该杂志对不同类型的高档轿车进行评价，包括奔驰 S430、宝马 745、凯迪拉克 DeVille、奥迪 A8、捷豹 XJ8 等，雷克萨斯得到最低的价格和最高的综合品质评分。1989 年，雷克萨斯车在美国一炮打响后，《Car&Driver》对几款高档车进行综合性能评比。最终，雷克萨斯 34 分，第二名英菲尼迪 30 分，第三名宝马 27 分，奔驰和奥迪各 26 分。评分项包括舒适度、发动机、设计合理性、开车感觉、流线型和可见价值。雷克萨斯 LS400 在所有项目评比中都是第一名。

雷克萨斯在 J.D.Power&Associates 咨询公司的质量调查中始终能赢得头名，在汽车可靠性的跟踪调查中，雷克萨斯连续 9 年获得第一。如果有机会到美国一游，尤其是高档停车场去看一看，大家会发现雷克萨斯的数目几乎和奔驰、宝马的总和相当。雷克萨斯的价值曲线和价值弹性都发生了变化，因为消费者认为这辆车极具价值。所以日本人按照既定模式进行了第二次生产，提高品质，提升价格。几年之后，雷克萨斯和德国豪华车的价格差距已经非常小了。我们如果去分析一下丰田汽车的利润结构会发现，在所有的丰田汽车型号中，雷克萨斯贡献了相当的比重，超过 70%。

总结与启示

综上所述，雷克萨斯之所以能在美国市场一炮打响，取得成功，大概与四项基本原因有关系：第一项可以称为技术因素——30年扎实的丰田管理模式TPS，凭借TPS，丰田得以超过美国福特等传统企业的大规模生产方式；第二项是对市场和消费者的认知因素。进军美国后，丰田全面彻底调查市场和消费者心理，做出了精准的市场和本土消费者定位；第三项是精益求精的工匠精神。日本人的禅宗精神和工匠精神对雷克萨斯的诞生产生了巨大的影响。每个日本工程师在设计、生产、营销雷克萨斯轿车过程中都把产品当作艺术品去经营和操作；第四项是充分发挥团队中每一个人的作用，最大限度释放出员工的能量，特别是当地员工潜质。日本人在交谈时曾说，虽然在夏威夷战争中日本人败在美国人手下，但日本汽车在美国打了一场胜仗，最终日本人笑到了最后。

对中国企业的启示： 30年前的日本雷克萨斯案例给今天中国企业海外拓展提供了巨大的借鉴意义：第一，中国企业出海经营，公司高管一定要有清晰的海外战略定位及对海外市场的洞察力；第二，企业走出国门，要对海外的消费者市场、行业特征、法律环境、文化特色掌握第一手资料，特别是企业的高管，要在企业出海之前有充分的时间做好家庭作业；第三，到海外扩张经营，企业要有突出的核心竞争力，不论是先进的技术、温馨的品牌，或者独特的产品、吸引市场的商业模式；第四，到海外经营并购，一定要学习日本企业精益求精的工匠精神，对生产服务一丝不苟，把产品或服务做到极致；第五，中国企业走出国门，走向世界，一定要提高跨文化环境中的团队领导力和全球化的管理能力。今天，到海外经营的中国企业中，真正了解国外政治、经济、法律、市场、管理、消费者行为、文化特质的国际化人才实在是太少了。中国市场人文环境有其特殊性，企业在中国取得的成功实践不可能在其他国家轻易复制。日本雷克萨斯豪华轿车给我们最深刻的启示就是：知己知彼，百战不殆。

20世纪80年代日本企业在美国经营的经验和教训

杨壮

背景

1988年夏天的一天，纽约。哥伦比亚大学商学院日本研究所所长 Hugh Patrick 教授把我叫到他的办公室，说："John，我建议你去了解一下日本驻美国的住友公司 Sumitomo 纽约总部，那里发生了一件轰动美国的公司女工集体诉讼案件（Class Action Suit）"。1988年，我刚刚完成哥伦比亚大学商学院管理学博士学位的两年必修课程，正在准备选题写博士论文。Hugh Patrick 教授是哥伦比亚大学我最为尊重的教授之一。做了一些简单的准备之后，我就开始了对日本住友公司诉讼事件的调查和了解。

这件事对我后来的职业选择影响很大，我开始对日本管理学理论及在美国的实践产生了极大兴趣。最终我的论文选题也聚焦在日本企业在美国经营的理论及成功经验与失败教训。因为对日本管理学的学术兴趣，拿到博士学位之后，开始了在纽约福坦莫大学商学院的管理学教学研究工作。

一、20世纪80年代的日本

20世纪80年代正是日本企业在美国拼命扩张并达到顶峰之际。来自不同行业的日本企业，特别是日本银行和大的财团商社，疯狂并购美国品牌企业如钢厂、汽车零部件厂、标志性建筑楼盘，如1989年11月份日本三菱公司以8.46亿美元高价买走洛克菲勒中心、好莱坞院线（如哥伦比亚影视公司）等等。美国和英国学者在20世纪80年代相继出版了令人眼花缭乱的关于日本管理的书籍。最为有名、最有影响力的著作是美国哈佛大学教授傅高义（Ezra Feivel Vogel）所写的《日本第一》（*Japan As No.1*），对日本经济、社会、管理的赞扬和吹捧的程度让美国人感到美国社会和企业正在被日本人侵蚀和购买。然而几年后日本经济就陷入了大萧条，日本企业，特别是金融服务业，在美国受到冲击和文化冲突，一部分日本企业关闭在美国的业务，廉价拍卖掉大量在美国并购的不动产和资产，撤回日本。

二、诉讼起因

原以为住友公司Sumitomo诉讼案涉及严肃的法律问题，调查结果让我震惊，因为诉讼案起因只是因为日本管理层要求美国女工给客户和客人端茶倒水，除了自己的本职工作，把日本企业在日本的经营模式照搬到美国法律环境之中。这是一个典型的国际文化冲突案。在美国，人力资源招聘的职工都有自己的详细职称描述，每个工人严格根据工作分工做事。但是日本企业粗放式分工方法与美国公司详细分工发生严重冲突。美国女工认为这是对女工的一种歧视的表现——女工既然有自己的本职工作，凭什么还要去接待客人？其中大部分人是男宾，这种接待男宾的潜规则被美国女工视为性别"歧视"，在公司里闹得沸沸扬扬，最终导致女工集体诉讼案件，官司一直打到了美国最高法院。住友公司意识到这个诉讼的严重性，在最高法院的建议下，庭外解决了诉讼问题，赔偿了约200万美元给公司全体女工作为补偿。

三、论文聚焦日本企业文化

日本美国住友公司集体诉讼事件让我反思很久。管理文化的差异性会导致这么严重的后果，这是我从未预料到的。对住友公司的调研引起我进一步深入研究日本管理文化的兴趣和好奇心。最后决定博士论文聚焦研究日本企业在美国经营并购的成功经验和失败教训。为此设计了论文的提纲——包括面谈、案例、企业调研。访谈日本公司后设计了调查问卷，集中研究了100多家日本在美国经营的企业。这100多家公司中包含了一半左右日本的制造业（主要涉及汽车整车、汽车零部件、电机、机械设备等具有高科技含量的制造业），另一半是日本的金融服务业（主要在美国的纽约、洛杉矶、芝加哥、旧金山等大都市建立的日本银行、日本的保险公司、日本的巨型商社，如住友、三菱等）。

我的调查只持续了大概两年时间（1988年—1990年），期间我访问了大量的日本在纽约等大都市的服务公司、金融公司、银行，同时也到日本在美国的一些重要的制造行业进行了访谈和参观，同时对这些公司进行了解。我的问卷中包括了大概50多家金融公司、50多家日本的制造业公司，而金融公司和制造公司最后访谈和研究的结果有着巨大的区别。如果用企业的销售、营业额、利润，以及员工满意度或忠诚度来比较的话，我的论文得出了一个十分鲜明的结论：日本的制造业，尤其是特别重要的汽车零部件制造业和机械制造业都是相当成功的，但是在美国的银行出现了大量的亏损，而且银行里的留职率、离职率都相当高。这引起了我的好奇：为什么都是日本公司，都是有目标、有组织、有规划的日本企业，为什么分了行业之后发生这么大的区别？为什么有这么多的不一致？是因为思维理念不一致，还是在行为举止表现上不一致？

通过访谈，调查问卷，我得出的结论是这样的：日本的金融业和制造业，在很多方面表面相同，实际内容不同。我从以下几个要素进行分析：首先，日本的制造业的技术相当之成熟，特别是日本汽车制造业的技术，在第二次世界大战之后，在20世纪50年代中期（80年代之前的30年）汽车制造业普遍受到了日本丰田管理模式的影响，而日本丰田管理模式又受到了戴明博士、德鲁克博士的影响，他们有自己的核心技术，有丰田管理模式里面强调的"零库存"、不断改善、不断变革、团队合作精神、质量圈儿，如果发现残次品，工人可以拉下井绳停止运作；其次，同时在这个过程中，他们采用的是"拉动式"，而不是"推动式"的方式方法。也就是说，先从市场开始倒推去生产，库存不当作利润，而当作整个成本和消费，因此他们就能把库存降低到最低点。在这种状况之下，在大约30年的长久时间里，根据日本的人文环境所决定制造的小车质量相当好，而且耗油量很小。美国在20世纪80年代，特别是美元危机、石油危机和尼克松上台之后，石油的环境发生巨大的变化。美国人原来都开老爷车、开大车，美国人造小车的这种经验不足，而日本企业和德国企业造小车的经验已经有十几年，甚至几十年。整个车的质量好、耗油量低、可靠性强。德国企业和日本企业相比，日本企业做得更大、更完善——尽管日本企业的原材料可能不如德国企业的材料那么精准、昂贵，但是可靠性相当强，这点使得日本企业在美国风靡一时。如果现在我们到美国去，在纽约、芝加哥、旧金山、洛杉矶的大街上，随便站那儿数车，每十辆基本就有五辆日本车。我在新泽西州做过一个实验，当时十辆车中有六到七辆日本车，很不得了！其他首先是德国车，然后才是美国车。关于这点，我相信，环境的变化是日本汽车能够在美国产生巨大效应，获得很多顾客支持的原因。

那么日本制造业到底为什么成功？两个原因：第一是制造理念；第二是企业文化。日本文化和日本制造业的技术特别合拍，因为日本的文化讲究的是长期就业——根据工龄做提拔、讲究团队精神、集体主义作战、讲究5~7人小组里面的质量圈儿，一旦一个地区危机出现，能够控制。专业上讲究"大分工"而不是详细分工，这样有人出问题的话，有人可以去替代。这种长期的文化团队的精神和集体主义精神，实际上给日本的技术奠定了很好的基础。

我在采访田纳西州的很多日本企业时发现，企业里都讲"日本话"——不是日语，而是日本的理念、一种文化。企业里都讲"长期"、讲"合作共赢"、讲"不断改善"。我还了解到，日本企业会派出3~5个人进行强烈的强制性训练，把日本这套文化完全地灌输下去，而这套文化和技术之间就有了合拍。美国人在美国的日本企业里也受到熏陶，很快就变成"日本人"。日本的组织跟日本文化有点雷同，日本组织中首先是进行"大分工"，给员工不断地进行on-the-job training（在职培训），员工工作不断更换，如此让组织中的员工不仅仅能够看到树木，更加看到森林；不仅能够看到自己做的事情还能在别人不能上岗的时候做其他事情。每个5~7人的质量小组，在制造、生产的整个过程中就可以对他所在小组小范围的环境有一个相当完善的理解和了解。工人在组织中变成了主人公，他们觉得自己是公司的主人，因此他们自己可以做。日本人把这套也带到了美国之后，核心要解决的就是工会的问题。所有日本在美的这些企业，在整体做事过程中将选择到哪个州去投资当作一个战略任务，并在整个投资过程中首要考虑的就是所选州不能有工会的存在。他们对工会特别的担忧，所以他们几乎选择的都是美国南部的州，其中包括北卡罗来纳州、田纳西州等，这些州的特质就是可以没有工会，而且白人很多，十分的保守。

四、日本为何在意美国工会

实质上这是一个政府的政策问题：美国是联邦制，跟中国中央下令各个省市一致去执行不同，美国联邦政府有联邦法律、联邦税收政策、联邦的基本国策，包括政治、外交、军事等。但是各州对内的经济（包括就业政策、招聘政策、房地产、劳工伤害受损、各种税收等）都有各自不同的政策。

一方面，日本企业落地美国之后首先要选州，他们基本上选的都是那些可以不加入工会的州——员工相对保守、经济发展相对落后、企业竞争相对比较缓和，并且美国的三大汽车公司在当地影响相对不大的地方，如田纳西州。美国公司在这些地方解雇了很多人，因此日本企业吸引了很多当地的员工。美国人解雇员工的政策使日本人感到这是一个很大的机会。

另一方面，各州政府本身需要有能力出台招商引资的优惠政策，各州不同。北部的州相对积极，而南部的州相对保守。但是有些州的州长相当的积极，在20世纪80年代的时候，田纳西州州长每年都访问日本，到日本当地呼吁日本企业去美国投资并且给予很多优惠的政策。这些政策不用联邦制定，而是州来制定。所以，日本人对美国各州的政策进行了认真的分析，最终日企去的州都在福利、政策、税收、劳工、工会问题上对于日企的经营有很大的好处。日企通过地域选择，能够把经商环境真正打造成日本的人文环境、把生态环境特质和日本的集体主义操作作业有机地结合在一起。如此，环境和企业的战略、企业制度结合在一起。

另外，地域选择不仅有政府因素，还跟日本的经营方式有关系。再举一个例子：我在写论文期间经常去田纳西州，仔细看美国地图你会发现田纳西州实际上是美国中部的一个重要的交通枢纽。田纳西州交通发达、人口稀少，整个州的经营环境、政治环境都比较好，而且白人比较多、比较保守，参加工会的人也不多，因此在这种状况下，对日本的 Just-in-Time（JIT）——需要生产时再生产，需要进货时再进货，这种"零库存"的方式方法是很大的支持因素。田纳西州公路发达、可供大卡车流畅地不断运输、随时随地提供货源，保证了整个生产过程中成本可控在最低水准、库存被降低到很低甚至零库存。我记得当时我刚学会开车，开在田纳西州的马路上，那么好的公路几乎看不见几辆车。如此，日企生产出的产品很快销售，跟市场结合在一起。

在劳动力市场方面，田纳西州等南部许多州在历史上距离大都市比较远，彼时美国已经在制造业，特别是汽车制造业方面出现了落后的状况，受到了日本和德国汽车的冲击，当时已经出现了很多蓝领工人就业困难的问题，因此日企在美国这些州当地的劳工也更便宜，并且日企给的待遇比较好。日企在择州时有很重要的经济考虑，通常不招聘有汽车经验的工人，招的几乎都是一张"白纸"，因为日企强调"终身就业"。在美国，人的爱好以及文化诉求是不是对"终身就业"是一个威胁？我发现，在蓝领工人中根本不是。蓝领工人对美国三大汽车公司当时实行的解雇政策十分厌恶。日企落地美国后，当地工人和一些工会向日企表示，不一定是"终身就业"，但如果真正能够保持长期就业政策，能做到不解雇，那就是最受欢迎的。日企曾经和通用汽车建立了一个合资公司，当时的工会曾强调不能解雇，并把日企固有的详细到几百个分工的职能岗位大幅压缩到了 4 个大分工：associates（经理）、技术人员、维修人员、管理人员。为什么日本人这样做？因为日本的生产模式是灵活的、精益的，因此要在一条生产线上生产出不同的产品，人的灵活性、人的知识性、复杂性都很重要。因此，日企发现，去田纳西州这样的州进行经营，招聘到的很多人都是一张"白纸"。我后来发现，日企招聘最多的组装工人是小学教员。当时日本汽车公司在美国的工人工资是每小时 14.5 美元，相当高。小学教员的工资通常是每小时 7.5 美元，因此很多小学教员进入了日企。这些人有着丰富的知识，并且学习曲线很高。在他们被招进日企后，能够很快接受日本企业文化、理念和哲学，因此能够很快适应团队的精神。而他们的工资从原来的每小时 7.5 美元骤升到 14 美元，何乐而不为呢？

　　日本人在以上方面做出了重大的选择，因此后来日本的汽车制造业在美国的成功完全是预料之中的。它已经把日本的汽车制造业在美国，主要在南部的州里建成了特别适合日本的管理模式、生产方式和技术水准的生态圈。因此，从 20 世纪 80 年代，特别是雷克萨斯在美国生产之后，日本汽车在美国受到了当地人的青睐，尽管当时美国政府、美国国会反对日本，对日本进行制裁，但日企把日本的这一套体系和美国人文环境结合在一起，反而让美国工人在工作中感到愉悦和快乐。

　　尽管都在日本，与在美成功扩张的日本车企相反，我在调查过程中发现，在纽约、芝加哥、洛杉矶等大都市的日本金融服务业惨败。我认为有几个原因：

第一，日企在金融业、服务业、金融服务业、房地产服务业等巨大的商业交流类服务业的白领领域中没有任何特殊优势，日企的优势几乎都在蓝领领域。研究后我发现，今天我们说"日本企业管理值得我们学习"适用于以制造业为主的企业，不是以金融业为主的日本企业。这与日企的技术有关。我在当年的论文写作过程中访谈了许多日本企业和美国企业，美国人对日本的制造业，特别是生产制造业的丰田管理模式评价是，日企的方式方法比美国的大规模生产实际上要早了10至20年，当环境发生变化，日企的制造业方式方法是与时俱进的。但是，金融业日企的技术相当落后，一直跟着美国后头走。当年在纽约看到的像三菱银行、东京银行，还有一些比较重要的保险公司等，业务惨淡，并且整个经营过程中没有掌握先进的金融技术。

第二，人很关键。日本管理模式在日本的金融界同样反映出一种集体主义的精神，日企依旧强调集体、强调团队，强调等待、忍耐，几年之后再提高待遇。但是这些日企所处的环境——纽约、旧金山、洛杉矶是适者生存、竞争残酷激烈的，这些城市里反映出的企业文化基本代表了美国的"个人主义至上"。金融技术瞬息万变，日本企业文化搬到这些地方根本无法适应。我听到过很多故事：如日企对美国员工进行长达半年的严格训练，有了人力资本的提升，转眼人就被其他的企业挖走了，所有训练都打了水漂。在这种竞争很激烈的状况之下，如果企业没有一个很好的文化和激励机制，企业很难留住人才。

第三，组织架构依旧按日本的制造业模式去经营，强调集体主义精神，弱化个人独立的决策能力。但是在金融界信息瞬息万变，按日本人的这种集体决策、集体商讨，当遇到一个重大的金融机会时，该组织就会丧失机会。这一点日企已经发现自己做得相当不好，意识到金融业日企所在的地点最重要——不是美国的乡村而是纽约。这些地点的城市竞争程度相当大、人员大部分毕业于美国的高级商学院，如沃顿商学院、哈佛商学院，这些人才都有很强的专业主义，特别在金融、市场营销、交易操作方面有很强的个人作战能力。但是日本企业确实是没有这方面的能力，或者能力相当差，因此金融业日企遇到了很大的挑战。业务不行，技术比美国落后，竞争力不够，文化也留不住人。整个海外扩张的过程中，文化冲突不断发生。因此很多日本企业到20世纪90年代初期之后，渐渐把营业网点都撤回了东京，把很多大楼，包括洛克菲勒大楼、电影公司等全部卖掉了。

第四，日本公司面临这些挑战大概是从1988年、1989年到20世纪90年代初，当时的日本也进入了经济危机，美国对日本也进行了方方面面的制裁，所以日企开始萎缩，大部分公司卖掉了，很多日本银行回到了日本。留在美国的一些银行采取了极度的、几乎是超人的本土化政策。在金融领域，日本企业的战略领域还是日本人管，但在市场营销、人力资源以及在一些本土化政策上雇佣的几乎都是美国人。当时我在美国教书，学校请了很多美国人来讲课，这些人基本都是在美国公司工作了20多年的，都被招到了日本公司，之后用美国公司的一套专业化运作、强调个人主义的独立决策，完全按照美国银行、美国保险公司的操作方式和方法，把日本的终身制、日本的长期提拔等所有适合制造业的东西都去掉。而这样的企业到最后，经营就发生了变化，适应了当地的人文环境，有一些日本银行在美国大都市最终也得以生存。

总结

1. 日本的经验告诉我们

（1）必要条件：一个企业在外竞争，在完全不同的国度、文化、历史传承、政治法律、市场规则下，首先必须要有自己的核心竞争能力，也就是你的技术、产品、服务一定要有世界一流的水准，经得住考验。

（2）充分条件：在整个竞争过程中，哪怕有核心竞争力，也必须把竞争与当地生态环境吻合、结合在一起，把企业派到那些能够在生态上支持企业，支持企业文化、企业理念的地方。产品和技术到这种生态环境之中才能够真正被环境所吸引、被环境所选择，否则必然会被环境所淘汰。企业在出海扩张的整个过程中一定要因地制宜，企业家一定要有足够的文化情商，能够真正把自己组织中的核心竞争力与当地生态环境完美结合在一起，并根据情况制定出自己的政策。日本人的制造业如此之成功、服务业后来的失败都充分地反映了这个问题。这值得我们思考。

2. 对中国企业的启示

（1）我们中国企业往外走，一定要有自己独特优势的核心产品和服务，这是保障企业在海外成功的必要条件。企业要在国外有竞争力，在国内首先就必须有竞争力，这样才能出海成功。举个华为例子：尽管华为公司在其他方面还存在一些问题，但华为的企业、产品、技术模式，是多年打拼和学习出来的，因此在国内市场有份额、在国外市场有影响力。在这方面，我们国内很多企业做得很差，很多企业在国内无竞争力，就拿出去海外，这是不行的。日本企业要在日本国内竞争十几年后才会出海。

（2）本土企业，哪怕在国内竞争也必须对国外竞争环境有了解、有理解，具备较高的文化智商与文化情商，企业要仔细研究海外经营环境和当地的法律条文。这一点日本企业做得很好。

（3）与日本企业出海相比，我们中国企业更缺的是一支国际化人才队伍，这支队伍不仅要懂当地语言，还要懂跨国文化、懂西方的价值、西方的理念，因此复合型人才十分重要。

（4）组织要在海外扩张发展就必须有自己的组织架构。没有自己的组织架构，没有真正的海外事业部，而只是把自己的海外运作当作中国的一个工厂分支，那么肯定失败。中国许多企业都有这方面的经验和教训。也就是说，组织架构、组织文化是保障企业国际化战略成功的必要因素。

（本文的核心思想来自1990年作者在哥伦比亚大学商学院撰写的博士论文）

德国企业的领导力思考

孙永红[①]

一、德国的文化、经济和技术实力

一个强国的实力有很多方面，文化是软实力，经济和技术是硬实力，当然还有军事实力。但因为德国是第二次世界大战的战败国，所以在军事上对它是有限制的，所以笔者从文化、经济、技术等方面讲一下德国这几个方面的实力。

1. 文化

德国有灿烂悠久的文化。尼采、黑格尔、康德、叔本华、弗洛伊德，都是我们耳熟能详的哲学家。德国也是盛产音乐家的国家，著名的贝多芬、巴赫、舒伯特、舒曼都来自德国。2020年是贝多芬诞辰250周年，全球会有很多纪念贝多芬诞辰250周年的活动。还有歌德，他是一个多面手，戏剧家、诗人、自然科学家、作家、文艺理论家，各个方面都有很大成就。

[①] 孙永红，本科毕业于北京大学国政系，北大国发院04级EMBA学生。孙女士历任蒂森克虏伯电梯公司北京分公司销售总监、副总经理，蒂森克虏伯集团机场事业部亚太区总监，瑞士卡迪斯物流集团公司亚太区总裁，奥地利TGW物流集团公司亚太区总裁，曾荣获2013年度中国经济新领军人物奖。现任北京纪新泰富机电技术有限公司董事，扬名光学（厦门）有限公司董事，中德工业技术研究院副院长，恩盈创新学院智慧供应链资深顾问等职务。

讲到文化，笔者希望跟大家分享一下德国的教育制度。它的特点简单来讲是严谨而多样化，全民义务教育，大多数大学免学费，有些州会收一年500欧元的注册费，其实接近于全民义务教育。德国的义务教育体系从俾斯麦时期就已经奠定了基础，到现在为止，有81%以上的德国人有高中以上的文凭，或者有职业教育的培训资格。德国的高中毕业生很多水平跟我国的大学毕业生差不多，因为它有双轨制的培训教育体制。

全民义务教育分几个阶段：第一阶段，幼儿园到小学是强制性的义务教育，之后的基础教育里面有几个阶段（我们所谓的初中），学生可以选不同的方向，包括职业预校、实科中学、文理中学等。第二阶段，有的人打算学校毕业之后直接进公司，进入职业学校；而文理中学的高年级则为后面的大学教育做基础培训。第三阶段，大学分为综合性大学、高等专业学院、艺术学院。

德国双轨制的职业教育培训和学徒文化从中世纪演变而来，一直传承下来。它对德国整体的经济有非常正面的影响，因为这个体制教育出来的学生素质很高，能力很强。德国的学校宽进严出，只有掌握真正的知识才能够毕业。双轨制的职业教育下，学生不止掌握了理论知识，在实践方面也已经有非常多的经验。在德国的公司里，有些员工每周有一两天在学校里学知识，其余时间在公司实习。一般学徒大概学习三年，他们拿着低工资，还会在此期间继续完成学业，这类学生一旦毕业就已经有了一些工作经验，可以很快投入正式工作当中。

2. 技术与经济

德国的工业非常发达，德国是"隐形冠军"最多的国家，这个概念是著名的管理学家赫尔曼西蒙提出的。

隐形冠军的标准：第一，公司必须是行业内数一数二的；第二，公司的营业额必须是在20亿美元左右；第三，公司必须是在专业领域内鼎鼎有名，但是并不为大众所知晓。赫尔曼西蒙经过20年的研究发现，全球有2 734家隐形冠军，其中德国占了1 307家，中国有68家。德国的双轨制职业教育对于德国隐形冠军的数量有直接影响。这些隐形冠军的员工离职率仅有2.7%，所以它们很稳定，而且每个人的专业水平都非常高，这也是德国工业很突出的一点。

德国也是全球研发费用投入最高的国家之一，在全球排第四名，到2025年，德国研发费用占GDP的比例还会提升，现在的研发费用主要用于数字化、医药、大健康、环保科技。

德国以实体经济立国，每个人以工匠精神为本，国家的战略目标为百年大计。德国有非常多的世界著名品牌，现在是世界第四大经济体，世界第三大出口国，也是欧洲第一大物流市场。它有世界级的教育体系。

众所周知，"德国制造"现在是质量好、质量上乘的标记。但是"德国制造"起初是1887年英国议会为了区别德国制造出来的低廉产品和英国的优质产品而提出的，对德国产品是一种侮辱性的规定。德国人于是发愤图强，很多公司把"质量为本"作为座右铭，这样才有了现在的"德国制造"，成为质量上乘的象征。

德国的服务业包括物流、贸易等，各类服务业占国民生产总值的70%；工业主要包括制造业，占国民生产总值的29.1%；农业占0.9%，农业在GDP中占比非常少，但是基本都是森林、葡萄园、农业用地，环境保护做得非常到位，真正做到了天人合一。

德国政府在某些产业里有很多政策保护，如修鞋业，德国的鞋本身质量上乘，但是德国的每个城市都有很多百年老店修鞋铺，经过这些店铺修完的鞋跟新的一模一样。再如摆渡业，从美因茨到库布伦茨100多千米的莱茵河上没有桥，主要原因是莱茵河在此段崎岖蜿蜒风光绮丽，还有一个重要原因是德国政府要保护摆渡工业。在这100千米之间要过河必须坐摆渡，摆渡每几分钟一趟，开车或行人都可以坐摆渡过河。由于德国政府对摆渡业的保护，这个古老的行业也得以在摆渡家族代代相传。

德国的环保也值得一提。德国的垃圾回收率高达83%，其中有65%可以循环再利用，剩下的 18% 通过焚烧回收能源，真正的垃圾只有一小部分。在德国做一顿饭，有时候会分出来数十种垃圾。每个小镇都有回收瓶子的地方，瓶子按照颜色分类，有白色的、绿色的、棕色的，要分别放在不同的分类桶里。此外，关于扔垃圾还有非常详细的规定。例如，只有早上 7 点到晚上 7 点可以扔瓶子，避免扔瓶子的声音干扰附近居民的休息，德国人非常遵守这些规矩。黄色的垃圾袋是塑料回收袋，政府免费发然后定期回收塑料、瓶盖等垃圾。不同的州、不同的地区有定期收取的规定，大家会很自觉地在规定收取的前一天晚上放在自己家门前，方便第二天垃圾车统一收。德国的垃圾回收很复杂，每个人都必须严格遵守。德国环保的法律现在有八千多种，对于垃圾回收和处置均有详尽的规定。

3. 中德文化异同

德国人的动手能力强，这与职业学校双轨制有关。德国人家里的厨房和厕所非常整洁，也很个性化。在德国买精装修的新房，需要根据自己的爱好定制厨房，厨房的个性化对德国人很重要。大家也对德国的厨具非常熟悉，每家的厨房都有特别多种类的锅和各种刀具，各有不同的用途。德国人外表严肃，内在浪漫，做事认真，有工匠精神，注重环保，既严于律己，也严格要求他人。"德国人其智可及也，其笨（愚）不可及也"，季羡林先生在德国哥廷根大学读博士时如是总结。他说，看德国的书籍时，里面几乎没有错误，包括标点符号，只有用很"笨"的方法通过多人多次校对才能做到。德国人诚实守信，尊重别人的付出，但是同时也希望别人能尊重他的付出。这些都是德国人的主要特点。

中国和德国文化的相同之处非常多，如交朋友，我们都会形成自己的交友圈，互相介绍朋友。另外，中国和德国都具备大国风范，会考虑长期的利益而不是短视。德国人非常勤奋，我们中国人也非常勤劳，这些都是相同之处。中德两国的关系从历史上就比较密切，从 17 世纪末中国和德国之间就有商务来往，在俾斯麦时期，德国跟中国之间贸易往来已经非常多，1885年，俾斯麦派来第一支德国银行业和工业考察团到中国考察和评估中国的投资机会，促成了1890年德华银行在中国的建立。1880年，克虏伯作为中国的合同商负责修筑中国的旅顺港和大沽炮台的防御工事，到现在也可以在这些地方看到克虏伯的大炮。当然德国和中国不仅仅是军事方面的关系，在工业和技术领域也有合作。例如，颐和园第一批电灯是西门子装的，北京第一家自来水厂当时用的也是德国AEG的电机和水泵。因为两国人性格有很多互补性，也有很多相通之处，所以中德关系历史非常悠久，而且源远流长。

中国人和德国人之间也有文化的不同，比如说遇到问题时，德国人会直接面对，中国人可能先选择绕过，只有在迫不得已时才会去面对。存在意见相左时，德国人会直接说出来。对于新事物，德国人非常审慎，先会观察很久，中国人则积极拥抱新事物。德国人注重哲学逻辑思维，这也是德国有很多哲学家的原因，他们在设计产品的各个方面，都遵循严格的逻辑思维原则。中国人比较注重实际应用，所以在这方面中德有互补性，这也是中国和德国制造、贸易的关系非常密切的原因。中国是德国最大的贸易合作伙伴。

4. 情境领导力的适用

"情景领导力"的适用，是指领导者的风格与下属的成熟度相匹配。德国人的领导力风格跟德国老百姓的素质非常匹配，领导的决策依靠科学，非常冷静果断，因此百姓对政府的信任度比较高。以杨老师的领导力三环图为例，德国政府的视野、格局和价值观，都是以大局为重，尽最大努力保护每个人的生命。专业领导力主要在于德国科学院和科赫研究所（疾控中心）不断提出专业的意见。政府一直是言行一致，沟通到位，对老百姓不撒谎、不欺骗，所以长期以来获得了老百姓的信任。

关于品格领导力，不得不提到曾经连任15年的德国总理默克尔。她于西德汉堡出生，父亲是教会的牧师，在她出生后不久，因为工作原因调到了原来的东德，在柏林以北 80 千米的镇上当教会的牧师。她是物理学硕士、量子化学博士，她的成长经历中，尤其是在政治生涯中，受到前总理的影响很大。她在政治方面表现突出，2005 年就开始担任德国总理。她的核心价值观最主要的一点是自由，她说，自由的秘密是勇气，自由与责任相关。自由里面包含着责任、包容和勇气，单纯讲自由是没有意义的。

关于德国面临的挑战和问题也非常多。此次流行性疾病德国感染的人数 70% 左右都是在 20~50 岁之间，为什么 20~50 岁之间感染的人比较多呢？是因为年轻一代与国际上流行的很多价值观开始趋同，这些价值观与老一代德国人的价值观有一些区别。例如，对于两人以上禁止聚会这个规定，老年人会比年轻人更加自觉地遵守，而年轻人就有些不太在意。

德国人的生活方式是田园牧歌式的，给人一种农业大国的感觉，但是它的农业只占整个 GDP 的 0.9%。德国大部分人不生活在大城市里，他们更喜欢住在城市周围小镇上带花园的别墅里，他们的生活节奏跟现代社会的节奏是有冲突的。德国互联网的基础设施相对中国比较落后，数字化的速度也比较慢，当然这跟个人隐私保护有很大的关系，所以德国把数字化建设作为下一个经济周期建设的主要目标之一。德国人对新鲜事物的接受比较审慎，有些时候可能会错过一些机会。德国 2015 年接收了 100 多万难民，这十几年的移民政策也比较宽松，难民和移民的文化融合方面也有不少问题，但是德国政府在这方面做了很多努力。目前德国各地的老师都非常紧缺，因为德国政府花费了很多时间和金钱给这些新移民和难民免费教德语，免费培训德国的文化和技能训练。长远来看，这些努力都会对德国社会的国际化与年轻化有深远的影响。

二、中德合作的未来与机遇

笔者对中国和德国之间的未来合作充满信心。德国政府很务实，中国是德国最大的贸易合作伙伴，德国也是中国在欧洲最大的贸易合作伙伴，现在这个时期，德国最重要的任务是恢复经济，中国又是最大的市场，所以德国会用很多精力在这块市场深耕。例如，最近德国政府组织了一场大健康的会议，希望大健康这个行业能在中国拓展更多的市场。笔者认为，流行性疾病一旦结束，中国和德国之间的合作会有一个大爆发阶段，包括教育、医疗、高科技、汽车、节能环保、投资并购等等。

关于投资并购，即使在2020年，中国和德国之间的投资并购也没有放慢脚步。笔者在这里提几点并购需要注意的事项：并购之前要有很清晰的目标和战略，对于并购公司的主营业务、长期目标要有清晰的了解；另外，要知己知彼，了解互相之间的短板和长处，对于后期合作要有一个长期的打算；还有在这个过程中，要注意当地的文化、政治和法律。签约并购是"领结婚证"的第一步，之后两个人怎么走，还需要很长时间的主动学习和适应。

结语

中德两国人民的友谊源远流长，中德两国均具有大国风范，展望未来，在中欧协定签署的大环境下，中德两国将会在包括教育、医疗、高科技、汽车、节能环保、投资并购等领域有更广阔的合作前景。"德国制造"大名鼎鼎，德国的隐形冠军数量占世界第一，德国是世界上第四大经济体，是欧盟的最强国。德国是实体立国的典范，它也是环保做得最好的国家之一，而这些成就要更多地归功于德国的双轨制教育以及"德国人其智可及也，其笨（愚）不可及也"的严肃认真和精益求精的工作态度。

让我们共同努力，促进中德文化、经济贸易等各方面的交流，建造一个更加和谐、互相尊重和学习、共同进步的美好世界和家园。

荷兰企业的领导力思考

潘艺琼[①]

摘要 本文结合近现代欧洲列强的崛起衰落历史，探寻荷兰在欧洲各国激烈竞争中脱颖而出的生存之道。从传统的工业制造领域到生活消费品领域，从医疗健康科技到垄断全球芯片产业的黑科技企业，荷兰发展出了众多的世界500强公司。本文从几个典型的跨国企业的战略规划、商业模式以及全球领导力发展的角度，结合企业在不同的发展阶段系统地分析跨文化领导力的不同表现形式和在当今高度不确定时代下领导者面对的困境和机遇，将抽象的领导力概念以具象的方式呈现，从普通人印象中一种与生俱来的天赋变为一种可以学习掌握并能逐步提升的思维模式，为VUCA时代商业领域的领导力发展提出更深层次的思考。

---

① 潘艺琼，法学学士，北京大学高级工商管理硕士BiMBA-EMBA17级校友。历任美国通用电气（GE）、锐珂医疗（Carestream Health）总经理。2019年8月，在全球并购项目后带领大中华区团队加入荷兰皇家飞利浦医疗集团。目前负责大中华区医疗信息化和云服务、临床医疗业务、人工智能平台、科研大数据集成平台等战略发展以及本土产品研发、专业化服务的创新等。

导读

"在今天这个全球经济扁平化、矛盾与各种纷争共存、价值观是否统一之大争论的时代背景下,比较不同性质与领域的公司所展现的领导力文化与商业模式显得格外有意义。"荷兰作为世界上人口密度最高的国家之一,总人口只有1 726万,而且大部分集中在首都阿姆斯特丹附近,但正是这样一个"小而美"的经济实体,却有好几家世界500强的公司,而且在创新科技方面的研发投入总额居欧洲所有国家之首,不得不让人赞叹和好奇。荷兰被誉为"欧洲最美的春天",在欧洲是一个高度发达的资本主义国家。荷兰可以说是世界上最具有商业精神的国家,十七世纪在英国即将称霸全球之前,荷兰也曾经短暂地称霸全球,无论第一个证券交易所在阿姆斯特丹的成立,还是称霸全球的第一家真正意义上的超大型股份制公司东印度公司横扫亚洲,这个国家一直致力于商业模式的创新和不断寻求发展和并购的机会。本文研究荷兰的崛起和衰退历史,以史为鉴,探讨荷兰的世界500强公司的成功经验及领导者的长久价值。

一、揭开"海上马车夫"的神秘面纱

1. 荷兰到底是一个怎样的国家

荷兰不只有天才画家梵高,还有全世界最高的30多米防海水堤坝、河网密布的桥上随时可以取用的自行车以及世界上最大的郁金香公园——库肯霍夫公园。除英、德、法外,荷兰经济排欧洲第四,是高度发达的资本主义国家。

传统上的荷兰是一个农业国家,被看作德国的后花园,自然矿产资源贫乏,主要以畜牧业、园艺和种植为主,旅游业、对外贸易等也很发达。荷国土的一半以上都低于或几乎与海平面持平，是世界上人口密度最高的国家。2018年至2019年，荷兰每年的旅游人数达到1 800万，与其总人口数持平，但90%都集中在阿姆斯特丹，因此那里的旅游资源不堪重负。从2020年的1月1日起，荷兰当局使用Netherlands作为国家的官方名称，也是希望外国游客别再只是到风车村、郁金香花田等景点的荷兰省，也可以到其他的省份走一走。荷兰旅游及会展委员会此前使用一束橙色郁金香与Holland字样作为宣传标志，如今统一被改为大写的NL字符，即"尼德兰"缩写，此举被认为有利于出口及吸引投资。为方便表述，本文依然沿用"荷兰"，但在官方的正式场合要用"尼德兰"。

2. 荷兰的商业精神

大航海时代荷兰曾经称霸一时。荷兰是第一个赋予商人阶层充分政治权利的国家，17世纪整个国家基本都被商人主管。现代意义上的第一个证券交易所和现代银行都是在荷兰阿姆斯特丹成立的。美国纽约最初叫"新阿姆斯特丹"，是荷兰殖民地的名字，纽约华尔街人"我只管挣钱，谁统治我都不管"的商业精神实际上继承自荷兰。

大航海时代初期，荷兰的崛起得益于其四通八达、航线汇合的地理位置，历史上，荷兰通过造船业、物流和外贸积累财富。荷兰造的船和别人不一样——当时西班牙跟英国处在战争状态，两国商船都装备大炮，但荷兰的船只用来装载商品。因此，荷兰的船舱特别大、甲板特别窄，不仅交税少，运输的东西还多。再加上荷兰当时是西班牙的属地，英国又需要拉拢荷兰去打击西班牙，因此两国对荷兰都不太为难。自此荷兰成了"海上马车夫"，穿梭于几国之间运货，也积攒了大量的资本。但为什么最后荷兰在和英国交锋中会失败呢？

第一，军事实力不强、不会打仗。荷兰殖民地对本国经济的支撑不强（荷兰最著名的殖民地在南非和印度尼西亚，远不及英法在外的殖民地）。

另外，荷兰选择先发展金融业。在通过物流和外贸获取资金后，没有发展工业，而是开始投资金融，将钱投到了英国，可是战争后，英国不承认荷兰的在英资本。所以本质上是英国用荷兰的钱打败了荷兰。但好的一面是，荷兰人在商言商，愿意创新和投资——成立了东印度公司，垄断当时印尼的香料、后来的咖啡。东印度公司的股息是20%~50%，这也是现代意义上第一个股份制公司。

第二，荷兰太务虚。如果一国对金融资本的依赖性太大，金融资本丰富但国内没有可投的项目（如荷兰只有造船业），那么一定会出海。相信这一点和现在的国际局势异曲同工。

第三，工业空心化。产业链的上下游打通非常重要，荷兰因为没有发展工业，就没有办法把本国的实业和制造业发展到高度生产力的水平。

历史很有意思：荷兰因为有钱而投资到英国，英国人又用荷兰的钱打败了荷兰，英国有钱之后又把钱投到了美国，帮助美国从欧洲融资造铁路，之后美国金融危机时用很少的钱赎回债券，接着美国又超越了英国。现在美国强大，但美国是不是也在重蹈英国的覆辙呢？这虽然是很敏感的问题，但这一小段的历史反馈是否对中国重回世界舞台中心有借鉴和参考意义呢？

荷兰现在与欧洲各国都交好，重视和亚洲的关系，尤其是中国。荷兰具有大西洋派和欧洲派双重的政治色彩——谁也不得罪，只闷头赚钱。到此，我们揭开了"海上马车夫"的神秘面纱。

二、荷兰世界500强企业的财商

1. 荷兰的世界500强企业

联合利华：全球市场上最大的日用消费品公司、全球最大的冰激凌茶饮料公司。该企业产品集中化（洗涤、洁肤、护肤），如货架上常见的清扬、多芬沐浴露等。

皇家壳牌：世界第一大石油公司。其总部位于荷兰海牙和英国伦敦，是由荷兰皇家石油和英国壳牌两家公司合并组成的。壳牌在中国投资也非常多，包括 30 多家全资或者合资公司，员工总人数接近 7 000 人。

飞利浦：在过去的几年中，飞利浦从消费电子生产商转型成了医疗科技优质生活和个人保健的健康高科技公司。其战略是通过不断地并购策略去打造高增长、高利润的公司，同时也认为人才永远是创新的第一生产力。

ASML 公司：最近因为芯片的控制权走进大众视野。该公司拥有顶级的 7 纳米光刻机，为半导体生产商提供光刻机及相关的服务。7 纳米是什么概念呢？该技术能把一整本《红楼梦》刻到一颗米粒上。ASML 其实跟飞利浦有千丝万缕的联系，在 20 世纪 80 年代的时候曾是飞利浦半导体的一个事业部门，后因半导体的生产技术长时间没有突破又耗资巨大，所以在 20 世纪 80 年代被卖出，飞利浦保留了 5% 的股份。ASML 公司在随后的技术发展中不断超越三星、尼康、佳能，跟美国进行战略合作，发展高精尖的技术，现在其顶级 7 纳米的光刻机全球份额达到 60%，是欧洲投入人均科研经费排名第二的高科技公司。

2. 荷兰皇家飞利浦的一些商业策略

飞利浦公司于 1891 年由荷兰的埃因霍温两兄弟（恩格斯的侄子）创建，当时以生产碳丝灯泡为主。1924 年推出了最早的 X 射线管，标志着产品开始朝多元化的方向发展。第二次世界大战后，公司在全球市场扩张时期做了很多创新，如节能灯泡、影像、声音及数据处理传输。中国人熟知的可能有宝丽金，宝丽金公司最早做激光唱片胶片和唱片录制业务，由飞利浦建立。

2015 年，飞利浦宣布聚焦健康科技，相当于剥离了传统电子消费产业，其中很多既有业务领域进行了 IP 或者品牌的授权，现在不是飞利浦的产品，而只是品牌的授权。飞利浦通过不断推出人工智能技术和其他前瞻性的技术方案，应对医疗健康行业最严峻的挑战。

一个优质公司之所以从 1.0 开始发展到跨国集团是要不断"折腾"。北大国发院的马浩教授说"战略就是要不断地折腾以增加歪打正着的可能性"，飞利浦的"折腾"就是为了有更多的创新，更多地参与全球发展的战略，更多地聚焦到高科技领域。

在中国，飞利浦致力于成为本土化的全球公司。自 1920 年左右进入中国，清朝贵族家庭最早使用的就是飞利浦的电话，之后中国建立了合资工厂，同时也主打牙刷、吹风机，以及个人健康，生活消费品，直接面向消费者，成为健康类的专家，应对中国的三大疾病。所以飞利浦在中国有很多的战略合作，天猫、京东、淘宝，以及医疗领域的全国一万多家医院，包括美年大健康、阿里健康、神州医疗等，都是其重要的本土合作伙伴，如图 1 所示。

图 1　飞利浦的战略合作品牌

通过收购扩大业务组合是飞利浦的一大特点。在过去五年的时间，飞利浦在全球全资收购了19家公司，全面提升了心血管、肿瘤、呼吸、母婴护理领域的业务和创新。欧洲和美国的很多跨国企业都是在不断的并购业务中持续调整自己的战略决策，最终形成某一个领域的巨无霸公司。例如，联合利华是由荷兰人造奶油公司和英国的香皂公司合并而成，壳牌是荷兰皇家石油和英国壳牌合并而成等等。飞利浦坚定的并购之路在某种意义上对中国的出海企业也有一些借鉴。

3. 荷兰世界500强企业的共同点

第一，每个企业在全球的每个国家都对当地的GDP和经济发展贡献巨大。例如，过去五年间，飞利浦中国的业务实现年均两位数的增长，并成为飞利浦全球增长的引擎。

第二，非常重视创新和研发，并致力于建立和当地合作伙伴共同发展的全生态系统。

第三，非常重视生态环境。飞利浦推出"健康生活，永续星球"的理念，承诺可持续发展。

第四，以全球化人才的眼光培养本地化的人才。例如，联合利华大力培养新生代的领导，关注校园招聘；壳牌提出"发现未来的老板"；飞利浦大中华区管理层90%本地化。

荷兰人习惯用"财商"这个词与荷兰人从小的财商教育是分不开的。荷兰新生儿自出生起就办银行卡、网络银行，很小就开始学习储蓄理财，零用钱该如何处理，父母教其分析利弊。很多银行有小客户会议室，有各种理财玩具，在游戏中培养孩子的责任感和理财意识。

三、高度不确定时代的领导力"新常态"

1. VUCA 时代

VUCA 时代的领导力"新常态"如图 2 所示。

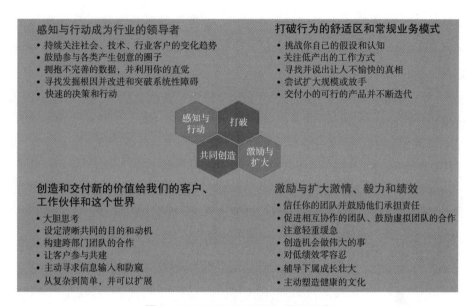

图 2　VUCA 时代的领导力"新时态"

VUCA，来源于军队的术语，形容高度不确定的环境。例如，这一分钟不知道下一分钟将面对怎样的环境，笔者认为非常适合 VUCA 时代的特征。

V——Volatility，易变性。Kone ferry 最近的一份领导力的研究报告表明，尽管 2020 年的上半场、下半场看起来会非常不同，但如果不考虑和规划下一个周期，就不可能在任何一个周期中取得好成绩。因此领导者要敏锐地意识到 2020 的上半场和下半场时间的概念是不一样的，下半场的 1 分钟要做至少 5 分钟的事情，就好像科比总是能在下半场比分落后的情况下精准地投出三分球。如何让团队尽快从彷徨沮丧中抽离出来，多一些时间看未来，善用每一分钟,寻求主动进攻的机会非常重要。

U——Uncertainty,不确定性。在高度不确定的环境下,员工依靠领导者提供规划和希望,因为恐惧会传染,并滋生非理性的行为和焦虑。这个可能会导致生产率的下降和员工敬业度的下降。

C——Complexity,复杂性。今天的我们面对着更加复杂的社会环境、政治环境、营商环境,因此对领导者来讲,需要迅速适应变化,从现在开始,采取有分寸的包容性的做法,应在下半年转变为制定步调一致的目标,同时弥补失去的时间。

A——Ambiguity,模糊性。它不仅考验领导者的领导力,也考验组织在极端模糊性面前的运作能力。

这里用实际案例来分析一下飞利浦是如何践行"VUCA时代的领导力"的。回溯飞利浦公司在流行性疾病期间的领导力表现,从一开始就明确了企业和公司的三重责任:

(1)确保员工安全与健康(最重要的是员工)。

(2)满足关键客户的需求(客户)。

(3)确保业务运营的连续性(业务)。

2. 最重要的是员工

"你们觉得组织怎么样才是稳定的?"Google曾调研自己的80多个组织和团队,70%的答案都选择了"组织安全才是最稳定的"。当我们把三重责任的第一重责任放在员工上,组织的安全感就有了保证,从而业务的风险才能降到最低。而在确保员工安全与健康时,最重要的是及时、透明的沟通。

在流行性疾病期间,飞利浦高管层每天早上都定期开会,先由PR介绍政府政策的动向还有各地市场的情况,各部门汇报员工的安全状态并讨论应对策略。

2020年2月3日,中国所有的飞利浦工厂都恢复生产,进一步加强了对一线的售后人员还有销售人员的支持。

在 2 月份全国口罩吃紧的情况下，荷兰总部也陆续从欧洲其他城市紧急调配了 15 万只口罩及防护服提供给一线的工程师，对员工也开放了医院的核酸检测并由公司报销费用，并大力表彰在雷神山项目中表现突出的工程师。飞利浦只用了 4 天时间就打通了中国和荷兰总部以及武汉市青少年发展基金会所有的流程。当时很多员工还不太了解发生了什么，政府的很多信息通报以及碎片化的网络的信息让员工很恐慌，所以从高管层面发来信息会让员工了解到真实的情况。整个过程是透明及时的，包括和员工的沟通，非常有利于缓解基层员工的不安心情。

以上所有的行动把领导力中的支持、鼓励还有问责（当时针对飞利浦的健康生活的部分线下门店消毒不及时的情况，也是及时督促他们整改）这几种手段结合在一起，实现了危机中的有效管理。

3. 客户与业务

确保业务运营的连续性也很重要。飞利浦从流行性疾病暴发的第一天就开始讨论怎样做到这件事。在流行性疾病期间，飞利浦在 2 700 家医院安装了 1 000 台与流行性疾病相关的医疗设备。公司的决定包括：商业机构，除了工厂以外，在延长的春节假期结束后，在家办公，并提供必要的技术支持；生产设备和上游供应商在第一时间恢复有序生产；为一线的生产员工提供每天的额外补助，直到 4 月 8 日流行性疾病宣布得到有效控制；重视对代理商的保护，针对部分代理商回款问题适当延长了付款时间。

这不仅是飞利浦中国的三重责任，飞利浦的"三重责任"其实是全球所有区域都在践行的。员工、客户、业务，保证了整个组织目标的一致性。

四、流行性疾病下半场领导者的领导力

1. VUCA 时代公司如何出发

杨壮老师在课上总结过：领导力就是影响力，是制造追随者的能力，是对

一个有组织的群体施加影响,以推动其达到目标的过程。谈到这里,终极拷问又诞生了,领导力到底是什么?领导力的四个维度如图3所示。领导力是天生的还是可以后天培养的?领导力(影响力)到底是否可以通过学习和修炼得来?为什么从学生时代到成年职场,在任何环境中总有人会成为组织的核心人物呢?

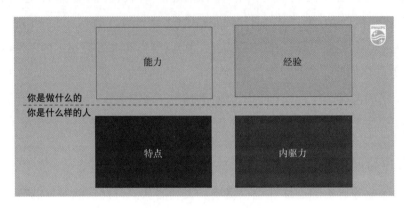

图3 领导力的四个维度

性格特点、内心的驱动力的确是天生或者受原生家庭影响的,两千多年前,《孙子兵法》关于"将者,智信仁勇严",其实讲的就是心理品质。智力、勇气、自信、毅力、坚持等个人品质是很难改变和塑造的,但是能力和经验这两个部分的确是可以通过后天修炼得来的。

2. 品格领导力

接下来,谈一谈领导力的能力素质应当如何锻炼,以品格领导力为例。

GE的前CEO杰克·韦尔奇花了很多的精力、时间来思考领导人才的标准,最终用了三个E:

- Energy(做事情要有激情)
- Energize(作为一个领导要让自己的团队有激情)
- Encourage(勇气,对人对事要敢于采取果断的措施以确保生存和发展)

后来又补充了一个 E：Execute（执行，完成使命的效果）。前面三个 E 都是为领导人设立的能力标准，第四个 E 是业绩指标。

苹果公司的乔布斯是非常有传奇色彩的董事长，他对领导力有两个判断标准：聪明、富有激情。

IBM 的郭士纳曾设定了 11 条人才标准，但是简化成了 3 条：力争取胜、快速执行和团队精神。

华为的任正非最简单，他认为心里不长草、想法单纯、一心干事业、没有私心杂念就是华为需要的人才，因此，对于人才的标准只有两个字：简单。

阿里的人才标准是四条：智商情商双高、积极向上、坚强有毅力、自我提升。

领导者的品格标准虽然各家不一样，但是总结出来无非以下几点：

（1）自信勇敢。自信勇敢的人愿意在没有保证成功的情况下行动。

（2）冷静控制情绪。领导者需要坚强和毅力，因为压力和消极情绪会传染，同时也会关闭你推理和理解问题的能力。

（3）忍耐。作为领导者，必须稳定，必须坚持提醒人们什么才是最重要的。还要有共同的目标和同理心，关心并理解员工的处境；作为一个能量创造者，忽略浪费你时间和资源的事情，专注于你必须取得的成功，这就是品格领导力。无论怎么变，公司对领导者的品格标准大致也离不开这几条。创业公司需要的领导力不用多，两到三条就可以了。

3. 战略领导力（愿景领导力）

战略思维不只是一个目标。例如，今天要做到 100 个亿，明天要做 200 个亿；它也不仅是一个文化，如自信、勇敢、坚持。它是一种战略的思维模式，能够画出一个清晰的战略地图，同时解决 why（为什么做）、what（做什么）、how（怎么做），有时候还会加上一个 when（什么时候做）的问题。飞利浦的战略目标一方面解决了 why 的问题（例如，提升客户满意度、持续增长和盈利的能力、价值创造），另一方面解决了做什么的问题（如更好地提升质量、促进核心业务的增长、提供整体解决方案），核心是解决怎么做的问题（如改善客户的体验、质量体系、卓越运营和生产力，继续领导数字化的转型，同时转向咨询客户伙伴关系和服务业务模式、推动创新的增值的集成服务方案、通过并购和有机的产品组合的增长和投资与加强合作伙伴关系来实现转型）。最后还有五个指导性的具体行为准则。能画出一个清晰的战略地图的企业，其成功概率远远大于摸着石头过河的企业。

4. 专业领导力

首先要尊重专家和团队、懂得倾听和授权。不是每个领导者都必须了解所有的专业技能，但是要尊重专家。其次就是决策过程。决策过程一方面是要有勇气，要习惯于用数据说话，另一方面要学会在有限的时间里，面对不完整的数据甚至相互矛盾的信息做出有风险的决策，这一点是需要修炼、需要学习的。最后要加速他人的成长，明确地关注人。人是客户和团队，而不是产品和任务。因此在过去的十年里，人才的战争一直存在，所以在充满挑战的时代这一点也是绝对不例外的（见图4）。

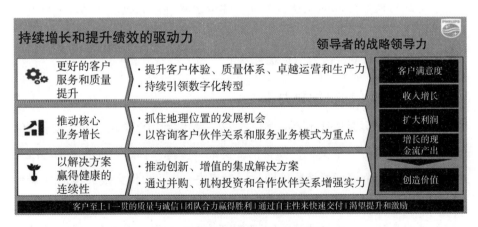

图4　飞利浦赢得成功的战略路线图

五、领导者的困境和机遇

1. 困境和机遇

Dilemmas 这个词在西方的领导力分析中非常常见,就是"困境",也是领导人每天都会遇到的情况。20世纪美国的小说家菲茨杰拉德的《伟大的盖茨比》中也如是说(见图5)。一个人应该看到事情没有希望,但又决定改变它。高智商的人的身体里面住着两个人,有两种相反的观点,但是不影响正常的工作,而且会尽量让事情向好的方向发展,这就是困境。

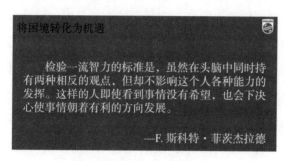

图5 将困境变成机遇(《伟大的盖茨比》内容节选)

测试一流智力的标准就是虽然同时持有两种相反的观点,但仍能保持正常工作的能力。

对于初创企业来讲,先盈利还是先发展是困境;是扩张还是在专业领域做强也是困境;靠销售还是靠产品质量取胜也是困境。甚至笔者今天是见一个重要的客户还是参加孩子一学期只能有一次的家长会也是典型的困境。怎么办?其实困境本身是无解的。

对于领导者来讲,困境是不可能消除的,但可以被管理。领导者要学会在两种矛盾和情绪的状态下选择一个相对最优的方案,而且在困难的环境中做决策,同时敢于承担决策带来的后果,并且不要向他人转嫁这个困境。这个困境是你的,不要让他人承担你选择的后果。

让我们从现在开始,把危机和困境下的决策转为一个新常态。

以美国柯达为例:柯达最早发明数字化的技术,而柯达垄断了60%的胶卷市场。如果推广数字化技术,当时利润最大的胶卷业务就会下滑,如果不推广数字化技术,它很有可能被别人替代。

这是不是最大的困境?

最后柯达的选择是什么?

最终的结果是日本佳能公司普及了数字化技术。美国柯达后来转卖了数字化技术医疗部门,改名"锐珂医疗"。

锐珂医疗遇到同样的问题——它最大的业务是医用胶片,但又有云技术,当时笔者管理的整个团队就是发展基于数字影像的云技术。云技术跟医用胶片又是一个矛盾——云技术发展快了,医用胶片用量变小。但当时医用胶片的量非常大,利润非常好。这又是一个困境,怎么处理呢?

富士公司面临跟柯达一样的问题,它选择了另外一条路——从胶片里面的核心碘化银化学生产技术出发,发展化妆品,所以富士现在发展成了一个非常大的化妆品公司,这也是转型。GE在伊梅尔特上来之后要做Digital(数字化),但是Digital在GE传统业务部门里面体量太小,做不起来,于是它选择单设GE的数字化部门。

西门子则是在全部的工业领域里推行工业4.0转型,希望这个工业4.0植根于每一个业务集团。

综上所述,这几家公司都有自己的困境,但选择的解决方式都不一样。我们不知道困境最后的结果,但一定要有选择的能力,从现在开始,通过敏捷的应对把危机和困境下的决策变成一种"新常态"(见图6)。

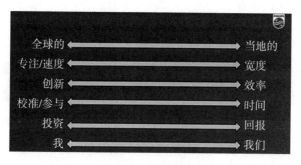

图 6　领导力困境

2. 转危为机，实现领导力的转型

从企业的长期计划来看，领导力的转型必不可少。例如，短期目标是为经理提供危机沟通方面的指导，以及组织远程工作的工具；中期目标是员工信心与企业文化重塑，以及根据不断发展的运营和战略模型评估适合性、潜力和敏捷性；长期目标是加强危机管理角色、功能配置，以及重新定义企业领导人的要求。

ASML 在流行性疾病之中"闭门造车"，实现了产品的关键性突破。作为全球领先的半导体行业的光刻系统供应商，制造对生产集成电路和芯片极为关键的复杂机器，其竞争对手主要是日本的尼康、佳能和韩国的三星。ASML 稳住了阵脚，加快了光刻机的开发进程，并且早在流行性疾病之前就布局了高度智能化的生产，流行性疾病只是加快了这家公司的脚步。ASML 通过帮助供应商实现机器和运输，声称其产品"只提供给我的股东"，因此三星、台积电都分别为 ASML 投资了 30 亿美元，占其 2.5%～3% 的股份，这是 ASML 进行的商业模式创新、股东创新和供应链创新，所以 ASML 公司过去三个月的营业额达到 33 亿欧元，比上年同期增长了 1/4。

如果我们今天不开始布局下一个周期，现在可能是流行性疾病，下次可能是洪灾、是地震，甚至可能是战争，我们要如何应对这些突发事件？

结语

最后，笔者想谈谈最值得推崇的领导行为。我们常常会看到一种本能的撤退反应——常规领导行为会抱怨突发事件，会努力找办法减少损失，会延缓转型的进程。但是更为推崇的领导行为却是在向前推进。例如，领导者会发现过去企业的管理漏洞，并创造流行性疾病下产品的提升计划，全面推动数字化转型和组织升级。从努力找办法减少损失，到创造流行性疾病下产品提升计划，充分彰显客户价值；从延缓转型进程，到全面推动数字化转型和组织升级。当大家都在本能撤退的时候，伟大的领导人却在向前推进。

优秀的企业或者领导者都是居安思危的，会提前布局转型战略。无论环境怎么变化，永远都要洞见到这个社会、这个世界未来的支撑点在哪里，这其实也是领导者人性最分裂的地方，一边要有鹰的眼睛洞见到万里之外，一边要有蚂蚁的勤奋着眼于当下的业绩。只有最用心的领导者才能成就最伟大的企业。

后记

1. 延展思考

思考一：在流行性疾病期间，飞利浦如何采用一些必要的保障措施来保证员工的安全？

飞利浦在国内有五个工厂，2020年2月1日春节假期才结束。因为封城，交通也受到影响，当时珠海、深圳、苏州、上海这几个工厂陆续复工，在这个过程中没有出现一例传染的案例。有几个原因：第一，无论是飞利浦还是大型国际企业，反应都很快。2月21日开始高管陆续回国，建立了一个独立的危机干预小组，迅速开展口罩和防护服的提供工作。另外，大公司经历的危机很多，飞利浦的真正发展是在第二次世界大战前后——战争的危机，所以公关反应迅速。第二，工厂的管理秩序。当时工厂的员工不足，所以组织了三个班次，这会影响效率，但也会组织一些快速培训。对于工人来说，在保证安全的情况下［在工厂划线、员工排班方面，EHS（环境、职业健康管理体系）起到了很强的支撑作用］，都可以通过 EHS 获得第一手的防疫信息。

思考二：公司并购以后，如何进行文化的融合？文化的碰撞对于组织的效能（例如，能不能完成团队合作）有什么影响？

欧洲公司收购美资公司，文化方面是好融合的。因为这是一个从 aggressive（侵略性）到 soft（柔性）的过程。但是美国公司收购欧洲公司不一定特别好融合，因为这是一个从 soft 过渡到 aggressive 的文化环境。荷兰的企业文化相对来讲很包容，它们没有上下层级的概念。因此，荷兰公司的文化是能够商量的，如绩效指标等等。其次，它能提供一个很好的员工安置计划。员工们将被安排在哪一个业务部门、这个业务部门未来的发展战略是什么、在某些区域领域下是否能实现业务的协同性等，都会有规划。

思考三：国际关系未来的发展对于企业进一步地拓展战略地图的重要性，从荷兰的角度怎么看待和中国的关系？

荷兰人的商业精神可能是欧洲最强的，因为在历史上商人阶层统治了很长一段时间。首先笔者个人判断，在这个政治环境下，每个人都不可能独善其身。但荷兰企业具有在商言商的特色，所以会寻求很多途径维持商业、投资和创新的运营。除了 ASML，它们对中国的光刻机出口确实受到了荷兰政府的限制。而且目前荷兰在政治上跟美国站得很近（大部分的欧洲国家都是这样的），但它也有大西洋派、北约派的政治色彩，重视和亚洲国家的关系。所以笔者相信，一个在商言商的国家，从某种意义上讲，还是要促使经济和商业的发展。如果没有一个好的政治改革做支撑，经济基础的维系时间也不会太长；但如果没有好的经济基础做支撑，这个国家的生命也是不可长久的。所以首先从荷兰的商业精神来判断，可能受到的影响不大。其次，我们的投资其实很多。在中国我们会去寻找很多的创新企业，把钱投到人工智能公司、大数据公司、医疗设备公司，投资占股虽少，也许只有 10%，但是我们会用商业渠道去帮他们做拓展，拓展以后这个公司的价值就会提升，公司价值提升了，我们的业务商业价值就提升，同时也能从未来的估值收益和股份收益上得到一定的回报。我们目前在中国并不是全资收购，而是部分投资。所以笔者相信，可以通过这些变通的办法去回避政治上的影响，但是像那种高科技垄断的行业，如 ASML，还是会有一些影响。

2. 杨壮教授点评

2009 年，我出差从比利时乘火车抵达荷兰首都阿姆斯特丹，下车之后已经下午六点多钟，我匆匆忙忙赶到码头买了一张运河游船票，花了一个小时观赏了诱人的水城及运河两岸的地标建筑，视觉冲击力很强。300 多年前的建筑和洋房耸立在运河两岸，色彩斑斓，设计别致，没有一座建筑雷同。突然间，游船上的英文导游用话筒大声对游客喊道：快看，这两座楼房样式居然是一样的！这句话给我带来的震撼是终生的，因为同质化才是中国文化的突出特质。

荷兰是一个极度开放包容的国家。个人主义、标新立异、敢为天下先是荷兰人的突出特质之一，不仅反映在楼房建筑风格上，更反映在社会及个性多个层面。荷兰政府承认妓女合法化；软性毒品（大麻）和堕胎合法化；同性恋、安乐死合法化。荷兰人沟通交流直截了当，毫无隐瞒，绝对不"装"，和美国人的政治正确、英国的含蓄、法国的等级观念、北欧人的冷漠、日本人的隐晦、中国人的面子形成明显反差。荷兰人偏爱自然，酷爱运动，热爱英语，喜欢思辨，但也十分固执，认死理。这种文化特质影响了荷兰的政治文化、技术创新、国际贸易。荷兰还诞生了全球跨文化管理大师霍夫施泰德教授和跨文化管理开拓者琼潘纳斯。

荷兰 1648 年正式从西班牙统治中独立，之后进入政治和资本主义发展鼎盛时期，成为世界上最强大的海洋霸主。荷兰人的人格受到海洋文化的影响，重视契约，遵守承诺。在电影《荷兰的商人》中，荷兰商人在海外回程途中遇到海难，很多人提议吃掉产品，但是荷兰商人不同意，因为有契约的约束，最终有三人因为饥饿而死亡。这种宁愿牺牲自己生命也不破坏契约的精神值得我们学习。

荷兰和美国的关系十分密切。荷兰人的英文沟通能力很强。笔者 30 多年前在美国哥伦比亚大学学习，周边的很多街道都以荷兰城市名字命名。后来了解 1625 年北美荷兰总督用 24 美元从印第安人手中买下了曼哈顿，命名曼哈顿岛为"新阿姆斯特丹"。后来被英国接管。1848 年荷兰确立君主立宪政体。

荷兰独特的文化传承和性格特质给荷兰政治体制、商业模式、企业文化留下了重要的痕迹。潘艺琼女士对荷兰危机领导力的分析及对荷兰公司的管理特质和领导力实践分析到位。潘女士在飞利浦公司任职前曾在美国通用及医药公司工作多年，这个经历对比较荷兰公司和美国公司的文化差异也很有帮助。

世界 500 强的企业中荷兰企业有多家，包括壳牌石油公司、联合利华、飞利浦公司、ASML 刻光机等。潘女士用领导力的四个维度分享了荷兰公司的管理和领导力：能力、经验、特质、动力。飞利浦公司经营的突出特点如下：

- 应对危机的反应速度很快。流行性疾病初期，公司高层每天早上召开战略会议，并及时给武汉捐赠医疗设备，2020 年 2 月 3 日飞利浦中国工厂全部复工。
- 公司层面特别重视科研与发展（R&D），不断从事产品创新。
- 公司层面高度重视企业并购，过去一年飞利浦在全球收购 19 家公司。
- 公司强调国际化思维，本土化经营，在中国建立众多的合作伙伴。
- 公司在中国强调生态和环保，积极履行企业的社会责任。

飞利浦公司体现出的全球领导力特质与荷兰国家治理体制及海洋文化传承有密切的关联，更与荷兰的高等教育体系和高素质企业管理人才有着密切关系。飞利浦公司高层成功运营全球并购，首先是具备全球战略眼光和包容多元的民族文化；其次，通过人才本土化经营的方式，把一批又一批人才聚集到跨国公司之中，得到他们的信任，因此并购成功率很高。中国企业的海外经营受到中国的农耕文化的影响，导致我们更相信血缘、地缘、人情及熟人文化，很难信任其他人。飞利浦如果没有包容、开放、容纳、文化融合的精神，无法取得今天的成就。

  今天，中国企业正在快速成长，虽然取得醒目的成就，在跨文化经营领域，我们还有很多很多地方需要提升和改善。中国公司的管理者应该认真研究跨国公司的经验和教训，跨国公司也应该研究中国公司的崛起，共同应对与创新。流行性疾病、国际形势的严峻性、中美之争，一定会逼迫所有企业思考并重启自己的未来。

日航重建——
稻盛和夫哲学的公开实验

曹岫云[①]

摘要 日本航空被誉为"日本的翅膀",是代表日本的航空公司。2010年年初,由于种种原因,日航无法抵御全球金融危机带来的外部冲击,导致损失惨重,最终向日本政府申请破产保护。就在此时,78岁的稻盛和夫在多方要求下,接下重建日航的重担。"重生的日本航空的经营目标是,追求全体员工物质和精神两方面的幸福。"这是稻盛和夫在领导日航重建的时候,向全体日航员工宣布的哲学理念。本文介绍了日航重建的原因以及稻盛和夫的哲学理念在重建过程中的应用和体现,希望这些经验能够给中国的企业经营和企业家们带来一些启示。

[①] 曹岫云,企业经营者。1969年毕业于江南大学,后在企业和政府机关工作,1992年起先后创办6家企业,现任稻盛和夫(北京)管理公司董事长。著作《稻盛和夫成功方程式》以中日两种文字出版,另著《稻盛哲学与阳明心学》《稻盛和夫记》,翻译稻盛和夫《活法》《干法》《阿米巴经营》等20本著作,仅《活法》一书销量已超过270万册。

导读

2010年2月1日，航空业的门外汉、78岁的稻盛和夫应日本政府的再三要求，出任破产重建的日本航空公司的董事长，仅仅一年，日航就创造了60年历史上的最高利润纪录——1 884亿日元。2012年9月19日，日航在宣布破产后仅仅两年零八个月就重新上市，又创造了一个新纪录。日航创造的另一项纪录是准点率连续6年世界第一。日航短期内起死回生，大落大起，这个世界企业经营史上的经典案例，能够给予我们什么启示呢？

一、稻盛和夫赴任日航

稻盛和夫用他的哲学拯救日航，这是一个经典的、近乎完美的、理想主义的案例。不说绝后，至少空前。稻盛和夫被称为超人，其用一年拯救日航，被看作是神话。但是，这个神奇故事背后的本质却非常简单，就是稻盛和夫拼命地用他的良知唤醒了员工的良知。

如果读者看完这篇文章后这么想："用这么简单的思想，就能把这么糟糕的企业，在这么短暂的时间内，搞得这么成功。我不比稻盛和夫笨，我的良知不比稻盛和夫差，我还比他年轻，既然他行，我应该也行，我必须发奋图强，努力再努力。"那么这就是本篇文章的意义所在。

稻盛和夫先生既是科学家，又是企业家，还是哲学家，看起来好像高不可攀。实际上，稻盛和夫在小学毕业后考初中，连续两年没有考上当地的鹿儿岛一中。高中考大学，也没有考上他想考的大阪大学，只考上了没有名气的鹿儿岛工业大学。临近毕业时，他还找不到工作。后来，在一家企业上班后，办公室电话铃响他也不敢接，因为只会讲方言，怕人家笑话。参加工作后，因企业状况糟糕，他牢骚满腹，还想跳槽，半年内一事无成。到这里为止，稻盛和夫和我们普通人没有什么区别。但就是这么一个不得志的、有点自卑感的青年人，后来为什么会取得那么巨大的成功呢？

　　这是因为稻盛和夫在痛苦烦恼中意识到，自己改变不了周围的环境，但可以改变自己的想法和行为。于是，他排除杂念，全身心地投入了工作，同时他还特别认真地总结工作经验。在这个过程中，稻盛和夫开始建立他的哲学，这个哲学威力巨大，所向披靡。

　　2010年1月19日，日本航空宣布破产，2月1日稻盛和夫出任日航董事长。他率先垂范，全力投入日航的重建工作，不遗余力地给日航员工们讲解他的哲学，通过艰苦努力，3.2万名员工逐步理解了他的哲学，并把这个哲学变成了他们自己的东西。在这个基础之上，大家团结一致，每个人每天都在各自的岗位上勤奋工作，不断地改革改进。一年下来，日航就发生了翻天覆地的变化，创造了六个第一：

　　（1）创造了历史最高利润。稻盛和夫去日航的那一年（2010年）利润达到1 884亿日元（约140亿元人民币），是日航60年来最高利润的两倍。2011年3月11日，日本发生九级大地震，大海啸和福岛核辐射使日本旅游业受创。日航的销售下降，但是利润仍然节节攀升，第二年利润高达2 049亿日元（约160多亿元人民币），连续两年创造历史记录。

　　（2）日航利润也是当年世界航空727家企业中的最高利润。当年许多航空公司亏本经营，仅日航一家的利润就占了这727家航空公司利润的一半。

　　（3）利润率17%，也是世界纪录。当年航空界平均利润是1%。

　　（4）创造了准点率连续6年世界第一。

　　（5）创造了日本破产重建企业再上市最快纪录。日本从20世纪50年代开始，有138家上市企业破产重建，成功的只有9家，不到10%，重建平均花了15年，日航则在两年八个月后就重新上市了。

　　（6）创造了日本破产重建企业返还资金最多纪录。日航宣布破产时，国家注资3 500亿日元，日航上市的时候卖了6 900亿日元，差不多增加了一倍。

外人觉得日航创造了奇迹。但我们与日航的干部交流时，日航干部说，"你们觉得日航重建是奇迹，实际上没有任何奇迹，日航没做任何特别的事儿，日航没有发生过任何惊天动地的事情。我们只是在稻盛先生的指导下，把企业经营本来就应该做的事情做好了而已，只是把人应该做的事情做好了而已。稻盛先生来日航之前，我们没想到企业应该是这么来经营的。我们只是把该做的事情做好了而已。"

日航被称为日本的翅膀。它不但是日本的一家大企业，而且也是代表日本国家的航空公司。从20世纪50年代开始，随着日本经济的起飞，日航也飞速扩展到世界各地。日航曾是亚洲第一、世界第二的航空公司，20世纪80年代还曾经做到世界第一。员工有5万人，同40个国家221个机场通航，客机、货机加上包机，每天有约一千个航班在空中飞行。巨型客机波音747有100多架，是世界第一多。最繁荣时，日航年销售额达3万亿日元（2 300亿人民币），也曾是世界500强之一。

2010年1月19日，日航宣布破产时的负债总额达23 000亿日元（1 800亿元人民币）。是第二次世界大战结束65年来日本最大的企业破产案件。日航不但有巨额亏损，而且有严重的文化缺陷。

因为在2009年稻盛先生已决定与笔者在北京成立一家合资公司，所以对于稻盛和夫去日航一事，笔者特别关心。

当时日本的主流舆论都认为日航重建不可能成功，稻盛和夫去也无力回天。1985年，日航123航班从东京飞往大阪，中途不幸坠机，520人死亡，这是人类航空史上单架飞机死人最多的纪录。日航宣布破产重建时，杂志上大量刊登日航的负面信息，舆论一致唱衰日航，几乎所有的经济评论家都认为日航已经病入膏肓，无可救药，日航必将二次破产，稻盛和夫这个外行拯救不了日航。他们说，日航60年的历史就是工会和官僚斗争的历史，在这样的企业文化中，同这样的人打交道，稻盛和夫没有经验。作为民营企业家，稻盛和夫也许可以名留青史，但是在官僚和工会纠缠的企业里，没有稻盛先生的用武之地、没有所谓稻盛哲学发挥作用的前提，日航将会是稻盛和夫的滑铁卢。日航的干部也很悲观，因为日航的人、财、物都不行。飞机老旧，IC系统落后过时；多年不景气，真正优秀的人才都已经流失；破产的日航砸了牌子，形象毁损；大幅裁员，人心浮动，砍掉了1/4的航线，解雇了1.6万人，留下来的干部和飞行员要减30%的工资，最少的也要减15%的工资，所有的福利基数都要下降。

稻盛和夫刚到日航的时候，对于他说的很多话，日航的干部根本听不进去，他们认为，稻盛和夫讲的只是小学生也懂的大道理，根本解决不了日航的问题。其实，去不去日航，稻盛和夫也曾犹豫。2010年1月10日，当稻盛和夫走出首相官邸时，被记者包围，记者问他到底会不会去日航，他说"我需要思考一个礼拜"。但笔者当时做了预测，笔者认为只要体力许可，稻盛先生一定会义无反顾，挺身而出，出任日航CEO。根据笔者与稻盛先生接触的经验，只要他挑起这副重担，笔者相信日航的重建成功必将指日可待。

2月1日，稻盛和夫进了日航，并向全体员工致信。尽管舆论认为日航重建必将失败，但稻盛和夫看到了日航问题的本质，他认为只要每位日航员工都从内心热爱日航，愿意为日航的重建尽最大努力，日航的重建就能成功。

在稻盛和夫去之前，日本的企业重建机构和日航的干部共同制定了一个重建的计划。

为了把计划变为现实，稻盛和夫要求把下文几句话写成标语，张贴到日航的各个工作现场："要实现新计划，关键在于不屈不挠，一心一意，因此必须抱定信念，士气高昂，愿望强烈，坚韧不拔干到底。"稻盛认为境由心造。他号召干部员工"用渗透到潜意识的强烈而持久的愿望和热情去实现自己制定的目标"。但是，日航重建有三大难点：规模巨大，时间有限，维持飞行。日航必须在这种状况下进行大刀阔斧的改革。

改革困难重重，经营课题堆积如山，日航的糟糕程度超出稻盛和夫的预料。稻盛和夫进入日航之后，日航依然"流血不止"，每天亏损好几亿。因为航班照常运行，所以上上下下仍然缺乏应有的危机感和紧迫感。但是稻盛认为，既然重建计划的贯彻落实只能依靠日航原有的干部，那么，除了让这些干部尽快脱胎换骨，成长为优秀的领导人之外，别无他法。所以尽管彼此格格不入，他依旧身教言教，不屈不挠。

全世界有三个航空联盟：星空联盟、天河联盟、寰宇联盟，日航参与了最小的寰宇联盟。当时，天河联盟提出可以提供条件优惠的巨额资金，日本政府、国土交通省、运输局以及政治家们都主张日航加入以达美航空为盟主的天河联盟，日航的内部大多数人也主张参与天河联盟。但是稻盛和夫提了一个问题。他说："如果把常年来与我们组成的联盟割断，本来与我们合作飞行的日美之间的太平洋航线的美航一方就只能单飞，而且天河联盟已经非常强大，日航加盟后将会更加强大，对于世界航空业的竞争格局来说，这真的是好事儿吗？何况美航并没有什么过错，现在我们把它一脚踢开，究竟应该不应该？我们思考事情，不应该只考虑眼前的利害得失，判断事物的基准应该是是非善恶，是作为人怎么做才是对的。另外，日航的当务之急是什么，要调换一个联盟的话，有一系列的工作要做，当务之急是重建日航。"经过一个多星期的讨论，大多数日航干部都表示赞成稻盛和夫的意见。

稻盛和夫对干部要求严格，但是对基层员工很亲切，他来到机场，与每个人握手。他对空乘人员说："你们直接面对乘客，一切都取决于你们，你们的每一句话，每一个举动，都直接影响到乘客的情绪，对于前来乘坐日航的客人，要从内心抱有感谢之情，而且要把这种感谢之情用语言和态度在客人面前表示出来，一定要营造这样的氛围。你们的态度才是决定日航重建成败的关键因素，只有你们在第一线的人，态度和行为让客户喜欢，日航才有重建的可能。"

二、日航重建的六个理由

1. 破产法律

由于破产，日航被免除了债务，银行损失了 5 500 亿日元。当时日航的负担太重，如果不去掉债务，根本不可能重建。另外，飞机的价格按照当前实际的市场价格来评估，折旧小了，成本就低了。另外，国家注资 3 600 亿日元。还有，如果国家法律不允许日航重建，日航也就无法重建。

2. 三条大义

开始时，稻盛和夫一再拒绝邀请，认为自己是航空业的外行，况且年事已高，已经退休 13 年，重建日航不是自己所能胜任的工作。但经不住日本政府和有关方面的再三恳求，稻盛和夫临危受命。为了说服自己，也为了鼓舞日航的员工，稻盛和夫提出了重建日航的三条大义：

（1）为了日航的员工。虽然按照原定的重建计划，日航要裁减 1/3 的员工，但要保住留任的 32 000 名员工的饭碗，让他们不再受到失业的威胁。另外，日航的子公司和关联企业，多达几千家，日航二次破产，后果不堪设想。

（2）日航是日本经济的缩影。如果日航继续衰败、最后破产，不但对日本经济是一个严重打击，而且会对日本的国民心理和自信造成严重伤害。如果日航能够在绝境中重生，无疑是一剂强心针，对重振日本经济，恢复企业和国民的信心，起到示范的作用。

（3）为了乘客的利益。如果日航消失了，具备国际航线的航空公司只剩下全日空一家，如果一家独大、没有竞争，价格会上涨，服务会下降。由两家企业正当竞争，乘客有选择的自由，这不但对客人有利，而且能促进航空企业不断改进、不断进步。

3. 经营理念

稻盛和夫一进日航就宣布，"我到日航就要明确新生日航的经营理念，首先就是为了追求全体员工物质和精神两方面的幸福"。稻盛和夫说，不论现在的形势怎么样，或者是舆论怎么样，理念是永远不变的。经过反复讨论，最后日航确定的经营理念表述如下："日航集团追求全体员工物质和精神两方面的幸福，为客户提供最好的服务，提升企业价值，为社会的进步发展做出贡献。"

对这样的经营理念，或者说企业目的，日航的高层一直有争论，直到最后，国家委派的企业重建机构的代表人认为，日航曾经破产过，作为一个服务型企业，日航应该把"为客户提供最好的服务"放在第一位，否则会受到舆论的批评。但是，稻盛和夫斩钉截铁，他说"如果员工不幸福，谁来向客户提供最好的服务"。把员工幸福放在首位是稻盛和夫的信念。因为在企业里，实际进行生产经营活动的是以经营者为首的全体员工，只要全体员工团结一致，拼命工作，不断改革改进，企业就能给客户提供最好的服务。而企业效益提高了，就能给投资者高回报，就能对社会做出更大的贡献。

这种具备大义名分的经营理念，给了经营者足够底气，经营者可以问心无愧，堂堂正正，全身心投入工作。同时，员工就会把公司当作自己的公司，把自己当作经营者，像经营者一样拼命工作。社长与员工不再是经营者与员工的关系，而是为了同一个目的共同奋斗的同志关系。员工与员工之间也从各不相干，变成了伙伴兄弟。

4. 意识改革

2010年6月1日之前，稻盛和夫在日航连"哲学"两个字也没有提到。他只是在实际工作中言传身教。碰到问题怎么判断、怎么解决，同大家一起讨论。但因为判断的基准不同，导致意见分歧，难以统一。于是稻盛和夫决定实施为期一个月的高层干部哲学教育。所谓哲学教育，不是管理培训，不是教管理方法，而是领导人教育，教育领导人怎么率先垂范，获得部下的信任和尊敬，然后带领部下团结奋斗，实现目标。

这是一次密集型的猛特训，一个月17次，每次上午3小时，晚上3小时，每次结束后，每个人都要写心得体会，第二天交稻盛和夫审阅。稻盛和夫亲自讲了5课，第1课讲领导人的资质，后面4课讲经营十二条。共有52名主要干部参加，出席率达99%。这场领导人教育对改变日航干部的思维方式、对日航的重建工作起到了巨大的作用。

5. 稻盛和夫的无私

领导人的纯粹动机是最大的经营资源，领导人的公平无私是调动员工积极性的最大动力。日航成功之后，很多人把原因归结为稻盛和夫的手腕、个人魅力或者稻盛和夫的哲学、阿米巴模式等。但是稻盛和夫却说，自己近80岁高龄，身为航空业的外行，不取一分钱报酬，没有私利，过去与日航也没有任何瓜葛。为了重建日航，不顾自己的健康，鞭策这把老骨头，全身心地投入日航的经营。日航的员工看到像自己父亲、爷爷一样年龄的稻盛先生，为了他们的幸福奋不顾身的样子，他们彻底感动了，于是他们拼命努力，不断改进。日航重建才取得了成功。稻盛和夫说："具体事情都是日航员工干的，我只是把他们点燃了。"

6. 阿米巴经营

讲哲学不是坐而论道，把哲学落实在数字上才叫经营。稻盛和夫到日航之后，首先是缩减费用。因为航线削减，销售额下降，要挤出利润，唯一的办法就是削减经费。例如，缩小办公面积，砍掉亏本航线，裁员减薪，尽可能不买备品等等。同时，统一采购、双重确认，按照客人多少及时调整机型，在所有方面尽可能节省费用。例如，上机维修飞机时，不再用发电机照明而是换成灯泡。

日航阿米巴经营的两个要点：一个是组织划分；另一个是每个航班的收支情况。每天有上千个航班，需要及时了解每个航班的盈亏状况，以提出有针对性的解决办法。每天都会制定有关报表。

阿米巴只有五个指标：销售额；费用，费用中不包括人工费用；销售额－费用＝附加价值；一个月每个阿米巴的总工时；用附加价值除以总工时，算出每个人每小时创造的附加价值。

这些数据每个月全部公开，哪个部门对企业有多少贡献，一目了然。

组织划分。稻盛和夫新建了路线统括总部，用以规划所有的航线、航班的设定与飞机派遣，而所有的航班的收入就是这个部门的收入。由该部门与飞行员部门、空中小姐部门、机修部门、机场等部门进行内部"买卖"。例如，从东京到北京飞一个来回，按照飞行员、空中小姐的人数拨款，此外，维修部门、机场的钱数也按实际需求分配。各个部门有了收入，就能进行核算，就可以动脑筋想办法，实现收入最大化，费用最小化。

日航实施阿米巴经营时，正好遇到3.11大地震，现场各阿米巴大显身手，根据实际需要，几个月内调动了2 700架次临时班机，共盈利171亿日元。而全日空认为地震是不可抗力，亏损了80亿日元。

结语

1. 经验总结

日航重建举世瞩目，是稻盛哲学的公开实验。实验成功的经验可归纳为以下几条：

（1）明确经营理念、企业目的，即员工幸福和社会贡献。

（2）确立企业目标，即成为全世界最优秀的航空公司。

（3）哲学共有，即全员共有不以利害得失，而以是非善恶作为判断事物的基准。

（4）实施全员参与经营的阿米巴体制。

当然，制定适当的市场战略和产品战略也很重要。

然而，不管确立了多么崇高的企业目的和目标，不管构筑了多么正确的哲学，不管建立了多么健全的体制，不管具备了多么出色的战略，但如果领导人不以身作则，缺乏实践哲学、运行体制、战略，不达目的誓不罢休的、渗透到潜意识的强烈而持久的愿望和洞穿岩石般的坚忍不拔的意志，一切仍然无从谈起。

稻盛和夫说凡事开头难。把卫星送到太空轨道，要用火箭发射，为了克服地球引力，需要耗费巨大能量，但卫星一旦进入轨道，飞行速度产生的离心力与地球引力平衡，不需要特别的能量，卫星就能正常运转。

在重建开始的几个月里，确实很困难、很费劲，但日航的经营走上轨道以后，并不是特别辛苦。现在日航仍然有15%左右的利润率，其他航空企业无法与它竞争，根本望尘莫及。全体员工每天拼命工作，每天在思考怎么改进，而且天天算账，销售最大化，费用最小化，这些都已成为习性。这样的团队是不可战胜的。

二、杨壮教授点评

稻盛和夫不到一年的时间就成功把日航转亏为盈，两年零八个月就成功将日航重新上市，连续6年准点率保持世界第一。日航案例十分经典，在商学院案例历史上十分罕见，令我惊讶，让我感叹，给正在走向国际化的中国企业带来很多深刻的启示、经验、智慧。

日航转型案例说明稻盛和夫在关键时刻能够"做正确的事情"，因为稻盛和夫面对重大决策的判断基准是"作为人何为正确"，强调真善美，敬天爱人，利他经营；反对走捷径，急功近利，短期行为。稻盛和夫核心哲学理念为转型后日航新的使命奠定了根基，即"日航集团追求全体员工物质和精神两方面的幸福，为客户提供最好的服务，提升企业价值，为社会的进步发展做出贡献"，强调满足员工、客户、股东的利益，对社会发展进步提供价值。

我和稻盛先生认识大概有 12 年的时间，第一次见面是 2009 年。2009 年 6 月 9 日，稻盛和夫来到北大国发院，给我们的学生做"经营为何需要哲学"主题报告。当时，我的印象极为深刻——他十分谦逊，没有丝毫傲慢，谈笑风生，和蔼可亲。他对企业发展有激情，对清洁环境尤其关注，厌恶追逐私利，反感狂妄贪婪，对不择手段攫取财富深恶痛绝。

稻盛和夫在讲演中，回顾了京瓷创业的故事。他的代表性观点是"作为人，何谓正确"——将是非善恶而非利害得失作为判断事物的普遍基准和经营企业的基准，这也是京瓷成功的根本原因。他告诫中国企业家学习"不只为自己，也为社会追求利润"的哲学思想，使正义、公平、公正的观念渗透整个社会，提升谦虚和关爱意识。那天笔者第一次接触到了稻盛和夫提出的人生成功方程式：人生·工作结果 = 思维方式 × 热情 × 能力。这三项之间是乘法关系。热情和能力每一项的打分是 0～100。人的能力有一部分来自天生。热情、努力和勤奋，一天不能倒下。二者都是正的，乘积要做到越大越好。

思维方式最为重要，这决定了人生和工作的结果。有积极正确的思维方式和负面的思维方式，所以用 –100～100 衡量。什么是积极正确的思维方式？"积极向上，具有建设性，善于与人共事，有协调性，性格开朗，对事物持肯定态度，充满善意，同情他人，宽厚待人，诚实，正直，谦虚谨慎，勤奋努力，不自私，戒贪欲，有感恩心，懂得知足，能克服自己的欲望。"

什么是负面的思维模式？"态度消极，缺乏协调性，阴郁，充满恶意，心术不正，陷害他人，不认真，爱撒谎，傲慢，懒惰，自私，贪心，爱发牢骚，憎恨别人，嫉妒别人。"在稻盛和夫理念的鼓舞激励下，我在过去几年中提出了一个适应企业家和政府领导人运用的三元领导力模型。

一元领导力是思想领导力：包括领导者的世界观、人生观、价值观；领导者的高度、视野、格局、洞察、求真、判断。这和稻盛和夫的思维模式有关联，是方向，是定位，是价值观，是领导力的最重要的因素。

二元领导力是专业领导力：包括专业主义、专业判断、专家精神、工匠精神、战略执行、制度设计、文化传承、沟通交流、变革创新。这和稻盛和夫提出的热情、努力、勤奋有关系，也是稻盛和夫阿米巴经营模式落地的根本。

三元领导力是品格领导力。这和稻盛和夫提出的努力、勤奋、思维模式都有关系。品格领导力包括领导者的人格特质、诚信诚实、身体力行、刚毅顽强、自尊自律、勇敢担当、包容谦卑等等。

一元领导力涉及组织的战略方向，二元领导力涉及组织的工作效率，三元领导力涉及变化的环境下，组织领导和下属之间的相互信任关系。

跨文化领导力和
跨国公司的实践

张伟宏[①]

摘要 基业长青的跨国公司普遍拥有跨文化领导力实践,其核心之一就是多元和包容文化的创建和推广,营造一种包容和多元的工作氛围,欣赏认同各种不同的文化和观点,让每一员工都感觉归属感,可以放心地去展现自我,发挥最好的自我,从而取得事业的发展,同时也为公司创造最大的贡献。培养跨文化领导力有三个关键步骤:聆听和了解;欣赏和接纳;共融和共赢。中国企业正在走出去,在跨文化领导力的建设中需要做到:一、深入了解和努力融入当地的主流文化;二、合规经营,肩负社会责任;三、培养和任用本土的人才,实现可持续发展。

---

① 张伟宏,现任美国国际集团(AIG)国际市场 CHRO,管理除北美以外的全部国际市场、超过 70 个国家的人力资源团队。张女士同时负责 AIG 全球的多元化和包容性实践,致力于推动多元和包容的文化建设和跨文化领导力的发展。张女士拥有超过 20 年的中外人力资源管理经验,并在亚洲主要金融中心包括香港、上海的大型国际金融机构都担任过要职。张女士在全球人力资源战略、跨国人力资源规划、组织再造及发展、跨文化管理、国际领导力及人才培养、并购及国际化项目管理方面拥有专业知识和丰富实践。

导读

在这样一个 VUCA 时代,我们需要什么样的领导力?在不同的文化和国际地缘政治冲突下经营的跨国公司怎样应对这种挑战?中国企业的国际化方兴未艾,这个道路如何继续走下去?在流行性疾病防控的新常态下,企业和组织要怎么更好地生存和发展?本文将从企业管理的角度,以及笔者在跨国公司领导国际人力资源管理团队的角度分享以下内容:一、VUCA 以及全球化时代跨文化领导力的重要性;二、跨国公司如何推动跨文化领导力的建设;三、培养跨文化领导力的几个关键步骤;四、中国企业跨文化领导力建设的思考和借鉴。

一、VUCA 以及全球化时代跨文化领导力的重要性

在 2020 年 1 月爆发流行性疾病之后,中国政府采取了果断的措施,很快就控制住流行性疾病。中国也在第一时间将防疫经验分享给世界卫生组织和其他国家。但是在今天这个时点,流行性疾病在全球很多地方持续了超过一年仍未被有效控制,这场流行性疾病已经成为 21 世纪到目前为止最大的全球公共卫生灾难。

中国分享了成功经验,其他国家本应该拥有更充分的时间准备,为什么还会出现这种失控的情况?这里面的深层原因,是对于不同的文明、不同文化背景下的一些有效的经验和做法的不信任,是一种傲慢与偏见。笔者很清楚地记得在中国刚刚开始封城的时候,就要求全民戴口罩,停止人口流动以阻断流行性疾病。欧美的同事们非常震惊,他们说:"怎么可以采取封城和限制人民自由的形式来做这件事?"而且他们觉得亚洲人对口罩有点迷信,过分夸大了口罩的作用。所以我们这种有效的措施没有被其他的文明认可和借鉴。这些现象的背后其实是文化的差异,是对另一种文化的不认同和冲突。之后

随着流行性疾病的发展，很多西方国家也认识到了口罩的重要性，开始提倡戴口罩。但很多人是戴不住口罩的，在佛罗里达和德州，几千人的聚会中很少有人戴口罩。北方的纽约州等流行性疾病控制得比较好，因为他们的文化比较开放，能够更客观地分析和接受不同文化的有效经验。但是美国南部的文化比较保守，根深蒂固的文化传统和他们成长的背景让他们固执地认为口罩是生病的人才戴的，所以至今美国南部几个州的流行性疾病完全失控，造成了医疗挤兑的人道灾难。

之后美国又发生了乔治·弗洛伊德死亡的悲剧，从而引发了新一轮大规模的种族冲突。在这个事件发生之后，我们公司第一时间展开了全体员工关于反歧视的大讨论。在这场大讨论中很多同事都分享了看法，也让我们重新审视了很多以前没有去正视的歧视。这种歧视不仅是多种族国家内部白人对黑人的歧视，白人对亚裔的歧视，亚裔对黑人的歧视，黑人对亚裔的歧视等等。即使是在一个单一民族的国家，也有南方对北方的歧视，城市对农村的歧视等等。不同国家之间，也存在歧视，强国对弱国的歧视，不同政治制度国家之间的歧视等等。

这种无处不在的歧视，我们每个人或多或少都有，很多时候这是一种无意识的偏见。无意识的偏见是指我们很多时候做一些判断不是来自算法或者逻辑，而是来自在我们自己的情感、理念以及经验基础上的主观意识。这种主观意识很容易产生认识的偏差，从而导致这种无意识的偏见。

我们经常讲物以类聚，人以群分，无意识的偏见在管理中是特别需要避免的一个危险的现象。每个人都喜欢跟自己志趣相投、观点一致的人共事，但是如果这个决策团队里面所有人都持有同一种观点，想法都非常一致，很多时候会形成一种集体狂热，或者说容易导致草率的决策，这对于公司管理和决策者来说是非常危险的。让不同的声音可以发声和被听到、让不同的观点可以被充分讨论和论证，对于管理者做出一个更完善和审慎的决策特别重要。

二、跨国公司如何推动跨文化领导力的建设

跨国公司在全球运营，面对很多不同文化的挑战，推动跨文化领导力显得尤为重要。跨文化领导力的一个重要组成部分就是多元化和包容性，简称D&I。D&I是所有基业长青跨国公司的跨文化领导力非常重要的组成部分，也是共同的核心价值观之一。不可否认，这首先是经营的需要，因为良好的企业文化可以增进和提高协作与创新的水平，包容不同的声音、不同的见解，才能吸引不同的人才，推动业务持续发展。另外，基业长青的跨国公司都有非常强烈的社会责任感，他们推动D&I不仅仅是商业目的，也希望可以通过D&I的推动，对全球的经济发展以及全人类的进步起到促进的作用。

前两年笔者面试过另外一个跨国能源公司的高管，他跟笔者分享了一件令笔者触动的事。沙特政府是他们在中东最大的客户，他们观察到，因为沙特比较保守的伊斯兰文化，女性虽然拥有比较好的教育程度水平，但是她们一般都不能参与社会经济生活，直到在最近才被允许去足球场看球。于是他们就在沙特建了一个超过1 000人的，全部都是女性员工的全球呼叫中心。在沙特建这么一个呼叫中心，成本比建在其他外包业务很成熟的地区如印度、菲律宾要高很多，而且需要从零开始对女性主管进行培训，培养的成本也比直接雇佣有经验的员工要高很多。他们之所以坚持这么做，是因为公司觉得有责任为这个国家整个女性的解放和进步做一点事情。公司主动承担起企业的社会责任，推动整个女性的社会经济地位的提升和整个社会的进步和发展。这是基业长青大型跨国公司社会责任感的一个很好的例证。

在AIG（美国国际集团），我们努力营造一种包容和多元的工作氛围，欣赏认同各种不同的文化和观点，让每一位员工都感觉到归属感，可以非常放心地去展现自我，发挥最好的自我，从而取得事业的发展，同时也能为公司创造更大的贡献。我们的多元化和包容性战略包括三个方面：员工团队、工作环境和行业市场。

员工团队方面，我们致力于吸引、发展、保留多元化的人才队伍。在公司目前的管理团队里高管还是白人男性居多，我们有意识地在建设和发展非常多元化的储备干部团队，助力他们的职业发展，希望可以培养他们走上更高的管理职位。例如，在管培生的招聘中，因为女性领导力在日本还是一个非常大的挑战，我们对日本有一个硬性指标，要求他们必须招60%的女性，这样我们才能不断地建立女性人才储备。另外，在关键岗位的继任计划上，都要求一定要有多元的人才作为继任计划的储备人才。

在工作环境方面，我们通过员工资源小组ERG（Employees Resources Group）来推动多元化和包容性的文化发展。这些ERG小组通过不同的活动和形式来促进对不同多元化挑战的认知和理解。ERG有很多不同的主题。例如，有残障ERG进行过手语比赛，通过这种形式来增强对残障员工的理解和关爱。现在我们国际管理团队的每一个高管都有一个逆向的导师，因为现在公司的决策层大都是70后、80后，跟90后和00后的想法很不同。我们怎么能够保证70后、80后做出的决策得到90后、00后的认同，能够激励他们在这里开心地工作？逆向辅导会构建一个很好的沟通桥梁。

在行业市场方面，我们也通过各种活动来带动整个行业去推动多元化和包容性的发展，提升公司品牌，引领多元的行业文化。

需要强调的是，虽然我们有统一的全球多元化战略，但并不是非常刻板地要求全球都是一盘棋、一刀切，而是一定要结合国情、文化还有发展需求的不同，强调不同的关注重点。下面举例介绍多元化战略在AIG不同区域的一些实践：

（1）中国。中国公司的高管层男女比例是50%：50%，CEO也是女性。因为中国女性非常普遍地参与整个社会的经济发展，所以在中国我们的关注点不是特别强调女性领导力，而是如何帮助中国本土的管理者更加具有国际视野，让他们的本地智慧可以在跨国公司环境下得到最大的发挥。

（2）日本。日本的女性领导力仍然是一个巨大的挑战。在日本，我们60%以上的雇员都是女员工，但是基本都是基层员工，中层管理人员中女性只占20%，而高层管理者女性只占10%不到。日本团队女性领导力提升的道路还很长，这也是我们目前在日本重点关注的一个方面。我们设立了一系列女性领导力的提升项目，涵盖从管培生到高阶女性主管的各个层级员工，有针对性地对于她们的职业发展提供全方位支持。

（3）欧洲和英国。虽然欧洲有这么多的女总统、女王、女首相，女性领导力也依然是一个非常大的挑战。

欧洲的很多国家政府都要求所有的企业公布薪酬差异的报告，从我们英国公司公布的2019年薪酬差异报告来看，低端的职位有更多的女性员工，在中低端差不多是50∶50，到了中高端的职位只有37%的女性员工，而高端职位，女性员工的比例会进一步下降，大概只有25%。对于高端女性领导的培养和男女薪酬平等是我们在欧洲和英国一直关注和努力的方向。

（4）拉美的区域运营中心在巴西。巴西实际上是美洲最后一个废奴的国家。巴西拥有大量的有色人种，55%都是黑人或者棕色人种。但是这55%的大多数却没有进入精英和管理阶层。拉美普遍存在这个问题，我们关注的重点是如何提升本地的多种族人才，创造一个公平竞争的环境，使他们能够在事业上不断进步。

三、培养跨文化领导力的几个关键步骤

1. 聆听和了解

最近几年去法兰克福出差，笔者注意到有很多中国的企业家在收购德国的中小企业。法兰克福目前是整个欧洲投资并购业务的中心，也给相关行业带来了很多新的业务机会。德国的智能制造非常强，他们很多小作坊都拥有世界最先进的专利技术。但是欧洲的市场非常饱和，进一步发展空间有限，而中国有庞大的市场，存在很多业务扩展机会，所以结合是双赢的局面。而中国投资者在收购德国企业的时候，未必了解德国有全世界几乎最严格的劳工管理制度。

德国的劳工委员会会非常认真地参与一切与雇员的福利及其切身利益相关的商讨和决定。管理层不能单独决定任何涉及员工个人信息、资料、福利等切实利益的方案，需要提供详细的资料，通过劳工委员会的审核才能够实施。德国同事跟笔者说，欧洲有保护员工利益的传统，再加上德国人在第二次世界大战后有很多的反思：如此冷静强大的一个民族，为什么会陷入集体狂热？作为一种纠偏机制，他们希望决策能够得到更多的论证，避免草率决策和集体狂热。所以当我们了解了制度背后的文化以及制定的原因之后，就知道德国劳工委员会并非是员工刻意对抗管理层和资方的手段，如果能够跟劳工委员会做更有效的沟通，就能避免很多不必要的文化冲突，提升管理效力。

2. 欣赏和接纳

聆听和了解了之后，就要做到从心里接纳。跨国公司在到一个新的地方经营的时候，经常碰到的一个挑战就是，应该更看重语言能力还是业务能力？很多时候英文好的人得到了任用，但是他未必真正了解业务，也未必是一个合格的领导者。分享一个跨国银行在这方面交了不菲学费的例子，此银行之前在韩国的业务非常小，后来收购了韩国一个非常大的本土银行。由于对韩国市场不是特别了解，收购项目数额较大，决策层非常重视，空降了很多外籍管理者去韩国。但后来发现空降的管理层水土不服，这些外派员工英文很好，可以很好地跟总部沟通，但是没有办法跟本土的作业团队很好地沟通和协作。韩国业务在收购之后就一直巨亏，整个公司的业绩都受到了拖累。最后真正扭转局面的是大胆任用了一个本土的 CEO，虽然英文不好，但这个 CEO 了解业务痛点，有效激励了员工，带领团队扭转了经营的颓势。当你开始欣赏和接纳不同的文化，结合全球视野和本地智慧时，跨文化领导力就会发挥出强大的力量。

3. 共融和共赢

在全球范围内，也有很多跨文化领导力的成功案例，共融和共赢是关键，以下分享三个例子。

（1）迪拜。迪拜在中东绝对是一个神奇的存在，它是阿联酋的第二大经济体。阿联酋给人印象很富有，但其实90%的石油储量是阿布扎比酋长国的，迪拜实际上是贫油地区。它是如何实现逆袭、成了中东的国际金融中心的呢？因为迪拜很幸运，它拥有优秀的跨文化领导者。

统治迪拜的家族世代沿袭了重视商业和开明的传统，包容不同文化和观念，从来不卷入地缘政治的纠纷。现任的酋长更是牢记父辈的雄心和重托，英国军校毕业的他，一直都努力在伊斯兰的传统文化和西方的普适价值之间寻找一个最佳的平衡点，并借此来打造一个独特而繁盛的迪拜。他设立了迪拜离岸金融中心（DIFC），一城两制。离岸金融中心里的公司适用英国法律，享受50年零关税，外汇无管制，可自由进出。我们中东区域的公司就设在离岸金融中心，管理整个中东和非洲区域的业务。经营本地迪拜业务的公司则设立在离岸金融中心之外。迪拜的工作模式也是多文化融合的，尊重穆斯林传统，周日开始一周的工作，办公室都配有祈祷室。同时国外节日也会庆祝，DIFC里每年圣诞节的庆祝都热闹非凡。这种兼容并包的跨文化领导力，造就了迪拜的经济奇迹，使得整个中东地区没有第二个城市可以取代它来辐射中东、非洲甚至东欧，进一步巩固了它中东金融中心的地位。

（2）印度国际职场精英。很多国人都想不明白，中国的经济实力和基础设施都强过印度不少，中国精英也都已经是美国科技界的最强大脑，为何中国精英在国际职场上却没有印度精英发展得好？据笔者多年跟印度同事共事的观察，印度精英在国际职场上体现了非常好的跨文化领导力：一方面近代印度被英国殖民统治了近两百年，英文是官方语言，受过良好教育的印度人都有很好的英文沟通能力。印度也拥有悠久的历史和强大的本土文化，近代的殖民统治又使得他们对于西方文化、思维方式有相当的了解，知道怎样有效地跟西方进行沟通又不放弃东方智慧。另一方面，印度精英普遍注重管理能力的提升。中国精英从事技术工作为主，很少向管理方向发展，而印度精英普遍在他们的专业以外研修MBA，他们在会议和团队沟通中积极主动，勇于表达自己的思考和观点，有深度，有理据，所以在团队里存在感满满。印度精英的这种跨文化领导力值得借鉴和思考。

（3）新加坡。新加坡成为华人社会治理的典范，领导者的远见卓识和跨文化领导力功不可没。开国领袖是剑桥法律系毕业，对西方民主法治有非常深刻的了解。他在传统的东方文化下长大，没有盲从西方所有的制度，而是结合新加坡本地的实际情况，坚定地选择了法治和多元融合的道路。从建国之初，他就一直强调新加坡不是一个华人国家，不是一个马来人国家，也不是印度人国家，每个人在新加坡都会有一个平等的机会。笔者在新加坡工作和生活过几年，有一个印象深刻的体会：笔者的孩子在新加坡学会了十二生肖的儿歌，但笔者在上小学的时候都没有被教授过这些传统文化。因为开放、包容、多元的文化，以及英语的普及，不管东方还是西方的人才在新加坡工作都感觉到很安心，能够自由发挥特长，使新加坡创造了经济奇迹并逐步成为亚太金融中心。

四、中国企业跨文化领导力建设的思考和借鉴

未来会有更多的中国企业走出去（见图1），跨文化领导力对于这些中国企业的国际化至关重要。对于中国企业跨文化领导力的建设，笔者有以下的几个观察和思考，希望可以给中国的企业家和管理者提供一些参考。

法兰克福机场　　伦敦金融城酒店　　墨西哥城机场　　卢森堡机场　　吉隆坡CBD办公楼

图1　世界各地差旅途中见到的中国企业广告

第一，深入了解和努力融入当地的主流文化。有些中资公司的管理人员在业余时间还是延续了国内的酒桌文化，不太跟当地人交流，对于了解本地文化也没有太大的兴趣，业余时间基本就是和中国人聚在一起喝酒、打牌、聊天。在一个主流文化很不一样的地区，这种习惯就会使你很难融入当地，当地人也不会觉得这是一种好的、受尊重的文化。

第二，合规经营，肩负社会责任。近期中概股的丑闻对中国企业在国际上的形象损害很大。上文中笔者提到过很多基业长青的跨国公司，都有很强的社会责任感以及理想情怀，我们可以是不同的意识形态，不同的政治制度，但是人类追求真善美的价值观都是一致的。怎么用这些凝聚团队，实现不同文化背景下的团队融合是跨文化领导力的重要体现。例如，笔者的一位中东同事，她的先生为我们中国的一家跨国企业工作。有一天同事问笔者："我们这边大的跨国企业因为流行性疾病几乎全部都在家工作，我先生是管理层，完全可以移动办公，为什么只有中国的企业不允许员工在家工作？"这是件小事，这家公司也没有任何合规经营方面的问题。但是彰显出来的是，公司更注重商业的利益，而忽略了人文的关怀。如果所在国的经营环境和普遍的价值观是看重人文关怀，那么我们如果只看重商业利益将很难赢得尊重。

第三，培养和任用本土人才，实现可持续发展。本土人才对企业在本地的可持续发展至关重要，对企业来讲公司运营的成本费用也会更低。培养优秀本土管理人才，让本土人才可以结合本地智慧和国际视野，那中国的跨国企业必定可以在全球可持续发展，用强大的跨文化领导力实现基业长青。

五、跨国公司在 VUCA 时代的三元领导力实践

最后，用杨壮教授的三元领导力的模型来谈谈 VUCA 时代跨国的实践。

1. 领导者的价值观、使命和愿景

（1）企业的社会责任感。在流行性疾病爆发之后，我们在第一时间宣布，不会做任何因为流行性疾病的裁员，也不会拿任何一个国家政府的救助。不是公司不需要钱，而是因为保险行业比起零售、旅游等行业，目前受到的冲击相对较小，我们还能够支撑，想把这些救命钱留给更需要的企业，保住更多的就业。在弗洛伊德事件之后，虽然今年的管培生已经招满，但我们又专门启动了一个多元化管培生的招聘项目，额外多招聘了一批少数族裔的管培生。虽然公司也面临诸多困难，但我们认为还是应该做一些事情，这是我们作为一个跨国企业的社会责任。

（2）契约精神。我们给很多受到损失的企业都做了快速的理赔，希望我们的理赔款早一点到，可以支持这个企业渡过难关。同时对一些经营比较困难的企业无条件地续约，希望可以帮助企业减轻一些后顾之忧，共度时艰。

（3）人文关怀。AIG至今还是倡导在家工作，除了必须在公司办公的人员外，其他员工一直在家工作。为了让员工可以在家工作，公司给没有手提电脑的同事都重新购置了手提电脑。不止是AIG，很多的跨国公司都在做同样的事情，因为注重人文关怀是很多公司的核心价值观。

这里分享的我们公司的做法不一定对其他的企业和行业都适用，很多的中小企业面临着生死抉择，即使有心也不一定有能力做到。笔者想要强调的是，如果真的想做到基业长青，领导者的价值观和使命感非常重要，不可或缺。如果中国的精英管理者们都不能够考虑社会责任、培养契约精神，那么中国的企业将更难被世界广泛认同。当然这个道路很艰难，我们得先解决活下去的问题，但是笔者认为，心中的那团火不能灭，不忘初心，方得始终。

2. 把握危中之机，引领VUCA时代的创新和变革

商学院老师有很多关于危机管理变革的分享，对我也很有触动。老师讲到效率制胜、模式的创新、贴近顾客，我们也做了很多类似的尝试。

（1）业务敏捷度。在这次流行性疾病爆发之后，我们观察到一个新的业务增长点，就是健康意外险。流行性疾病发生之前，每个公司的市场份额基本是固定的，流行性疾病爆发之后，人们对健康意外险的需求增加了，很多人的风险防控意识增强了。以前想要开展这个业务需要从其他的竞争对手中抢份额，而在今天的环境下蛋糕变大了，就有机会更好地去参与。我们迅速集中优势资源来壮大这个业务。

（2）运营模式变革。流行性疾病使所有的企业不得不思考如何才能打造一个更灵活、更敏捷的管理经营的模式。VUCA 时代，即使没有流行性疾病也会有别的挑战，科技进步如此之快，也带来了越来越多的迭代和颠覆式创新，之前很多的管理思路都已经不适用了。流行性疾病的挑战促使很多公司开始研究怎么样更好地运用各种科技手段来打造公司的运营模式，怎样更好地规划公司办公场所以应对未来灵活办公的需求。

（3）管理团队赋能。这么多的变革还是要靠人来完成，靠管理者来引领和激励团队。怎么样有效赋能给管理团队，给他们提供各种管理工具来应对 VUCA 的外部环境呢？我们迅速开发了一系列在线领导力课程来帮助管理者们实现有效的激励和管理。除了对业务的管理，还包括一系列员工的压力管理、情绪管理、健康管理等等。到今天为止，我们还是全球全员在家办工，很幸运的是我们的业务运营一切正常，这跟我们适应变化的敏捷度和对管理团队的有效赋能不无关系。

3. 品格领导力

我们的 CEO 致力于推动全球的跨文化领导力，推动中美之间的合作。他笃信多元化和包容性的重要性，一直在强力贯彻。他经常讲的一句话就是"Do the right thing"，我们推动多元化包容性的文化不是追求急功近利的商业利益，而是着眼于做正确的事情，商业的价值最终也能够得到实现。

结语

很多的跨国公司都存在超过 100 年，在漫长的岁月和百年的经营中都经历了很多大的经济周期，包括第一次世界大战、第二次世界大战、大萧条、经济危机等。中国企业在过去的 40 年得益于中国改革开放的国策和经济全球化浪潮，总体来说发展比较顺利，经济周期的历练还不多。面对前所未有的流行性疾病冲击和国际地缘政治挑战，很多人感到灰心和迷茫，这种情绪是完全可以理解的。然而在人类几千年的发展历史中，一直有很多的波折，有的比此次流行性疾病要严重很多。虽然不是一帆风顺，然而历史车轮依然滚滚向前。在 VUCA 时代，我们不确定前方是否还有更大的挑战在等着我们，我们需要做的，就是保持定力，不断修炼自己。真诚、坚毅、着眼长远发展的品格领导力，终将带领我们走出困局。兼容并包的跨文化领导力，也将引领地球村民们不断弥合分歧，为人类的文明进步做出更大的贡献。

后记

1. 延展思考

思考一：跨国公司在招聘跨文化管理者和领导者的一些重要标准是什么？

我们在招聘高管或者招聘多元化人才的时候，业务能力、相关的经验都很重要，但最看重的还是候选人的价值观和对于公司文化的认同度。跨国公司的管理人才需要认同多元化和包容性的重要性，这是跨国公司普遍的核心价值观，也是我们可以在全球不同区域、不同文化和制度下持续经营的保障。

另外一个方面就是正面积极的态度和进取心，认可公司远景并可以跟公司共同成长。

思考二：对女性的尊重、平等对待，女性领导力的发展，是否会出现对男性的反向歧视？

如果我们看大型跨国公司的数据，男性领导者确实还是占绝大多数。即便在英国，高阶职位也只有 1/4 是女性。我们从来都没有追求全部都是女性领导，因为多元和包容就是每个人都有平等的机会，我们在努力避免无意识偏见，提升大家对于无意识偏见的认知。在中国，因为我们有非常平衡的高管团队，所以我们的关注重点就不在女性领导力方面，而是偏重于中国本土人才的国际化。在团队的决策过程中，如果都是男性，有时候会比较快地做出决策，但是细节可能思虑不太周全，女性可能有时会显得有些保守，但往往考虑问题比较全面和稳健，不同的声音和节奏会使决策被更周详地论证。另外很多处理危机的时候，男性通常会比较勇敢地应对危机，但是很多时候他们比较急躁，女性在团队里面能起到稳定的作用，因为女性擅长的是耐心地兼顾多种任务。所以我们追求的是创造一个平衡的环境，而不是忽略男性。例如，所有的 ERG 小组里面，如果想组成一个男性提升领导力的 ERG 也是可以的，最终我们的目的是每个人都能感到是这个集体的一分子，在这个集体里可以展现最好的自我。

思考三：如何平衡和管理跨国公司中不同国别员工的差异性？

驱动力其实还是文化差异。例如，在大洋洲，整体的文化就是比较休闲，追求工作生活平衡，所以不可能要求员工 996，24 小时在线；但是如果在香港或者日本，员工会觉得加班没有问题，是正常的。跨文化管理者需要理解和尊重当地的文化习惯，不能够苛求所有人用你的方式来工作。但是可以通过绩效的结果来管理。管理者制定并跟员工达成工作计划安排，但对方法给予充分尊重，员工也要在规定的时间内做到。管理者是从绩效管理的角度跟员工沟通，而不是强迫员工用管理者自己习惯的文化或方式来完成工作。

思考四：中国公司在走出去的过程中以及进行跨文化管理的时候，有哪些值得注意的地方？

要结合本地的情况和本地的文化，目的是共赢共融，而不是强推自己的文化和想法。例如，在印度，同性婚姻是违法的，公司不可能违反当地的法律去经营。而同样的问题在新西兰可能就不是挑战，因为它的文化跟整个欧美主流的文化比较相通，那么推动对性取向的多元认同就不会有问题。再如在韩国，工会非常强势，如果要在韩国经营的话，工会管理是一定要做好的一个重点工作，不能一味用中式管理思维去强压工会，这样很可能会把公司拖到泥沼里去。总之重点就是管理无定式，情境领导在跨文化的环境下非常重要，要合规经营，尊重当地的法律和风俗习惯。

思考五：跨国公司如何平衡国内业务和海外业务？

中国市场也足够大，要不要走国际化的战略，其实是取决于公司的发展战略。要先想清楚为什么要走出去，走出去的计划跟公司整体的战略如何匹配。公司自己的战略定位要想清楚。如果是为了配合公司的战略发展必须要出去，就要详细规划公司的定位。因为公司在海外很难做到主流，美国的跨国公司到了其他的市场也是一样的。我们公司在美国是规模很大，但在某些亚洲和欧洲市场的份额还是很小。未必是要全面铺开，而是需要找到合适的切入点，因为不太可能跟本土的一些大的公司进行全面竞争，我们在全球经营了100年都没有能做到。所以还是要认真分析公司出海的目的和战略定位，优势在哪里、怎么切入进去、怎么能在自己擅长的领域占据一席之地。

2. 杨壮教授点评

面对百年不遇的流行性疾病，世界各国的政治、经济、社会、文化都遇到了十分严重的挑战，国际关系也正在发生本质的变化，中美冲突已经从经济冲突延伸到文化层面及意识形态领域，国与国之间、文明与文明之间的冲突也愈演愈烈。文明冲突的背后孕育着潜在的宗教冲突、价值观冲突、地缘政治冲突、种族冲突。可以说，2021年对国家、民族、企业、集体、个人都带来重大的挑战和压力。

作为大型跨国公司AIG的高级管理者，张伟宏女士在文章中分享了面对VUCA和流行性疾病，一个跨国公司应该怎样做才能在跨文化情境中应对各方面带来的挑战，如何在流行性疾病严重的状况下，降低员工的心理焦虑和对未来不确定性的恐惧。流行性疾病没有结束，很有可能还要持续一段时间，企业和个人如何保持镇静，做好组织的未来定位和战略重启，制定好个人的未来规划和职业定位。

张伟宏女士在文章中对美国"百年老店"AIG公司的海外运营核心理念和实践做了深入的研究和分析。她认为一个跨国公司的海外经营一定要坚持几个基本原则：

- 聆听和了解。到了海外，跨国企业必须调查了解当地法律法规、人文传承、劳工关系、管理制度、工会作用，因为没有一个国家和情境和中国一样，不熟悉当地商业环境和条件是企业运营失败的根本原因。
- 欣赏和接纳。通过交流和沟通，海外企业一定要欣赏当地国的经营方式和风土人情，和本土经理交朋友，熟练运用当地语言，熟悉具体业务。国际化和本土化必须相辅相成，融合一起才可能产生巨大能量。
- 共融和共赢。张女士举了不同文化国家案例（迪拜、印度、新加坡），强调海外企业要尊重当地（迪拜）的风俗习惯和宗教传统，欣赏印度精英的领导力、语言、思维能力，学习新加坡的多元思维和治理体系。

张伟宏女士不仅把"百年老店"AIG积累的跨文化经营理念和实践分享给中国企业家，也特别强调优秀公司自身存在的"软实力"，包括多元化视角、包容性、人文关怀、契约精神、团队凝聚、企业社会责任、女性领导力、关注环境、影响力投资等等。中国企业要学会运用国际语言，善于聆听交流，努力交国际朋友。

中国企业（尤其是民营企业）在海外经营的顶峰在2016年。2017年之后，随着美国大选结果尘埃落定，国际形势发生巨大变化，中国企业在海外经营遇到重重挑战，失败案例比比皆是。一项研究发现，中国企业海外投资70%的失败率里面有战略原因、运营原因、资本原因，但是最重要的原因是跨文化冲突。

因此笔者认为，中国企业必须认真学习跨国公司的海外经营理念和实践，提高国际语言能力，培养职业人必须具备的职业能力和素质，包括跨文化情商，规范自身的行为举止和思维认知，提升国际化视野、格局、价值观。

张伟宏女士的分享对刚刚走出国门的中国企业来讲太重要了。因为，随着流行性疾病的发展，中美关系的恶化，以及环境带来的复杂性、多元性、不确定性，在未来的五年到十年里，中国企业海外运营可能会面临越来越多的挑战、麻烦、文化冲突、种族对抗。企业家海外拓展一定要做到中西合璧，国际化的视野，本土化的经营，站在全球道德的制高点上，坚守核心价值观：诚信、多元、包容、尊重、竞合、双赢。在VUCA时代，只有具备全球化的思想领导力、专业领导力和品格领导力的企业和企业领袖才有可能在复杂环境下立于不败之地。

下篇

跨文化领导力的实践

在巨大的不确定性中探索"人是谁"

郑志文[①]

摘要 流行性疾病带来了超乎想象的停顿、超乎想象的VUCA（动荡、不确定、复杂、模糊）、超乎想象的撕裂，也呼唤超乎想象的重建；VUCA和撕裂形成了巨大的压力，政府各个部门、企业都能感受到，其压力的末端，是每一个家庭、每一个生命；流行性疾病像海啸，把个人身心健康的根基、家庭关系的根基显露出来。进入极端的荒野环境，首要的问题就是"当下的优先顺序是什么"，同样，在持续的VUCA环境面前，我们也要问自己"当下的优先顺序是什么"。随着经济的快速发展、工作节奏的越来越快、技术创新的指数级加速，有没有可能已经"丢失了自己"？本真的、丰盛的人的生活是什么样？有没有可能我们的文明建立在"对生命的漠视"上？我们在哪个维度上定义自己？生命的成长要经历绝望，我们有没有经历过这种绝望？我们如何回答"我是谁"，回答这个问题有什么意义？怎样承担起自己的责任？

[①] 郑志文，北京大学天体物理专业毕业生，之后在中科院、中国战略与管理研究会、美国领导管理中心等多家单位工作过，现任起承转合的董事长，曾帮助企业家在雪山、沙漠、海岛、航海的场景下体验不确定年代的领导力。服务的客户包括杜邦、ABB、华为、万科等，也为清华大学、长江商学院、北京市政府等机构部门提供领导力项目。

导读

1908年诺贝尔文学奖获得者鲁道夫·奥伊肯（Rudolf Eucken）说过："求索人生的某种意义和价值，在安定、繁荣的年代，很少引人关切……唯有生命本身陷入纠纷、裂变、转折的时候，意义和价值的问题才会高悬我们头上，促使我们沉思。"

奥伊肯生活在德国，甚至欧洲物质主义特别盛行的时代，信仰缺乏，外在生活特别庞杂，内在生活被外在生活挤压得越来越小，人们的生活意义有丧失的趋势。所以奥伊肯认为，面对这样的状况，必须激活内在的生命力。我们现在也正是这样一个时代，2020年是特别的一年，我们生命本身的确有很多裂变、撕裂、转折，也促使我们沉思意义和价值的问题。

一、超乎想象的停顿、VUCA、断裂和重建

1. 超乎想象的停顿

心理学家罗洛·梅（Rollo May）对自由的定义是"我们每天承受的刺激超乎想象……自由，是在来自四面八方的刺激中暂停（Pause）的能力"。的确，我们每天需要面对的事情太多了，这些事情来自家庭、身体、工作、学习等等领域，其实不管是学生、教师、家长、职员、高管、企业家、政府工作者，太忙碌而无法停顿，人的思维模式和行为模式很容易处在下载模式，用过去的模式面对当下的变化。此时，我们的心灵、大脑、情感都处在封闭的状态，而太忙碌是一个非常危险的信号。在我们暂停的时候，人的心灵才会有一道裂缝，在这道裂缝里面，原来的因果链就被打破了，我们开始沉思、聆听、反思、超越。

心理学家所讲的自由是主动的停顿。在2020年，我们都被动地停下来，除了医护人员没有停下来，幼儿园、学校、企业等各类组织都停下来了；不

仅中国停下来，世界上各个地区和国家也都因为流行性疾病被迫停顿。如果我们看整个人类的历史，全球范围的停顿，可能这是人类历史上的第一次。我们怎么利用好这个停顿？笔者坚信，每个人在流行性疾病中都思考了很多问题，流行性疾病对整个人类、对每个人来说都是一个非常好的"礼物"，这个礼物，是在反思中得到的。

2. 超乎想象的 VUCA

流行性疾病带来的 VUCA 是全维度、长时间段、全球范围的，经济、政治、国家间的关系、军事，个体的心理状况、群体的心理状况，都处在不稳定状态。这个 VUCA 就像一个复杂系统偏离了平衡态之后，不知道要振荡多少次才会恢复到新的平衡态。

这些动荡和不确定性所形成的压力，政府各个部门、企业都能感受到，其压力的末端在每一个家庭、每一个生命身上。流行性疾病像海啸，把个人身心健康的根基、家庭关系的根基显露出来。事实上，改变和掌控的起点，也是从个人和家庭开始，让世界变得更好的起点，就在每个人、每个家庭这里……

3. 断裂与重建

在巨大的流行性疾病面前，国家和国家之间、政党和政党之间、政府和公民之间、家庭内部的关系、人和人之间的关系都会面临着价值观的撕裂与断裂。

弗朗西斯·福山（Francis Fukuyama）在《大断裂：人类本性与社会秩序的重建》里，借用了阿尔文·托夫勒（Alvin Toffler）"三次浪潮"的隐喻。从狩猎到农业、农业到工业、工业到信息社会，每一次大浪潮来临的时候，整个社会资本都面临着断裂和重建。什么是社会资本呢？"人与人之间社会交往的密度和黏性……人们通过密集、广泛的社会交往培养参与精神、组织能力、责任意识、契约习惯、信任……而社会生活的良好运作，就依赖于上述社会资本的丰富……"美国正处在由工业社会向信息社会转变的过程，正面临着这么一个断裂和重建的过程。

西方社会用了几百年慢慢从农业社会进入到工业社会，再从工业社会进入到信息社会，而中国只用了三四十年的时间就从农业社会进入到信息社会。断裂和重建，在中国也同样迫切。

如图1所示，当我们跨越界点的时候，人很难直接过去，必须要有U型下潜的过程。但是在跨越的转型期，我们最容易做的是下载模式，下载我们过去的习惯、思维模式和价值观来面对现在的问题。所以U型理论告诉我们，停下来需要转向，需要把我们的感知像天线一样打开，看这个世界到底发生了什么，看看我们到底能做什么，然后与这个变化的源头链接，这个时候我们才有可能一步一步走上去。这个过程也是我们所面临的挑战。

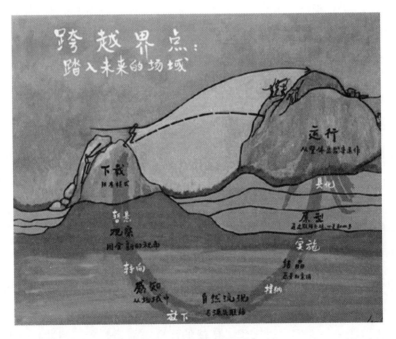

图1　引自《U型理论》

在 VUCA 年代，老子的宇宙观对我们有很多启发，老子说："道生一，一生二，二生三，三生万物。万物负阴而抱阳，冲气以为和。"这里有三个关键词语，"生""冲""和"。在老子看来，世界创生的秩序、世界和谐的智慧，是一种对立竞争而平衡的秩序，如果不释放竞争的力量，这个世界就会失去创生的力量。所以越是在 VUCA 年代，越是要"冲"；相反，大家如果都不说话、不表达自己所看到的、所思考的，从复杂系统的理论来看，其实很危险，因为很多真正的问题，在"苗头"状态，都被忽视、过滤掉了。

二、危机来临，你的优先顺序是什么

在极端的荒野环境下，首先要问的问题是什么？（见图2）这是每次进入荒野环境，贝尔都要问大家的问题。贝尔的建议是：此时此地，优先顺序是什么？

贝尔给出几条荒野环境下优先顺序的建议：保护（Protection）、营救（Rescue）、水（Water）、食物（Food）。自己所在的位置是否安全？怎样获得营救？能不能找到水？

图2　万科高管团队《不确定年代的领导力》，荒岛求生

流行性疾病来临是一个极端生存环境，我们的优先顺序是什么？笔者和几位企业家朋友认为，第一，流行性疾病期间个人的身心健康，如果流行性疾病当中我们自己的情绪不好、身体垮了，更无其他可言。第二，家庭情感的庇护，流行性疾病当中我们的配偶、孩子、老人情感上都面临很多的振荡，我们要通过爱把家庭的情感庇护做好。第三，让企业活下来，让企业生存和探索新方向。第四，推动国家文明的进程、生命和意识的进化。

三、随着技术的快速发展，人有可能丢失自己吗

1. 找人的故事

在 2 300 多年前，人们常常看到狄奥金尼斯（古希腊哲学家）白天拿着灯笼在雅典的街上走，别人都觉奇怪，白天为什么要点灯笼？他回答"找人"。狄奥金尼斯发现，"在丰富的物质享乐之后，人却不见了"。狄奥金尼斯所发现的事情，不仅是过去的事情，也是现在的事情，未来也会面临同样的挑战。这不仅是某个人的事情，事实上是每个人的故事，是每个人所面临的挑战。

英国哲学家培根非常赞赏知识和技能的发展，可是他提醒我们，知识一定要用"人性和仁慈"来加以引导，不应该为了自得其乐、争强好胜、高人一等、追逐名利、争夺权位……我们用技术应该要去改善人的生活。例如，"医疗信息的竞价排名"，技术手段用来做医疗信息的竞价排名，是否用对了地方？

赫舍尔（Heschel）在《人是谁》里就谈到，"我们知道人能制造什么，但是我们不知道人是什么，我们的文明都建立在对人类的误解当中"。很多老师、家长和笔者交流，问"孩子为什么厌学"，笔者总是说，先别谈"厌学"，我们先把"人是谁"谈清楚，再来谈厌学，再来谈教育。如果说我们把文明建

立在对人的误解之上，什么都会存在问题。

2. 在什么维度上定义自己

我们可以用学历来定义自己，用财富来定义自己，用职务来定义自己，或者用别人的评价来定义自己。在《我和你》这本书中，马丁布伯谈到了两个不同的世界，这两个不同的世界背后是两种不同的态度，两种不同的态度源于两个原生词，一个是 I-Thou，一个是 I-it。例如，你是把大自然当作一个很尊贵的生命体来看待，还是把大自然当成赚钱的工具？把大自然看作是生命体，你和大自然的关系就是 I-Thou 的关系；把大自然当成赚钱的工具，你和大自然的关系就是 I-it 的关系，这两个原生词创造了两种完全不同的世界。在流行性疾病期间，人们常常谈起"过劳""996"的现象，企业家把员工看成生命体还是看成一个工具？在马丁布伯看来，如果一个人把大自然、别人当成 it 来看的时候，那么这个人也变成一个 it 了，他的生命价值也物化了。如何定义自己、如何对待其他人，犹太人给我们很多启发：犹太人从来不用世界来定义自己，也不用别人来定义自己。"神就照着自己的形象造人、乃是照着他的形象造男造女"，他们认为我们每个人心中有上帝的形象，所以他们在超越的维度来定义自己。

第二十四届世界哲学大会的主题是"学以成人"，哲学家们也发现，科技发展到现在，"学以成人"成了一个问题。人的主体性包括自己和自己的关系、自己和别人的关系、自己和自然的关系、自己和超越的关系，当一个人这四个关系都很强壮的时候，这个人的主体性就能显现出来。我们都知道一个城市有基础设施，包括街道、电网、公路等等。其实现代文明的基础设施就是主体性的人，有主体性的人越来越多，就构成了现代文明的基础设施。如果人的主体性没有很好建造起来，就会有空洞感、焦虑感和孤独感。但是这背后的原因，是核心价值的丧失、自我感的丧失、语言的无力感，丧失深入交流，自然会变成工具，对生命缺乏敬畏。这样的时候，我们的生命就枯竭了。

严复在英国学习的时候发现，西方人的进化过程不受约束地进行，这就是西方富强的原因，而人的进化过程受阻，又正是中国贫弱的根源。民众"才未逮、力未长、德未和也"，民众并不能自治，社会群体的质量取决于组成这个群体的个人的质量，也就是我们个人的质量是现代文明的基础设施。严复100多年前所看到的这个现象，在100多年之后，我们的物质、道路、高铁、飞机、科技高速发展之后，仍然还摆在我们国人面前。我们怎样通过个体质量的复活、个体质量的上升，构筑我们现代文明的基础设施，是我们必须回答的问题。

四、每个人的追问"我是谁"

1. 我们是否体验到德鲁克的"绝望"

德鲁克说："只有通过绝望，通过苦难，通过痛苦和无尽的磨炼，才能达至信仰。信仰不是非理性的、伤感的、情绪化的、自生自发的。信仰是经历严肃的思考和学习、严格的训练、完全的清醒和节制、谦卑、将自我服从于一个更高的绝对意愿的结果。"我们可能对别人很绝望、对环境很绝望、对体制很绝望，可能我们都经历过绝望，但是德鲁克所谈是更深的绝望，是对自己的绝望，将自己"服从于一个更高的绝对意愿"，这是一个自我破碎后的纵向飞跃。一个经历了对自己绝望的人，从这个绝望里复活出来的时候，会经历不一样的生命。

如图3所示，大卫·霍金斯意识能量层级图的中间是勇气，一步一步往上，就会抵达理性、爱、喜乐、平安的心灵状态，大家知道爱、喜乐和平安是非常高的能量状态。但是勇气下面就是骄傲，骄傲下面是愤怒、欲望、恐惧等一系列心灵状态。实际上人的能量层级往上运动非常慢，一个人一生平均下来只能往上走5个点，但是在极端情况下，我们往下坠落的速度是超乎想象的。

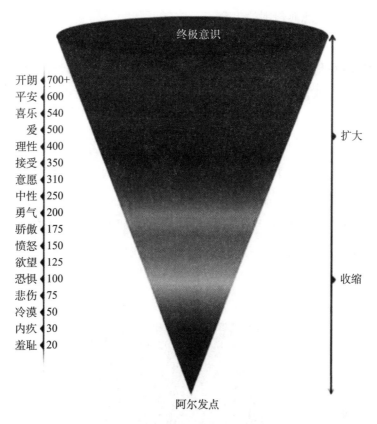

图 3　大卫·霍金斯意识能量层级图

例如，流行性病毒的 RO 值是 2.68，是指一个人能够传染 2.68 个人。心灵病毒的 RO 值是多少？一个人的愤怒、焦虑，很快会感染给周围的人。事实上心灵病毒的 RO 值远远大于 2.68。我们与自己的关系、我们与别人的关系、我们与自然的关系、我们与超越的关系，都被心灵的病毒感染了，感染的结果就是"生命的隔绝"，慢慢会感受到内在生命的枯竭、爱的缺乏。

2. 绝望后生成的希望：每个人的追问"我是谁"

很多朋友问笔者，年轻时学习天体物理，对你一生有什么影响？笔者的回答是，越认识宇宙及其起源，越是在大尺度的时间和空间去思考，越认识到"人是一个被恩典包围的生命"。

2009年，美国宇航局发射了一颗开普勒卫星，要在茫茫的宇宙中寻找像地球一样的行星。天文学家的目标是寻找围绕其他恒星运行的类地行星，期待在这样的行星系统中找到像人一样的生命。天文学家们找到了660多个类地行星，但这些星球上都没有任何生命。

1990年2月14日，旅行者一号拍摄了一张著名的地球照片（见图4），在太阳系的漆黑背景中，地球像是悬浮着的一粒微尘，这张照片被命名为"暗淡蓝点"。我们人就生活在这个小蓝点上，在这么大的宇宙中，"小蓝点"上生存着一些有生命的人，这群有生命的人还在研究宇宙，还在彼此相爱，或许还在彼此相恨，还在争斗、还在焦虑……我们的历史、故事，都发生在这样一个小蓝点上。

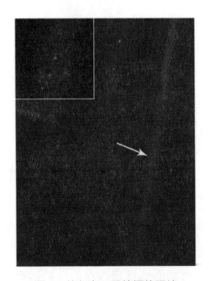

图4　旅行者一号拍摄的照片

3. 人是一个独特的生命

我们给存在物起一个统一的名字，但是不会给香山公园门口的石头起单独的名字。而每个人都有属于自己的姓名，忽略了自己的独特性，我们就会扭曲自己。人不是统计学上的"小人物"，你的人生的境遇，是不可重复、不可替代的。每个人都有自己要想、要说、要做的事情。

4. 人是一个充满奥秘的生命

2005 年，以色列有个小组用 IBM 的超级计算机"蓝色基因"做个试验。他们从猴脑里面取下一个沙粒大小的部分，里面有 3 万个神经元和接近 400 万个突触，他们经过大量长时间的计算，2015 年才模拟出这么多神经元和突触所形成的脑电波。但是我们人的大脑是 1 亿个神经元和 100 万亿个突触。我们的大脑瞬间就能完成诸多思考，这难道不是奥秘吗？

5. 人是一个能够感知神圣的生命

人是生活在短暂和永恒之间的一个 being，可以感知神圣的生命。就像康德讲的，有两件东西在笔者的内心深处会产生惊奇和敬畏，一个是头上的星空，另外一个就是心中的道德律，即感知到的神圣的生命。

笔者问过很多朋友，他们有没有被震撼过、有没有感动过的故事和经历，他们分享过很多这样的故事。在《诗经》里，"明明上天，照临下地。皇哉上帝，临下有赫；荡荡上帝，下民之辟"。人们感觉到伟大荣耀的上帝，赫赫威名降临，永恒无限的上帝，天下万民之君，我们的祖先就能感受到超越的东西。

感知并呼唤自己的神圣性，就是给生命的爱和平安加油。人类用仇恨凝聚团队是很容易的事情，因为仇恨的传播速度非常快。但是我们除了有仇恨、嫉妒、愤怒、焦虑、恐惧的心灵状态，也还有更高贵的状态，就是爱和平安。纳什在诺贝尔经济学奖的获奖感言里说，"我只有在爱的方程式当中才能找到逻辑和理性"。缺乏爱，仅仅靠逻辑和理性，容易产生最糟糕的纳什均衡。

6. 人是能够活出勇气的生命

我们人的每一步成长面临很多挑战，一个强壮的生命，都经历了很多至暗时刻。事实上，父母真爱孩子，就要给他自由的空间，早点让他们经历"适度"的至暗时刻；领导人真爱员工，渴望他们能够有力量，就早点让他们担责任，经历至暗时刻。但这需要勇气，很多人在至暗时刻来临前就退缩了。人格的大厦不是一夜之间积累成的，每个小的决定都包含着勇气，勇气从小事情一点点生成。

7. 人是一个有呼召的生命

现在世界全球性的问题是，人找不到目的，找不到人生的意义，于是无所适从。

历史学家汤因比发现，文明的成长，总是有创造性的人"退隐和复出"，他们在退隐时，发现了自己"内在的力量""上面的呼召"，缺乏这种"退隐"，这些力量就不会苏醒，这种呼召就不会被听到。流行性疾病给了我们每个人退隐的机会，我们也开始自问：我的人生憧憬是什么？我有哪些特长？我属于何处？我相信什么？我要如何把信仰导入生活中？我的价值观是什么？我的愿望和人生方向是什么？如果要达到对自己的要求及对人生的期望，我应该做什么？学什么？改变什么？

8. 人是一个不断成为的生命

一块石头是终极性的，即一经形成便长久如此；一个手机，出厂时就已经是被完成的……但是人的存在不是完成了的、最后的，人是一个正在被创造的世界，不仅是要被雕刻的大理石，也是那把雕刻刀。人正处在旅程中，意味着期待、盼望、奋斗。

9. 人是一个容易被"人性之恶"捆绑的生命

最后，人性也很容易被人之恶所捆绑。哈佛商学院的克里斯藤森教授在MBA课堂的最后一课，会问大家三个问题："我将如何确保自己在事业中得到快乐？""我将如何确保，我与家人的关系成为我持久幸福的源泉？""我如何确保,我不会进监狱?"这给这些绝顶聪明、异常肯干的年轻人一个警钟。我们有没有人格的弱点,会让我们常常迷失自己?我们可以思考这个问题,如何才能知道人性之恶,知道我们容易被人性之恶捆绑。

五、承担起自己的责任

对于年轻人来说,怎么承担起自己的责任?

马丁·布伯说:"历史很奇妙,它的每一次螺旋式的进程,我们都会经历更严重的弯曲,也会经历更基本的回归,从个人的角度叫回归,从上帝的角度叫拯救。"流行性疾病给我们以反思机会,我们的生活、工作有没有弯曲的地方?我们如何回归、归正?

维克多·弗兰克尔在纳粹的集中营里感知到:"我所拥有的任何东西都可以被剥夺,唯独人性最后的自由不能被剥夺……我在任何环境当中都可以选择我的态度和我的生活方式。"面对流行性疾病,我们选择用怎样的态度面对流行性疾病?我们选择用什么方式面临当下的状况?态度是可以选择的,生活方式是可以选择的。这种选择让我们有一个航行的人生,但如果不选择,我们的生活就是漂流,是没有主体性的。

心理学家马丁·塞利格曼观察那些活出蓬勃人生的人们,发现他们有以下特征:积极的情绪、爱的关系、全情投入,感受到意义、能达成结果。在这些人身上也发现了六个美德:智慧、勇气、仁爱、正义、节制、精神卓越。关于蓬勃人生的特征和美德,我们有没有需要改善的地方?

人类生活在希望中,的确,如果希望已经完全消失,只剩下黑暗的绝望,人就不可能继续生活下去。什么是希望?希望实际上呈现于我们做的每件事情中,不是种种宏大的希望,而是进入到日常生活中的简单甚至琐碎的希望。我们应每天自问:今天比昨天有没有微小的进步,哪怕百分之一、甚至千分之一的进步?

结语

个人、家庭、企业、各类组织、政府的秩序，都是建立在特定的根基上，如果根基建立在"沙漠"之上，根基的塌陷就可预期。如果根基建立在正确而牢固的磐石上，秩序就会坚实而持久。

所有秩序的"元秩序"，并不在远方，而就在每个人的灵魂深处、信仰深处，我们可以称作"灵魂的秩序"。一个人的灵魂失序，这个人的生活就会崩溃；一个人的灵魂失序，就会波及这个人的家庭、企业、各类组织，甚至国家。

我们每个人对国家未来最大的贡献、对我们子孙的最大的祝福，就是首先从自己开始、从现在开始，在自己的灵魂深处建立灵魂的秩序，活出丰盛而蓬勃的生命，并把这样的生命所引发的爱、平安、承诺传递给你的家庭、你所在组织，甚至社会。这里有一个悖论，如果你对自己的能力满怀信心，建立灵魂的秩序比登天还难；如果你对自己的能力绝望，反而一扇信仰的大门就会打开。

犹太拉比有一个比喻，如同老鹰飞翔需要两个翅膀，人的灵魂的升腾也需要两个翅膀：敬畏和爱。

后记

1. 延展思考

思考一：勇气是可以培养的吗？勇气从何而来？

一个小朋友上幼儿园，进入到一个陌生的环境，他需要的勇气，和一个战士上战场面对死亡的勇气是同样级别的。坎贝尔写《英雄之旅》，他在研究各个民族的英雄故事的时候，发现每一个英雄从舒适区进入到非舒适区的时候有一个相同的反应，就是拒绝。但所有这些勇士都迈出了第一步，跳出去那一步可能会经历至暗时刻。我们要从小事开始，就要跨越那个低谷，每一次穿越都会增加勇气与智慧。所以说勇气是不是可以培养的，笔者非常确信地告诉大家，勇气真的可以培养。但是我们要从最微小的勇气开始，从眼前所需要的勇气开始做起。

思考二：如何看待国内的德育教育？

关于德育教育，首先是要保护好语言，因为我们的语言有时候会被污染。事实上，我们在做德育教育的时候，切忌过度使用语言，我们的孩子都还没有那么多的经历，而语言是从生活的经历抽象出来的。德育教育需要从生活的点点滴滴、很细小的事情说起来。笔者曾带好多家庭去爬好汉坡，这些孩子5岁到12岁不等。5岁的孩子爬上去，我们所有的大人排成两排，让孩子们像英雄一样走过来，跟我们击掌。这时候孩子会意识到自己克服了困难，而且他们的勇气被大人看到了。所以有时语言表达很苍白，我们可以用行动让孩子们感受到成功。所谓德育教育，是我们用鲜活的生命去触摸孩子。

思考三：如何在国内德育教育中实现领导力的训练？在中国义务教育过程中是否有可能实现人性教育？

很多家长对教育体制有抱怨，但教委、教育体制的改变很迟缓。真正的人性教育、真正的改变是从家庭开始的，所以人性教育不要指望别人，最好的人性教育是从家长开始。笔者和很多孩子在一起的时候，发现通过每一个孩子的状态，都能够感受到这个孩子跟他父母的关系如何、父母本身关系如何，一个孩子的状态背后都是他的这些关系。我们的人性教育最容易起步的地方并不是去改变学校、改变老师，而是我们能否把这种人性的爱、人性的温暖，在自己的家庭里面先开始贯穿。一个人的个性会影响后面的三四代人，我们中国目前人性的教育不够，是因为三四代祖先就埋下了这个根。如果我们想改变现状，就要从最微小的细胞入手，从家庭入手。此后，我们也可以去推动，让我们的学校、让我们的校长更了解生命是什么。但我们的校长和老师在成长过程中也没有感受到什么是人性的教育，也没有感受到什么是爱的教育，所以这里面需要好几代人前赴后继去加强人性的教育。

思考四：如何理解科学与哲学在顶峰"握手"？

关于科学和哲学。在流行性疾病期间，笔者的确是沿着两条路走，一条路是去看古希腊科学思想史，因为笔者想知道中国古代的天文学和希腊的天文学有什么不一样，笔者发现了非常大的不同。从古希腊的天文学就能感受到他们的科学精神。故事本身包含科学精神，比结论更重要。科学走到了顶点，再往上走，实际上是对哲学的思考。再往上就是信仰，因为在理性没有办法超越的地方，在理性的边界上信仰可以进去，在理性的边界上还有爱。笔者记得，杜维明先生讲过，其实我们中国人非常聪明、非常勤劳，但是我们中国人有两个东西是需要好好努力的：第一，我们缺乏超越感；第二，我们这个文化和社会生活中缺乏爱。这正是我们需要加把劲的地方。

2. 杨壮教授点评

郑志文老师的文章深深触动了我的心灵。他的分享涉及方方面面的知识——科学、天文物理、地理、哲学、人类学、政治学和心理学，核心观点：面对复杂动荡的全球环境（VUCA）和百年不遇的流行性疾病，我们如何解答"人是谁"这个基本命题，我们怎样找回人的终极价值观，我们如何优先人生排序？

2020年的流行性疾病以及随之而来的VUCA环境，让我们有机会待在家中，静下心来，认真读书并思考流行性疾病和VUCA环境给世界和中国及组织、个人带来的机遇和挑战；审视评估我们内在的价值观和人生观，扪心自问，我们的工作给社会、家庭、个人带来什么价值？我们是否要重新定位人生目标和选择排序？

郑志文老师的分享让我们静下心来，在精神、认知、体能诸方面进行人生的深度反思，重新评估在新环境下我们的思维能力、认知能力、价值观和领导力的正确性，用自己的行动做出调整，最终提高我们的综合素质和领导力。

作为曾经的一名天体物理学家，郑老师一直在探索人生终极，通过对内心的不断反省，对社会的坦诚解剖，对人生观的深度思考，面对流行性疾病，他认为人生的优先排序应该是：第一，保持身心健康，不能在流行性疾病面前倒下；第二，把爱带回家庭，庇护好家庭的完整和情感；第三，面对重重困难，让企业生存下来，探索新的方向，找到新的机会；第四，尽力推动国家文明建设和思维意识进化。

我喜欢郑老师文章中分享的"停顿"观点。现代人每天面对的事情太多了，各种压力、责任、机会、诱惑、刺激，来自四面八方，假如我们没有"停顿"，没有静心，没有思考，我们的思维就会是混乱的，我们的方向就会是混沌的，我们心底就会是纠结的。2000多年来，科学技术、社会发展、物质财富发生了天翻地覆的变化，但是人性基本没变，无论是人的善意爱心，还是人的无限欲望。《道德经》第十二章中老子的精彩描述迄今没有过时："五音令人耳聋；五味令人口爽；驰骋田猎，令人心发狂；难得之货，令人行妨。"如果今天的政治家、企业家、经理人没有时间停顿下来沉淀、内省、复盘、反思，我们将无力认识到生命的意义和价值，无法掌控我们有限的时间，无法实现自我管理，所有时间都聚焦追求财富、追求权力、短期行为、奢侈消费，最终我们失去的将是人生最宝贵的自由。

德鲁克生前对自由的定义十分深刻（The Nature of Freedom, p.49, from The Daily Drucker, by Peter Drucker, Harper Business, 2004）：

"自由不等同于个人幸福；自由和安全，和平、进步也不是一个概念。自由是一个负有责任的选择。自由不是一种权利或责任。真正的自由不是从某些约束中解脱出的行为，那是许可证。自由是允许个人可以选择或者不选择做某些事情；选择行动或采取其他措施；坚信一种理念或者持有相反的观点。自由沉重的负担压在人的身上，人决定个人和社会行为，并且对他的两种选择承担责任。"

自由就是选择的权利。价值观就是选择的排序。如果在繁忙的工作中、生活中我们丧失了选择的权利,面对眼花缭乱的权力诱惑和财富机会,做不出正确选择,我们失去的是人身自由;在多元复杂思想、机会、目标驱动下,我们无力做出合理的价值排序,价值观就出了问题。君子爱财,取之有道。如果为了短期利润,我们不惜在食品中掺假、作假、造假,这种选择的排序对社会的危害是巨大的。

  日本京瓷创始人稻盛和夫一生中追求的理念就是"敬天爱人,利他经营"。他认为"做人何为正确"是企业家不论何时何地都要首先思考的问题。做好决策的选择,做好价值观的排序。稻盛和夫的人生成功方程式就是:思维模式 × 热情 × 能力。他认为能力是先天的,热情由意志力决定,而思维模式从正到负。持有正向思维模式是人生成功的关键因素。正向思维模式反映出人性光辉的一面:善良、爱心、诚信、真挚、同理心。思维模式为负数的人,则表现为愤世嫉俗,心胸狭窄,对生活充满负面情绪,对人缺乏同理心和爱心。负面思维严重的人,能力越强,热情越高,给组织带来的破坏力越大。

  最后用《大学》中的一段话结束本文:"知止而后有定,定而后能静,静而后能安,安而后能虑,虑而后能得。"笔者的解读是:明晰人生目标使人志向坚定;志向坚定使人镇静不躁;镇静不躁使人内在和谐;内在和谐使人思虑周密;思虑周密使人有所收获。

文化差异与契约精神

王欣[①]

摘要　近年来，越来越多的中国企业和个人走出国门，融入世界，因此难免会遇到文化差异和跨文化沟通的挑战。本文作者以文化差异和契约精神为主题，在作者多年的跨文化沟通与管理经验基础上挖掘产生文化差异的原因，解读契约精神的内涵，延伸探讨体系与文化的核心。作者也分别从理想的企业管理体系与文化、海外华人在跨文化沟通与合作中的作用，以及 VUCA 时代中国企业如何走出国门这三个方面进行了延伸思考。作者在本文中列举了丰富且真实的跨文化沟通案例，并且在三个方面对从事跨国业务的国人提出了建议：（1）坚持全球格局、本地操作；（2）契约为纲，入乡随俗；（3）提升专业素质和职业素养，适应国际体系，学会用规则办事。总之，立足中国，放

[①] 王欣，北京大学国家发展研究院校友，ENSOPHX GROUP（中国和马来西亚跨国联合创业的工程服务集团）联合创始人、COO 兼中国及韩国区域总裁，岱塔水利工程（天津）有限公司联合创始人，BRG Engineering & Technologies Co., Ltd. 联合创始人，联合国国际小水电中心兼职讲师。大学毕业后在中国机械工业集团直属科研院所工作七年，专门从事海外中小水电站机电设备工程成套设计和项目管理工作。之后分别在丹麦和法国的世界知名企业工作十余年，从事销售及商务管理工作。2016 年年底至今，离职创业，拥有多年且连续的跨国创业经历。二十年来，足迹遍及欧亚非二十多个国家，拥有丰富的跨文化管理经验。

眼世界，做好中国与世界沟通的桥梁，提升中国的国际形象，这是我们每一个从事海外业务的中国人的责任。

导读

如今，越来越多的中国公司和个人在海外发展，难免遇到文化差异和冲突，当遇到这些文化差异和冲突时，我们就需要在求同存异互信的基础上进行沟通。除了沟通，我们还需要了解和遵守契约精神。

近年来，有很多海外的印度人取得了成功，如谷歌CEO桑达尔·皮查伊、微软公司CEO塞特亚·纳德、百事可乐公司CEO英德拉·努伊以及在印度出生并长大的哈佛商学院院长尼汀诺利亚等。很多人认为印度人在海外取得成功的主要原因是英语好、扎根抱团、爱提问等等。

笔者发现，印度人之所以在海外能成功，其实他们的历史和文化因素也在起作用。首先，印度在历史上处于分裂状态的时间长于统一状态的时间，自古以来就有很多次外来种族和文明对其进行统治和征服，如亚历山大时期的马其顿人，后来的伊朗人、葡萄牙人、法国人和最后的英国人。印度在200年前被英国全面殖民，所以他们在200年前就已经开始逐步地适应英语的文化。其次，印度虽然废除了种姓制度，但是至今影响依然巨大。印度种姓制度里面的婆罗门、刹帝利等所谓上层种姓认为自己是雅利安人的后裔，跟欧洲人同根同源。所以他们的精英阶层在过去的200年时间里，已经开始在印度和以英国为主的英语国家之间流动。例如，印度大文豪泰戈尔的爷爷就借助东印度公司这一平台做国际贸易起家，泰戈尔本人早年也曾留学英国。最后，印度目前是英联邦国家成员，所以在全世界存在英语朋友圈，即文化圈。纵观国际社会，不仅存在以英联邦为基础的英语文化圈，其他像法语文化圈、西语文化圈、俄语文化圈、葡语文化圈、阿拉伯世界等都是切实存在的,其内在成员之间有着千丝万缕的联系和互动。

一、文化差异

产生文化差异的主要原因有语言、历史、宗教、风俗习惯和不可忽视的文化圈。

1. 语言因素

语言是导致文化差异的首要因素。首先,我们可以根据语言把世界划分为三类,即华语世界、英语世界和非英语世界。三种语言环境,三种感觉。在这三种语言环境里,当然是说母语时感觉最舒服,表达也最准确。如果能够说一口流利的英语,就具备了行走天下的标配语言能力,如果又能说小语种,就增加了一种特殊的技能。

即使在英语国家也会有语言上的差别,如有"苏格兰威士忌味"英语,有"印巴咖喱味"英语,还有"马来西亚槟榔味"英语等。如果到非英语国家,读者也许会瞬间体会到语言上的无力。例如,笔者曾经出差去西班牙毕尔巴鄂,街上的西班牙人基本上不说英语,问路的时候,只能加上肢体语言,"只可意会,不可言传"。南美的巴西是一个葡萄牙语国家,说英语的巴西人占的比重非常小。笔者有一些巴西朋友和同事,当我们跟巴西人开国际电话会议的时候,在巴西本土的巴西人只说葡萄牙语,然后再通过会说英语的巴西人进行翻译。笔者当时以为大部分巴西人"应该"会说英语,后来才了解到巴西人基本不说英语。巴西机场的指示牌也基本上是葡萄牙语,据说在里约奥运会之后已经有所改观。那么面对像巴西这样的国家,如果只会英语,在刚刚进入该国的时候还可以和会英语的巴西人交流,一旦工作进入实操阶段的时候,就必须了解和掌握当地的语言文化,否则寸步难行。

我们也遇到过一些在中国说汉语的外国人的例子，如某法国世界 500 强企业的一位中国区副总裁，他每到一个国家都会学习当地的语言，那么到中国自然学习汉语。在工作中遇到能说英语的同事，他必然说英语，遇到说汉语的同事，他只说汉语，所以他的管理效率和工作效率获得了大大的提升。丹麦某公司旗下也有一位总经理，他在中国生活了 17 年，也跟所有的中国同事只说中文，这种跨文化沟通为他在中国区的工作提供了很大的便利。通过上述几个案例，我们可以总结，英语是全球化的破冰语言，用英语进行沟通可以环游世界，但是一旦深入非英语国家经营企业或者工作，掌握当地的语言和熟悉当地的文化就愈发重要。

2. 历史因素

世界有四大文明古国，中国、古印度、古埃及和古巴比伦，其实四大文明古国之外还有其他的有古老文明的国家，如欧洲的古希腊、古罗马，非洲的埃塞俄比亚，北美的墨西哥，中东的阿拉伯和伊朗。此外，以色列建国时间虽短，犹太文化却绵延几千年。我们可以看到有很多文明之间都在或多或少地相互融合，但是仍然在不同程度上保持自己的传统。2017 年 9 月份，笔者接待过两拨伊朗客人，他们都强调自己不是阿拉伯人，而是波斯人，在他们国家古波斯文化依然在起作用。除了上述我们提到的这些文明古国，欧洲的英国、法国、意大利、西班牙这些国家都拥有悠久历史。在这些拥有悠久历史的国家，他们都在不同程度上向世人展示了相对稳定的文化特征。而美、加、澳、新西兰、马来西亚等新兴移民国家，它们的文化则是另外一个特点。所以当我们走世界的时候，我们首先要了解它们的历史，通过历史可以看到其对文化的影响。只要用心观察，一定能看到这些烙印。

3. 宗教因素

说到产生文化冲突的原因，就不得不提宗教因素。我们可以把世界上的国家按照政教合一和政教分离来分类。阿拉伯国家是政教合一的国家，所以在阿拉伯国家游览时，会看到一个非常不同的文化，他们的服饰、饮食、建筑风格都是非常有特点的，这些都直接影响了其风俗习惯。

2007年夏天，笔者刚到伊斯兰堡，就看到大街上的汽车涂着伊斯兰特点鲜明的图案，人们的装束也跟中国相异，当地的饮食习惯和菜肴特点也在国内没有见过。总之，切身感受到了Culture Shock（文化冲击）。这种文化震撼本能地促使笔者寻找和发现更多的不同点。除了语言、文化和生活习惯，巴基斯坦人对待生与死的看法也与我们大相径庭。

4. 文化圈

前文提及文化圈。世界上存在着历史文化渊源甚深的文化圈，如英语文化圈、拉丁文化圈、俄语文化圈、阿拉伯文化圈以及以中华文化为基础的儒家文化圈。每一个文化圈又构成相应的经济圈，绝不可忽视。还有一些在文化方面非常独立的国家，如埃塞俄比亚，是非洲唯一没有被完全殖民过的国家，他们至今保持着自己的独有文化。中东的以色列，到目前为止还保持着自己的犹太文化。在相同的文化圈里旅行，我们感觉很舒服，如在儒家文化圈的新加坡，甚至到了韩国和一些东南亚国家如马来西亚，我们依然能够感受到儒家文化的影响力。在马来西亚首都吉隆坡，很多地方都可以看到汉语，也可以用汉语交流。因为在吉隆坡有将近三分之一的人口是华人。笔者的同事、ENSOPHX GROUP的联合创始人、全球CEO冯先生就是一位马来籍华人，虽然我们的工作语言是英语，但是平时沟通用汉语，因为说汉语更舒服。

笔者曾经工作过的某丹麦知名企业中，对于全球市场的划分基本上是以文化圈为基础的。丹麦总部除了统领全球业务之外还负责北欧、西欧（不含英国）、中欧区域市场，英国公司负责英联邦国家的市场，西班牙公司负责拉丁文化圈的市场（包括南欧、拉美、撒哈拉以北非洲等区域），俄罗斯公司负责东欧与中亚市场，美国公司负责北美市场，海湾公司负责中东市场，南非公司负责撒哈拉以南非洲市场，澳大利亚公司负责大洋洲市场，马来西亚公司负责东南亚及南亚市场，中国公司的业务范围可以涵盖整个大中华区。这种基于文化圈的全球市场划分，使得该公司在30年的时间里在全球70多个国家设立了分支机构，产品供货涉及80多个国家。由于工作岗位的原因，笔者在该公司工作时曾经与来自各大洲的同事共过事，发现来自不同文化圈的同事们在语言和文化方面差异较大，来自不同国家但是文化背景同根同源的同事之间的关系更紧密、沟通更密切，这就是文化圈无形的天然力量。

二、契约精神

契约精神在跨文化沟通、跨文化合作中起到非常重要的作用。"一张一弛，文武之道"，文化是柔性的，契约是刚性的，只有刚柔相济才能在跨文化沟通与合作中取得成效。

从另一个角度看，正是因为国际合作存在文化差异，所以就得需要契约来保障，否则，失去契约保障的合作会因为文化的差异而造成很多不确定性。所以说，一切没有契约基础的跨国合作，都不是真正的合作。在此举一个案例，某国际贸易商经营阀门出口贸易，他在某国有客户，且已经合作多年。最开始跟对方建立合作，都是严格按照合同执行，收到全款之后再发货。但是有一次，客户说资金周转困难，请求尾款延迟支付，他答应发货，尾款至今没有追回。

契约精神还体现在它是工作的标准。既然我们要跟合作方签契约，我们就需要熟悉国际法律法规、国际规则、当地的法律法规、行业标准，这是一条非常重要的红线。我们在海外做EPC工程项目时，通常要参照菲迪克条款来执行，因此熟悉菲迪克条款成了必备的专业能力。当我们做机电设备成套项目，尤其是电气设备项目时，很多时候要按照IEC标准执行，有的项目甚至要求设备通过KEMA认证。此外，还要考虑ISO相关标准。在一些国家，进入该国市场需要通过相关准入认证，如在欧盟要通过CE认证，在韩国要通过KS认证,要想进入中东市场需要通过ARAMCO、KOC、MEW、ADNOC等机构的认证。所有这些法律法规、行业标准和国别认证等都是我们在海外执行合同时候的准则,是我们的工作标准。例如,某法国企业在欧洲某国电站项目签约时,合同里面有很多的国际验收标准。以该公司的技术、生产和加工能力,能够提供世界一流设备并且满足全球各种标准要求,但业主在这个合同中加入了一条非常高的验收标准,比其他国际标准要求都高,而该公司在报价和签合同时未注意到该标准。在验收时,业主按照这个最高的标准来验收,设备的性能当然达不到要求,结果遭到巨额罚款。还有一家公司在印尼有一个项目进入了谈判阶段,该项目要求按照JIS标准(日本标准)提供设备,而设备供应商源自中国,设备成套工程公司在谈判过程中提供了等效于JIS标准的中国国家标准清单,并且罗列了中、日、欧三个标准中的等效材料牌号,同时由工程公司在马来西亚当地的合作伙伴主导谈判过程,最终印尼项目业主工程师批准了工程公司提交的全部文件。这是充分发挥跨文化沟通与契约精神的成功案例。

契约精神的核心内涵还有第三点,就是契约使风险可测。凡是契约,一定有边界,尤其是风险边界。正所谓敞口的合同不能签,因为开口意味着不确定、不可控。优秀的工程总包公司在项目投标之前都要进行风险评审,要对技术和商务条款逐条审核,否则一旦出现上面欧洲电站超高验收标准案例的情况,风险就变成现实,也就变成了损失。所以,吃透合同条款、合理利用规则并遵守契约是对签约双方的保护。反过来,吃透契约也可以发现机遇,这就要看我们如何合理运用合同条款。

三、体系与文化

文化差异与契约精神可以延伸到文化与体系,二者的有机结合能够在相当程度上促进跨国合作的成功。文化的核心在于价值观,体系的核心在于管理。

在过去的二十年时间里,全球化的深入不但促进了文化融合,也推动了管理体系向全球纵深发展,ISO 9001(质量管理体系)、ISO 14001(环境管理体系)和 OHSAS 18001(职业健康安全管理体系)这三个国际体系认证已经成为企业行走世界的标配通行证。在笔者工作过的几个跨国公司里,都存在"文化有差异,体系是一家"的现象。各国的同事们虽然身处不同的文化圈,但是遵循同样的工作标准和流程。"车同轨,书同文,和而不同是一家"已经成为优秀跨国公司的基本形态。

一个产品的设计需要设计师,一台设备的设计需要工程师,一个控制系统的设计需要一群工程师,一个工程项目的设计需要一个甚至多个设计院。而一个每年运营多个项目或者生产销售大量产品的公司,则需要能够设计管理体系的首席运营官,以及能够把管理体系和文化相融合的首席执行官,二者缺一不可。

结语

无论公司还是个人,在从事国际业务的时候,有几个方面值得注意:第一,坚持全球格局、本地操作,这已经是公认的全球化经营的模式。全球格局并不局限在欧美,这个世界并不是只有欧美发达国家,世界之大,绚丽多姿,全世界有200多个国家,而且大多数是发展中国家,正是因为这些国家处于发展中阶段,所以才会有成长和变化,成长和变化孕育机遇,所以机遇在发展中国家。第二,契约为纲,入乡随俗。所有的国际合作最终都会落到纸面上,所以契约就是纲,要研究它、吃透它、遵守它。在契约的基础上,跨文化沟通能力的价值就能体现出来,在掌握外语的前提下入乡随俗是跨文化沟通的基础。第三,提升专业素质和职业素养,适应国际体系,学会用规则办事。

我们需要时刻记住,自己代表着中国走向世界。笔者有一个旅居南非的英国同事，笔者曾问他如何看待在海外的中国人，他说，在海外的中国人跟在海外的其他国家的人都一样，要坚持你本来的特点，既然是中国人，一定要保留中国人的优良的传统，同时要入乡随俗，跟当地人进行良好且有效的沟通，要为你所工作和经商的地方创造价值。无论是从国内走向世界的中国人，还是侨居海外的华人，在其他种族来看，都是中国人。所以我们每个人只要一跨出国门，就代表自己的国家和族群。立足中国，放眼世界，做好中国与世界沟通的桥梁，提升中国的国际形象，这是我们每一个从事海外业务中国人的责任。

后记

1. 延展思考

思考一：理想的企业管理体系与文化是怎样的？

以笔者在央企、外企多年工作经历和近些年的跨国创业经历看，管理体系需要与世界接轨，尤其是需要向发达国家学习。改革开放四十多年来，国内的企业取得了长足的进步，但是真正有国际竞争力的中国企业无一不借鉴了发达国家企业的管理体系。例如，在资质门槛极高的阿联酋 ADNOC 合格供应商名录里已经出现了中国设备供应商的身影，它们都是符合国际标准的中国企业。

企业文化方面，笔者认为，中国传统文化中的"自强不息，厚德载物""兼收并蓄，和而不同"等注重和谐与统一的精髓非常适用于企业的文化建设。

思考二：海外华人在跨文化沟通与合作中的作用是什么？

海外华人在跨文化沟通中起到了非常重要的桥梁作用。从文化方面讲，海外华人既保留了中华传统文化，又融入了海外当地文化，具备先天的跨文化优势。从契约精神方面讲，在国际机构担任中高层职位的海外华人熟悉国际工作标准与操作规范，是不可多得的中西合璧人才，我们从跨国公司重用海外华人做中国区高管就可见一斑。与此同时，海外华人群体也是中国企业走出国门的重要桥梁和纽带。随着中国综合国力的不断增强，中国的企业更需要与海外华人通力合作拓展国际市场。

思考三：VUCA 时代中国企业如何走出国门？

流行性疾病改变了世界格局，也必将影响中国企业在海外的布局。首先，凡事都有两面性，流行性疾病虽然迫使企业面临生存挑战，但是也能够促进企业进行内部重组以提升竞争力。核心竞争力这个词汇对于中国企业将会越来越重要。竞争力是比出来的能力，核心竞争力是比较之后能排在行业前几位的能力，哪怕在一个很小的细分领域，也叫核心竞争力。因此，中国企业首先需要持续挖掘自己的核心竞争力。其次，由于世界格局将会发生改变，区域国际市场战略优先于全球市场战略。例如，2020 年 11 月 15 日签订的《区域全面经济伙伴关系协定》（RCEP）中的区域国际市场就需要特别关注。总之，中国企业走出国门之前一定要对目标市场进行全面且深度的评估。再次，在管理体系上需要继续与世界深度接轨。管理体系既是与世界接轨的桥梁，又是反映企业实力的镜子。管理体系认证不等同于管理本身。中国企业需要能与国际接轨的优秀 COO。最后，笔者相信，浴火重生之后的中国企业在流行性疾病之后的国际市场舞台上将大放异彩。

2. 杨壮教授点评

王欣十分精炼地总结了跨文化经营管理中两个重要的成功因素：

第一，把控文化差异。王欣认为文化差异由四个重要因素组成：语言、历史、宗教、文化圈（儒家文化、伊斯兰文化、新教文化）。成功的跨国经理人能够熟练使用当地语言作为沟通谈判的工具，深入了解当地独特的历史文化特质，熟悉当地宗教教规及风俗习惯，明晰不同文化圈里的潜规则和沟通方式。

第二,坚持契约精神。王欣认为,契约作为一种制度,在充满不确定性的跨文化情境中使风险可测和可防范,极大程度划定了风险边界。因此契约精神是市场经济的实质,只有遵守契约与规则,才能创造公平竞争的国际秩序。

文化差异是隐性知识,需要认真揣摩,虚心学习,仔细观察,切身体会;契约是硬性约束,显性规则,必须通过谈判,定出各种条款,按规则行事。

我欣赏他的"文化是柔性的,契约是刚性的,只有刚柔相济才能在跨文化沟通与合作中取得成效"的观点,以契约为纲,入乡随俗,提升企业领导者的专业和职业素养,才能适应国际体系,成功运作。在VUCA环境下,国际合作的隐性文化差异必须由硬性和显性的契约来约束,以降低不确定性带来的风险,因为"失去契约保障的合作会因为文化的差异而造成很多不确定性"。在异地他乡,把控好文化差异,制定好法律契约,一软一硬,是跨国经营成功的核心因素。

契约精神蕴含着"交换正义"的概念。交换正义是人们进行交易的行为准则,也是跨文化合作的基石。依据契约,以自愿交易作为起点,在不得损人利己的过程中达成彼此双方的利益成交。在这个过程中,要求合作双方都要信守允诺。一旦有一方违背承诺,就会有契约作为法律手段来仲裁。

所以,契约精神是一种体现平等和公平的精神,在商业交易中除了是一种法律约束外,更体现着和谐和包容的理念。契约达成是双方两相情愿的产物,在执行过程中需要彼此双方的积极配合,通过契约达成双赢结果。履行契约过程需要展现合作双方的和谐共事观念、彼此宽容的态度。契约双方之间彼此尊重,甚至某些情况下需要忍让和妥协,以达到彼此利益的最大化,而非个人利益最大化。

契约精神也与企业的执行力有密切关联。契约精神是一种制度,它需要执行力来落地。执行力是完成预定目标的能力,它是企业将目标转化为成果的决定性因素。依照契约来高效完成企业生产实践和各种交易,是强大执行力的体现。没有执行力就没有契约，相反没有契约，执行力就失去了发力点。

中国企业在跨文化情境中，不仅要熟悉把控文化差异，更要提倡契约精神，逐步学习和陌生人在契约的基础上建立信任关系。中国历史是典型的农耕文化，重视血缘、地缘、面子、熟人关系。而契约精神来源于古希腊的海洋文化，在西方已经有百年历史。成功商人必须依赖契约建立起合作伙伴之间的信任关系。

王欣在研究机构和多个跨国公司工作多年，积累了丰富的跨文化管理经验。五年前下海创业，从事跨国工程项目，穿梭于不同国家，和不同文化圈子里具有千奇百怪性格的商人交流、沟通、谈判，白天黑夜，工作十分辛苦，积累了丰富的跨文化经营经验。他的分享对正在走出国门的中国企业具有宝贵的价值。

未来进中求：
连锁酒店行业的生存法则

朱晖[①]

摘要　2020年流行性疾病的爆发，给酒店住宿行业带来了巨大冲击。住友酒店集团作为一家在全国有1 000多家门店的连锁酒店集团，同样遭遇了业务停摆，营收、利润大幅双降的严重困难。集团CEO朱晖采取主动应对的积极姿态，提前预判、快速反应，在最大化控制支出成本的同时，创新性推动业务边界的拓展，取得一定成效。进入VUCA时代，商业、市场和顾客都在发生变化，住友酒店集团再次自我挑战和刷新，启动新战略，重新定义用户及企业面向用户的核心能力。在此过程中，企业领导人体现出了鲜明的敢想敢为风格和面向用户、连接员工、回报社会的"共融共生"思维。

---

① 朱晖，北京大学国家发展研究院EMBA，现任住友酒店集团董事长、CEO。1998年创办连锁便利店，2003年涉足酒店业，2007年创办布丁连锁酒店。至今，在中国、美国、日本的150多个城市投资管理超过1 000家酒店和公寓。品牌包括布丁酒店、智尚酒店、漫果公寓和春秋布舍度假酒店等。

导读

拥有 1 000 余家门店的住友酒店集团身处受流行性疾病冲击最为严重的几大行业（旅游、餐饮、住宿、院线等）之一：门店多、资产重，以提供纯线下住宿服务为主，受旅游出行人口流动性波动的影响直接而明显，因此，在流行性疾病初期面临着业务完全停摆、日营收不足万元的严重生存威胁。在此情况下，如何团结和稳定队伍，如何开源节流在不可为中创造可为、在不确定性中寻找确定性，对企业领导人的眼光、定力和领导力提出了非常高的挑战。更难能可贵的是，在走出寒冬期存活下来的同时，住友酒店集团敏锐洞察了酒店行业发展质的变化并以积极主动的姿态拥抱变化，在新战略的引领下，在产品服务升级转型、精细运营、资产增效等方面明确了新的方向与目标，曾经所谓的"传统企业"在变革中采取了对互联网开放与主动的融合姿态，这也将是未来行业观察的新亮点和可期待之处。

一、2020 年爆发的流行性疾病对酒店行业的影响

流行性疾病对酒店住宿行业的"海啸式"冲击，重点体现在对"流动性"的扼杀及对"消费欲望"的扼制两个方面，且这个冲击到目前为止仍波段性存在。

住友酒店集团从 2007 年起步，截至 2019 年年底，门店数已经超过 1 000 家。从定位于给年轻人的经济型酒店（布丁）开始，逐步扩容覆盖中高端酒店（智尚）、公寓型酒店（漫果）、度假型酒店（春秋布舍）等多种住宿形态十余个子品牌，门店分布于全国 150 个城市，并涉猎了餐饮、海外贸易等基于酒店核心的延展业务。2019 年年底，GMV 接近 20 个亿元，合并收入达到 5.3 亿元。

从规模而言，住友酒店集团是一家不折不扣的中小型企业。因此，在突

发的流行性疾病冲击下，住友这一类中小型、分布广、服务型的企业遭遇特有的危机困境，也在跌跌撞撞中打磨出了自己的应对方法。

流行性疾病给企业的致命伤有哪些？

首先，收入几近没有，现金流亮出红灯。酒店住宿行业是大旅游出行行业的重要组成部分，旅游出行行业是一个万亿级的大市场，且在2020年之前的三年对GDP的贡献占比、增长速度都高于平均水平。但2020年流行性疾病爆发，这一行业高度依赖"流动性"的局限显现出来。多省市处于一级防控状态，人口瞬间被固化在本地，人们出于对未知的恐惧，也主动削减乃至取消了出行计划。流行性疾病初期，我们全国91%的门店闭店，直营门店的闭店率更是达到95%，营业酒店数从800多家一下跌至几十家，即便是坚持营业的酒店也只是苦苦支撑，全公司日营收额从500余万元降到不足1万元。

更危急的是，过去人们都觉得酒店业与餐饮业是回款率好、现金流管理容易的行业，因为用户都是现结现付。但也正因如此，公司的日常运营亦非常依赖于资金的良好流动性，并不会特别储备巨额款项做资金周转。流行性疾病一来，日收1万元，一座现金流警报的冰山很快就竖在我们面前。

其次，人员闲置，刚性支出雪上加霜。酒店行业是重资产行业，人力成本、租金成本占相当大的比重。2019年底，我们在全国共有3 880名员工（不含加盟店人员），流行性疾病高峰期有3 795人待业，占比98%。但是员工的工资要准时开支，每月数百万的直营店租金成本也要支付。虽然政府不断出台减免社保费用、减免税费、提供各类稳岗补贴等利好政策，但对业务已经基本处于停滞状态的企业而言，仍然面对巨大的困难。

更让人迷茫的是，过去我们一直致力于提供"住宿"这一单一维度的线下服务，我们的组织架构、人员能力模型、日常运营模式都是围绕这个服务来搭建。流行性疾病来了，客人没有了，酒店房间空了，酒店业失去了服务对象，开源节流的道理大家都懂，可是去哪里开源来盘活这些"闲"下来的人力资源，养活这一大家子人？成为笔者必须要面对的问题。

二、面对突如其来的流行性疾病，主动应对是王道

现实情况是，大环境给笔者缓冲和考虑的时间并不多，不进则退。

笔者于 2003 年进入酒店行业，刚入行就遭遇 SARS。那时事业规模尚小，但也对流行性疾病下生意"断流"的灾难和束手无策的无力状态有着切肤记忆，并深刻体察到"等不是办法"的道理，所以住友酒店集团的抵抗流行病之战从 2020 年 1 月 19 日就打响了，比钟南山院士宣布流行性疾病存在人传人早 1 天。

1. 1 月 19 日，专题会议全员部署

因是连锁型企业，对链条性多米诺骨牌效应比较敏感，1 月 19 日，全国进入迎接春节假期高峰期，我们召开紧急会议提前部署、防患未然。

会议下达两项指令：一是要求全国门店储备口罩，接待客人必须戴口罩，所有房间专项消毒；二是建立特情报备制度，每日各团队必须上报出现的咳嗽、流涕、发烧等可疑症状，排除接触风险。这两项要求，回过头来看，都产生了正向效果。

例如，会议要求前台放置口罩，免费让客人拿取，想要把重视的态度传递给客人，但最初不少员工都不理解。1 月 19 日口罩的购买并不困难，1 月 20 日"人传人"属性一经确认，口罩等物资就出现了哄抢现象。因为口罩等防疫物资准备早了半步，流行性疾病期间我们的口罩没有断供。

特情报备制度也有效帮助降低了感染风险。通过每日申报特殊情况，公司定向开展摸排，发现确实有很多来自武汉的客人近期曾经入住我们旗下品牌酒店，其中有一位正是后来在北京市第一个去世的病人。排查出此情况，我们第一时间跟当地卫生部门进行了汇报，并且在隔离政策尚未普及的情况下主动做出关店决定，店内所有员工就地隔离观察，幸运的是员工和客人最终都安然无恙。

作为连锁服务型企业，在 2020 年的流行性疾病肆虐期间，因有效的物资准备和防疫 SOP 要求，住友酒店集团无一人感染。

2. 1月20日，大范围关店，及时止损

1月20日，公司通知全集团范围内的门店"应关尽关"。

全面关店的第一个出发点是为确保员工安全，将感染风险降到最低；其次则是基于笔者对本次流行性疾病非短时性、非有限影响面的预判，闭店以降低开支。

笔者预判公司马上将进入最困难的时期，全集团复工时间最少按 100 天来预测。这个判断在干部线上会议一抛出就引起哗然——大家还在春节休假的心态中，都以为春节假后形势就应该好转，或者和 2003 年的 SARS 一样，7 月份结束立即会出现旅游业的报复性反弹。笔者告诫公司员工，不要抱有侥幸心理，因为 2020 年我们所面对的国内经济发展趋势、国际关系复杂局面和流行性疾病传播影响面已不是 2003 年的复刻本，团队必须要面对这个现实，必须要认真考虑：如果酒店真的停摆 100 天会怎么样？我们该如何应对这个从未遇到过的 100 天？

1月20日至1月22日三天内，全公司关闭了 50% 的酒店。

3. 1月25日，临时架构组建

1月25日大年初一，公司成立抗击流行病的指挥部，日常管理调整为战时模式。

1月26日大年初二，战时组织架构调整完毕。公司原有组织架构全部推倒，以当时对公司生死攸关的事项为核心，成立了三个临时工作小组，总监级以上管理干部和部分骨干员工根据能力所长打散分入不同小组，扁平化在线工作。

资金组： 由笔者担任组长，负责战时资金管控和筹集工作。

减租降费组： 主抓与业主沟通门店的租金减免、缓交等工作，力争大幅控制好现金支出额度与节奏。

宣传组： 面向全国各地伙伴的信息同频、鼓舞提振，凝聚人心、稳定队伍。

几个动作推出，团队从最初的慌乱无序状态找到了目标感，一架临时改装的机器逐步运行平稳，笔者则快速切换进入"资金组组长"的角色。

稻盛和夫在《干法》这本书里提过一段经历：稻盛先生的企业规模还比较小的时候，有一次他有幸聆听松下幸之助先生的演讲。松下幸之助告诉所有在场的企业家：任何一家企业都需要水库，那就是现金池。水多的时候放出来一点，水少的时候要存进去。有人就问："我的企业这么小，现在时刻都需要现金去发展，哪里还有多余的钱去储备呢？"松下幸之助回答："这就是你要去想的问题了，但是你必须要去储备。"现场很多人在下面窃窃私语或不以为然，觉得松下幸之助的答案没有实质帮助，不切合中小企业的实际，但稻盛和夫却感到警醒和启发，并将这一理念很好地贯彻到公司日常经营里去。笔者看到这一段时，也印象深刻，现金流就是企业的血，是生命线，所以近年来我们陆续在储备现金。但是笔者仍然不放心，大年初二就要求财务总监到公司一起核算现金储备，并按全年营收预计下降40%～50%进行了压力测试，确认公司现有的资金储备暂时可以支撑，但要应对以100天为期甚至更长时间的挑战，仍然是风险高悬，中间不能出任何差错或意外状况。

因此，不能只靠等和熬，必须要想更多的办法让公司活下来。

三、天助自助者，在巨石崩裂时看见光

做企业的目的是什么？

是为了让自己的生活更美好，是为了让我们企业里的员工生活更美好，也是为了让社会的光明面更美好。这是笔者始终未变的初心。

因此，国难当头，即便企业面临着极大的生存困难，笔者认为也不能"各

家自扫门前雪"，必须自助互助相结合来共同缓解社会伤痛，以实现正向循环。作为有效社会单元的企业必须有所担当。

1月23日，我们将武汉市内的布丁广埠屯店设置为公益酒店，免费向奔赴抗击流行病前线的医护和新闻媒体工作人员开放。布丁广埠屯店一周前闭店，员工已放假回乡，要重新开门必须解决一系列的问题：人从哪来？全部设备的检修和房间打扫如何做？简单的防护口罩风险太高，怎么确保人员安全？令人感动和欣慰的是，决定一发出，我们还留在武汉的四名员工当即报名。他们在8小时内克服了交通等方面的不便，集合起来组成临时战队，写下请愿书，完成大清扫和检修，设计好"无接触"接待流程与每日消毒规则，将免费接待信息通过各类渠道发布至不同的医护群，执行速度和专业度都让我们很骄傲。与此同时，公司在日本的同事从好几个城市采购凑了8套医用防护服，再人力背回国快递到了武汉。

1月24日，武汉广埠屯店正式开放接待，94间客房很快住满医护人员，每天仍有许多人打来电话预订床位。酒店周边有省妇幼、中部战区医院、672骨科医院的医生和护士，还有不少等着地方稍事休息。那段时间，所有人真的都太难了。

但是，黑暗中，只要有人发出一丝微光，就能集聚和点燃更多的光。

公司"武汉特战队"四名员工成为全公司关注的焦点。我们非常多的员工自发地买口罩、买消毒水、买医用手套、买食物等寄往武汉，每天等他们写在企业微博账号下的"武汉抗击流行病日记"给他们加油打气；一家在汕头的口罩厂家听说我们的义举，为我们寄了一箱N95的口罩，而那个阶段口罩是多么珍贵和稀缺的物资；由于是民间自发行为，公益酒店推出之初在生活垃圾处理等方面（要知道酒店里入住的都是和流行性疾病接触最近的人）给辖区政府和周边社区都带来新挑战，但最终大家还是想办法一起解决了这个问题；《人民日报》《中国青年报》、澎湃新闻、梨视频等知名媒体得知这件事情也纷纷做了报道，因为我们是全国第一家提出支援国家抗击流行病战争的酒店集团，也把这家公益酒店一直坚持开到了5月份。

这期间，个别入住的医务工作者不幸感染了流行性疾病，但因防护得当，布丁广埠屯店的特战队员们没有一个被感染，更没有发生酒店内的传染扩散，这是非常值得庆幸的。更庆幸的是，最危险的时刻总算过去了！

当然，更重要的是，我们必须自救。

2月初，公司组织全体干部学习稻盛和夫《把萧条当作再发展的飞跃平台》一文，笔者需要彻底打消团队中或侥幸或消极等待的思潮。笔者告诉管理团队：流行性疾病一定会过去，我们要对行业、对公司保持信心，但是能挺过流行性疾病的一定不是单纯等、靠、要的企业。中国的中小型企业数目巨大，受到致命冲击的不止我们这个行业，徘徊在生死边缘的不止我们一家，都等着政府救助是根本不现实的，所以必须要自己从危机中找出生机来。

2月5日，公司启动青吉消毒业务，当时笔者只是直觉地感到流行性疾病中社会需要这个服务，而我们在全国有人、有点，在日常工作中也有一定的基础，我们可以做。两天后产品开发完成，四天内全国近300名员工接受培训，第五天，有了第一笔4 000元的消毒订单。从0到1，我们用了一周，两个月后消毒业务已经在全国20余个城市落地，客户数破千、销售额破百万。百万的营收，对过去的住友酒店集团而言不足为道，但在2020年的流行性疾病寒冬里，却有着别样的意义：

一是全员动员参与。公司员工有的从店长、管理者变成了业务销售员；有的则走出酒店穿上防护服，进入办公楼、商场、学校等更多空间提供服务。这对所有人来说都是突破。很多员工后来感慨，要主动去找客户，推销公司的消毒业务真是极大地锻炼了自己的沟通能力，从最初张不开口到逐渐地变自信，确实收获了成长。而在主营业务停摆的当时，大家能够有目标、有事情可以做，在凝聚和稳定队伍上也给了我们缓冲地带。

二是帮助我们的思维破了圈。更多的员工意识到我们的空间不应该只被束缚在有限的大堂和一个个隔开的房间里，我们具备的不少能力都为社会所需要，是可以输出的。在消毒业务的基础上，不少员工开始自发地尝试推销其他服务，洗地毯、洗空调、擦玻璃、开荒保洁、五金件保养、水箱清洗、杀虫等，都不是公司设计出来的，而是基层的涌现。到2020年年底，这些输出性业务全年给公司贡献了数百万的营收。在主营业务之外，员工的收入也有所提高，也给我们的抗风险加了一道保障。

此外，我们还调动企业供应链体系多年积累的能力，快速推出消毒用品、民用抗击流行病物资的零售，像稻盛和夫先生在文章中提到的一样，全员营销。运营管理团队在广泛开展减租降费各类谈判的同时，积极去争取政府用房征用。负责集团信息化建设的团队敏锐觉察到流行性疾病期间社区管理的难题，用4天时间开发出"疫期出入通"小程序，极大帮助社区工作者降低每日的繁杂工作量，短短几天就拥有了30余万用户，中央电视台、新华社、腾讯新闻、凤凰网、和讯新闻、搜狐新闻、武汉热线和《消费日报》等均对此做了报道……每个功能板块都在思考自己有什么资源、有什么能力可以从内化转为外化，在紧急关头帮助公司开源节流。

四、凝聚人心，价值观是最后的胜利

关键时刻，员工看管理干部，管理干部看CEO。

为把人团结起来共渡难关，笔者采取了一软一硬两手措施。

1. 对管理干部要硬，腰部力量不能软

要给管理干部们思想上紧发条，丝毫不松懈：

（1）必须拿出过紧日子的姿态，杜绝无意义的失血。

集团自流行性疾病爆发起即明确进行严格的资金管控：一周两次资金复盘会议；取消所有差旅开支；收回各级资金审批权；积极开展融资。

（2）增强危机意识，直面严峻现实。

企业的前途不能只靠笔者一个人设想。笔者不断给管理干部们抛问题：如果流行性疾病真的要持续100天以上，公司怎么办？当下，我们能做什么？未来，我们可以做什么？因为流行性疾病，什么是没变的，什么是肯定会变化的？笔者强制他们去思考，从"新闻围观"的状态中逼进现实，直面及思考企业即将面临的、当下现实的困难和危机，并把所思所想写下来、讲出来，每个人都要讲。

（3）紧节奏，才有战斗状态。

企业全面复工前，保持每周至少一次高级干部视频会议，汇报、交流工作进展，统一行动方向。全公司在线召开的各类大小语音会议不下千场，及时迅速地将决议精神传递到每一个神经末梢。

而笔者自己则必须"动起来"，让员工看到CEO给他们战胜困难的信心、决心和勇气。大年初五，笔者启程前往日本及国内的江苏、广西出差，随后又在72小时内走访了5个业务核心城市的40多家门店，给员工送去各种物资和慰问。那时正是管控最严的时候：公共交通停运，就骑自行车走市场；情人节没有餐厅开放堂食，就点一份小火锅和员工们挤在酒店的房间里一起度过；回到杭州整栋办公楼都空着，笔者独自在办公室里沉思，再把所见所想通过语音会议告诉大家……很多人劝说情况这么危险，不能留在家里吗？笔者觉得自己没法停下来，一则笔者认为对防疫要有科学态度，相关措施做好做到位是安全的；二则笔者知道自己必须要走、要动、要说，不能消沉，因为大家在看着领导。

2. 对员工要软，神经末梢不能麻痹

流行性疾病之初，公司成立的三个临时工作小组之一是"宣传组"，第一时间笔者就意识到必须越过种种表象看见人，不仅对事负责，也要对人负责。员工的基本生活要保障，更关键的是精神状态不能散。笔者给工作小组负责人提出了"四让"要求：

（1）让伙伴明确知道公司的态度和决心。

1月28日，总裁室成员发出与公司共进退的声明，承担在前，在公司恢复正常运营前只拿最低工资。声明发布后得到广泛声援，全公司共有113位管理干部主动跟进申请共同分担。随着流行性疾病缓解，我们员工的薪资水平已经逐步恢复到正常水平，但到目前，总部总监级以上的管理干部仍然是打折工资。笔者也取消了秘书岗位，日常工作安排与杂事处理全部自己来。任何时候干部承担在前，这是笔者想向全体员工传递的第一个态度。

1月30日，公司向集团内全体加盟业主致信，第一期减免加盟费等各项费用三个月。我们难，加盟业主同样难，此时，必须相互帮扶共同过关。笔者想让我们的合作伙伴获得住友坚定与他们同行的信息。

（2）让伙伴第一时间了解公司的信息和状态。

过去企业内的信息流动多是上传下达，层层传递消减。流行性疾病发生，门店关闭，不少员工还滞留在老家或在居住处待岗，笔者告诉宣传组成员：信息的传递必须改变形式，要打平，不要中间环节，而是要让员工和公司产生直接连接；这个时候要给员工说人话、说真话，越公开、透明、真实，团队中的猜疑、臆测、漠视才会越少。我们推出了短平快的《住友简讯》，每天定时言简意赅地在大群里告诉大家公司的实际情况和工作进展，今天有多少家在营门店有客人，收入是多少，又关闭了几家店，政府出台了什么对公司和大家有利的政策，我们的各个项目性工作进展得怎么样了等等。这项工作也坚持了三个月，直到公司全面复工。

（3）让伙伴被先进的事迹所鼓舞。

要把抗击流行病期间"拉得出、打得响、过得硬"的先进典型事迹挖出来，全国宣传报道。《与逆行者同行的住友特战队》《武汉一城，住友一店，坚守者一人》《锋口，我们有这样的伙伴》《未出隔离期，已求上火线》《我的一天，在路上》《从生疏到优秀的消毒师》《地摊经济正当时》……不少平凡人的平凡事被展示出来，给团队不平凡的力量感，知道在全国各地都有我们的伙伴在一起努力，就有了踏实感。三个月中，宣传组一共发布报道 70 余篇，而宣传组的成员也多是从不同部门抽调入组的，有些成员手头没有设备，在连线采访后用微信手机端一字一字写出文章。

（4）**让伙伴感受隔离人但不隔离爱。**

流行性疾病期间虽然不能见面，公司的行政部和梦工场仍然抓住时机做了几场有声有色的"云上见"活动，如同唱一首歌、云上生日会、元宵节的在线祈福等。刚复工，我们又组织了多场裸心会，管理团队和员工一起分享交流流行性疾病期间的经历与感受，做好复工的心理建设。大家由衷感叹，能够步入正轨重新开始工作，真是太好了！

五、VUCA 时代，从策略性恢复到战略性调整

住友酒店集团是从 2020 年清明节开始逐步有序复工的，直到五一前夕，除武汉的门店外全面复工。笔者提出了一个要求：集团要在 7 月份开始实现单月盈利。因为自 1 月份起对资金的有效管控，公司现金储备每月都在增加，既然活下来了，接下来就要想想怎么活得更好一点。

复工后的住宿市场其实已经和过去不一样了，客源也发生了极大的变化。在各个城市内部，大家开始愿意出门聚友，餐饮开始升温；但长距离的出差、旅行对大多数人来说仍然不够安全，或者在经济上不愿意支撑（确实有相当部分国民的收入在流行性疾病中受到了明显影响）；即便是节假日有出行计划，也更倾向于选择城市周边的度假酒店或民宿——所以对酒店住宿业而言，2020 年的"流动性"整体是很不足的（除了下半年的国庆长假）。住友过去一直做年轻人的酒店，为异地的商旅客人提供交通便捷、高性价比的服务，我们的酒店多分布在人口流动城市的大学、火车站、商圈等地段，人不流动了、客源枯竭了，怎么办？笔者认识到必须要对公司的客源结构做主动调整。

有一天，笔者和一位阿里的朋友交流，他提到的"在地化"概念瞬时让

我产生强烈共鸣。外部不流动，就必须挖掘本地客源，本地客源是客房主营业务恢复的关键。

笔者启发团队去实践"酒店公寓化"的方向，去抢常住市场。2020年上半年就业市场出现波动和不稳定，大量返回到城市的流动人口在城市间穿梭找工作，因为工作存在不确定性，传统公寓押一付三的模式不再适合他们，于是留出了空间。我们适时推出了月结的酒店长包房业务，果然获得了部分客源。此外，我们还分析本地化客人存在的消费场景，推出了奖励高考学子的"凭高考分数抵扣房费""高考日午休小时房"；面向年轻游戏玩家的"电竞主题房"等专属场景专属定价模式的住宿方案。国家推广"地摊经济"的号召一出，各门店的员工们主动出摊，我们大幅缩减了原来在全国全网做营销的投入预算，转身认真去抓线下流量。在大家的努力下，尽管流行性疾病在多地有点状爆发和反复，2020年12月，集团的出租率仍恢复到了2019年同期的80%。

笔者清楚，这些只是策略性的业务动作和打法，为的是先把地盘站稳让公司活下来。要让公司活得更好，在流行性疾病里长出更强的能力与反脆弱性，住友就必须具有"明天思维"，加强修炼内功，要在变幻莫测的VUCA时代里敏捷捕捉、谋定后动。

2020年8月，笔者召集公司二十余名高级管理干部，进行了两天两夜的封闭式战略研讨，将住友的"明天思维"分为宏观、中观、微观三个层面：

（1）宏观层面，必须要坚定不移地回归顾客价值，这既是最低底线，也是最高要求，不能回头。住店客人是我们的第一用户，要围绕他们的真实住宿场景与痛点设计产品提供服务。住友酒店集团的房间空间都比较紧凑，但紧凑并不代表可以差，我们可以通过设计让空间利用效率更高，入住体验更人性化，颜值更符合年轻人的审美，服务项目更契合他们的实际需求；加盟业主也是我们的客户，企业要从单纯的管和控转变为通过赋能他们来一起服务好第一用户。由顾客价值倒推，我们紧接着就对组织架构进行了大幅调整，重新设计以什么形式、什么方式将人组织起来。

（2）中观层面，我们创造和面向用户的能力必须升级。公司打出"在线化运营"概念，使客人可以脱离时间和空间的限制获得我们的服务。原来我们注重的是现场思维，但是非现场时怎么办？客人通过OTA（携程、美团、去哪儿等第三方预订平台）订了房间，是不是直到他走进门店登记前我们都没有可能触达他以提供前置服务？客人办理离店手续后是不是就只能在公众号连接而没有更多交互的可能？2019年年底，我们开始做的微住管家、在线选房等项目，这些为非现场服务所做的尝试此时具有了更重要的战略意义。在此基础上，现在我们正在设计更多的触点和服务场景，探讨超级社群、全员MCN化等的尝试，公域做声量、私域做运营，把我们的会员体系推倒重来。

（3）微观层面，去腐生肌，提升迭代组织能力和激发个体活力。流行性疾病期间，我们主动关闭了30多家非优质的直营门店，不再为所谓"自己的门店"乡土思维所绑架，拥抱"资产的轻"和"服务的重"。这个框架一打破，一线运营和后端支持的工作着力点很快就要发生变化。过去我们相当的精力都投入在对直营门店的管理上，具有相当的局限性；现在则必须将眼光投向和我们一起服务于第一客户的加盟业主，要去想如何团结、激励和赋能他们。2019年，我们启动了"百家馆"项目，将酒店与文化结合起来，致力于助力当代文化与非遗的推广传承；2019年6月，与喜马拉雅合作在南京开了第一家线下体验馆；2020年10月，"十竹斋二十四小时艺术馆布丁严选店"落户杭州河坊街；2020年，根据新战略又提出了人、产品、服务、管理的在线化目标——所有这些都对公司各级管理干部、全体员工提出了新的能力模型要求。大范围的新知识技能培训、新的绩效考核创新、OKR管理办法的使用、合伙模式的尝试等都在发生。例如，我们鼓励员工促进从"流量"到"留量"的转化，做好了要给鼓励，过去的做法可能就是每月统计，然后由人力资源部按月跟着工资一起发。现在则改为了即时、高频地统计，要有能让人兴奋的节奏。笔者认为这个事情不应归人力资源部管辖，而应直接由在线事业部来操作，将所有参与项目的员工拉进企业微信大群里，做得好当时就发红包，上不封顶。事实证明，效果很好。当然，要实现战略升级和组织能力的转型，我们还要做很多的探索与实践，有些甚至是会比较复杂和涉及底层框架的，但笔者有心理准备。

结语

2020年已经过去，这一年的境遇是我们从来没有遇到过的，算是笔者人生目前为止最难的一年。笔者有过很焦虑的时刻，有时甚至彻夜难眠；有过迷茫的时刻，不知道接下来会发生什么；更有不少感动时刻，看到团队的伙伴信任、跟随，跌跌撞撞地一起看到了2021年的太阳。

2021年已来，但世界已经不一样了，我们也应该变得不同。这一年收获的最珍贵的果实，对笔者而言，是团队的战略决心与共识。我们用一年的摔打与碰撞，想明白了明天会怎样、我们将怎样。笔者对中国的未来抱有坚定的信心，也因此对自己想做的事情抱着由衷的相信。2020年，笔者一共给全国员工进行了两轮巡回演讲，第一轮给大家讲公司的新战略、新使命、愿景、价值观；第二轮讲对触点思维和在线化的思考。通过一次次现场的互动交流，我们的思想在发生连接、产生化学反应，笔者看到了大家"脚下有根，眼里有光"，所以笔者相信：在隆冬，住友身上仍有一个不可战胜的夏天。

后记

1. 延展思考

思考一：老龄化的问题，家庭的子女成员数目逐步减少，这样的社会大环境问题对酒店业有什么样的冲击？

我们对于这样的趋势也一直在观察和判断分析，笔者在13年以前创办布丁的时候看到的是中国年轻人蓬勃的发展和日益增长的消费力，所以就定位在年轻的消费群。但消费者始终是在成长的，我们需要有不同的产品与服务去承载这些变化的需求，所以我们进行了品牌多元化的布局，目前拥有十几个不同定位的品牌。客源结构由原来的18~30岁，调整为18~40岁；从原有的休闲旅游客人为主，调整为休闲旅游再加上商务，以及度假，也是以前所积累的会员成长起来，让他们的消费升级有一个出处。这些是我们的应对手段。

思考二：关于跨界共生的战略和具体的措施有哪些？

第一，酒店业过去一直局限于仅提供线下空间的服务。住宿当然是消费者选择酒店的核心诉求，但除此之外就没有其他诉求吗？第二，最早做布丁的时候，定位是经济型的，所以笔者是做减法，不去过载配置豪华的大堂、健身房、游泳池、商务办公室等的内容，空间功能相对单一。这个定位到现在为止都是比较精准的。这些年下来，消费者需求变化了，我们可以提供服务的技术支持能力极大提高了，社会上可以跨界整合的资源更加丰富了，于是笔者产生了单一空间到复合空间的想法。这个复合不是将过去的大堂、健身房等又叠加回来，而是复合进时尚、潮流和文化等更多场景，把酒店当目的地来做。单纯一家酒店能吸纳的流量是有限的，100个房间天天住满，人数可能也就150人。一栋繁华地段的物业，每天150个人，经济性比较差。而且随着互联网技术的演进，自助入住、零秒入住正在发生并注定会取代前厅服务员的部分接待功能，原有我们线下所希望提供给客人的温度就没有了，怎么跟客人互动？所有这些都要求我们对酒店空间、对岗位的功能再做设计。

思考三：流行性疾病新常态下，如何理解客房价格定位和服务品质问题？

目前酒店业的恢复是从出租率开始，出租率就代表流量。同时我们的收益恢复程度确实与出租率的回升是不同步的，因为房价上不去。大家都在想方设法先抢流量，所以可以看到现在旅游、餐饮、酒店的价格，全国多地都很便宜。通过房价来引流量是目前我们首先要做、也不得不做的。另外，价格普遍下调至一定水位线下时，其实消费者的选择范围是更大了，与价格相匹配的品质、服务等成为各商家竞争的战场。三年前我们就开始做客房的升级工作，现在着力在打造健康酒店，卫生、消毒、服务、杀虫四位一体来抓并提升我们的酒店品质。

当然，酒店的装修投入折旧周期长，硬件上的频繁更新迭代较难，所以我们必须要从顾客价值出发，在提供优质的软性服务、在线化上下功夫，并在品质和成本控制之间做好设计与平衡，这是我们近两年很核心的一个战略。

思考四：流行性疾病期间在薪酬和激励制度上的挑战是什么？

首先保障一线，这是我们始终坚持的原则。流行性疾病最严重、企业最困难的时候，副总裁级以上的人拿最低工资，拿 5 折工资；中间管理层 7 折、8 折；而一线门店，只要是在营业的，从店长到员工全部拿全额工资，奖金制度不变，已经闭店的，也可以拿到最低工资。公司的困难大家一起在扛，有些管理者的收入到目前都没有恢复到 2019 年的水平，但我们再困难都没有停发一线员工的工资。此外，我们还通过推出其他业务来帮助员工增收收入，有些收入额并不低。只要心怀希望，总是可以克服的。

当然要让企业再上新台阶，还需要更多的创新性薪酬和激励设计。有一些我们已经在实践了，有一些很快就会有试点。笔者认为，整个行业若恢复到流行性疾病前的 90% 仍然需要一个较长的时间来共克时艰，就需要大家一起以价值观、以信念来坚守，笔者也通过数次的宣讲不断将危机意识和积极的心态传递给大家。

2. 杨壮教授点评

朱晖在流行性疾病期间带领自己的企业应对挑战走出危机的案例，十分经典。2020 年的流行性疾病对于中国服务业是一次百年不遇的挑战，尤其对酒店住宿行业带来的是灭顶之灾。住友酒店作为一家在全国有 1 000 多家连锁店的集团，同样遭遇了业务停摆，营收和利润大幅度双降的严重困难。面对这种状况，朱晖作为公司的第一把手，没有放弃希望，带领自己的企业采取了非常积极、果断应对的措施，在环境极不确定的局面下，准确预判，迅速反应，使得他能够在短期内控制了成本支出，保持了员工的稳定性，帮助企业度过了最灰暗的时刻。

朱晖应对危机的举措和实践完全符合三元领导力理念，值得我们深入探讨。

第一，思想领导力。作为企业最高领导者，面对突发流行性疾病事件，朱晖表现出十分冷静的判断能力和洞察力，确定保护生命是第一位的战略需求。时间就是生命，在最短的时间内，公司于1月19日全员进行战略部署，比钟南山宣布流行性疾病会人传人还早了1天。根据2003年的SARS经验，朱晖认识到"等不是办法"，必须主动出击，积极应对。为了最大限度地降低感染率，公司1月19日果断采取了系列措施：各个店铺必须戴口罩，所有房间专项消毒，每日团队上报出现的各种病状，及时排除风险。为了对付流行性疾病的突然袭击，公司决定成立抗击流行病指挥部，同时组成战时组织架构，金融管控权力高度集中，以提高组织效率。由于战略措施及时，在2020年的流行性疾病里，住友酒店集团能够做到无一人感染。2020年8月，朱晖举办封闭战略研讨会，为公司未来的战略升级和组织变革做了充分的准备。

第二，专业领导力。战略措施制定之后，企业的专业化运作在流行性疾病期间得到了有效的体现。1月20日公司宣布大范围关店，及时止损。朱晖身体力行，带领公司员工落实执行战略决策，1月20日至1月22日三天内，全公司关闭了50%的酒店。在危机时刻，朱晖带领核心队伍，在全国范围内，利用各种方法，做宣传、鼓动、激励和组织工作，稳住局面。同时朱晖和公司财务总监一起抓现金流并核算现金储备，做了公司营收下降百分比的压力测试。为了生存活下去，公司开始动员员工到社会上去寻找新的商机，从2月份开始公司做起了清洁消毒业务，带来几百万的收入；很多员工自发尝试推销其他服务，包括洗地毯、洗空调、擦玻璃、开荒保洁、五金件保养、水箱清洗、杀虫等等，这些创新思想和附加业务很快给公司带来了现金流，让公司在危机持续的状况下活下去。

第三，品格领导力。在流行性疾病期间，朱晖自始至终做正确的事情，不仅仅把事情做正确，在重大灾难面前，朱晖还坚持和员工保持近距离沟通，阳光透明，讲明实情，共同应对挑战。品格领导力核心是第一把手要身体力行。在流行性疾病最严重也是他企业最困难的时候，朱晖和他的领导团队成员仅拿5折的最低工资，中间管理层拿到8折工资，但是在一线门店的员工都是全额工资，甚至连奖金制度都没有变更，即使已经闭店的员工也可以拿到最低工资。人性化的薪酬制度，在危机面前稳定住了人心，公司全体齐心协力对抗难关。

朱晖在流行性疾病期间，亲自走访加盟饭店，访问客户，同时，站在队伍的最前沿，鼓励激励积极上进的员工和管理者，批评并纪律处分那些表现不好的员工和经理。面对流行性疾病，朱晖没有后退，没有恐惧，过年期间出差到日本，还有江苏、广西等地视察工作，72小时内连续走访几个不同的业务核心城市的40多家门店，同时给员工送去物资和慰问，给合作伙伴和客户带来足够的信心。朱晖在流行性疾病中实践了品格领导力，知行合一，坚守承诺，保持信心，永不溃退。

朱晖将三元领导力中的三个维度——思想领导力、专业领导力、品格领导力充分展现出来，化危险为机遇，不但带领企业走出困境，更让企业发展起来。虽然，VUCA时代，像旅游、酒店等服务业仍然会面临巨大挑战，完全恢复仍然需要时间和过程，但是在有思想、有专业、有品格的领导者的带领下，未来可期！

以酒店业为例的
领导力探讨

王宝[①]

摘要 2020年是不平凡的一年,流行性疾病突然爆发,对整个社会、行业和人们带来了巨大的冲击,也给企业带来了不小的影响,但流行性疾病期间,我们积极配合政府,积极参与到抗击流行性疾病的宏大进程中,为湖北武汉抗击流行病奉献我们的力量,努力履行企业的社会责任;流行性疾病期间,我们不抛弃、不放弃;心系客户,与他们保持密切联系;关爱员工,为他们提供各种帮助;为我们的复产复工奠定基础,时刻保持复产复工的最好状态。网络购物、居家办公、线上教育、物流配送、短视频、知识付费等等,流行性疾病将这一波商业机会再一次升级。压力的背后也蕴藏着巨大的商机,创新的意识在企业中破茧而出。

导读

"流行性疾病暴发至今,你看到了什么、记住了什么?你为什么而感动,

[①] 王宝,北京大学国家发展研究院EMBA2008级校友、北京朗丽兹西山花园酒店董事长、北京朗丽兹西山温泉董事长、康福瑞连锁酒店董事长及宏昆集团董事。

又为什么而彻夜难眠?"这个问题对于每一个人来说,答案可能有所不同,对于企业而言,流行性疾病是一次巨大考验和试金石。

一个重要的侧面是"流行性疾病的商业创新"。例如,因为医疗防护用品需求暴增、产量不足,三枪内衣、富士康、水星家纺、红豆服饰等企业,都在极短的时间内改造生产线,转产口罩。这些创新的背后是强大的供应链体系和吃苦耐劳的中国人民,让我们有弹性去灵活应对暴增或突变的需求。

创新是一个宏大的命题,它时刻演进、随时代而变化,它要求我们在十字路口做出选择。

一、复兴难启,预测不准

图 1 是以周为单位的酒店出租率的大数据统计,可以清晰地看到,在上海、广东、深圳,酒店业非常艰难,出租率基本处于 40%~50%。在酒店业,这是一个非常可怕的数字,笔者相信,95% 以上的酒店在这个数字下肯定是亏损的。图 1 右侧的几个柱状图是某权威行业平台的数据情况,北京的数据看起来更加惊心动魄,在 2020 年 5 月 31 日到 6 月 7 日、6 月 14 日,出租率基本在 40%~50%,但是在 6 月 14 日这周,也就是第二拨流行性疾病来临之际,出租率下跌幅度很大。

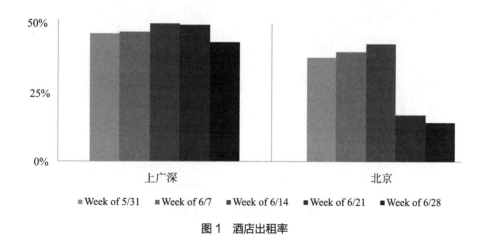

图 1　酒店出租率

酒店行业有一个非常重要的部门，叫作收益管理部。收益管理部根据未来酒店的出租率、客源情况进行相对应的资源匹配。当收益管理部无法准确预测时，酒店就像没了瞄准镜的狙击手，不知道未来应该匹配多少资源。此外，酒店不同于生产制造业，生产制造业生产的产品可以转变成库存，然后经过去库存的一些销售手段继续销售。但是酒店的所有资源，每一天都是沉没成本，场地资源、空间资源都是固定的，这点类似于航空业。酒店一旦失去了预测未来这一瞄准镜，后面就失去了目标。

图 2 是来自某权威平台全球酒店业的数据，蓝色线代表中国的数据，2月份，酒店业的出租率在个位数。随着流行性疾病得到控制，开始缓慢地增长，截至 6 月 20 日，增长到了 47%。对比美国的数据（绿色的线），3 月份美国流行性疾病爆发的时候，美国的酒店业也是一落千丈，落下来以后增长也非常缓慢。中国和美国在流行性疾病的处理方式上多少是有一点不同，因为中国采取了更为严格的防疫措施，而美国采取的是比较自由的措施，所以美国的数据下跌相对小，但是增长也极其缓慢，到 6 月份的时候，出租率甚至低于中国，只有 43%。第三条线代表欧洲（紫色的线），从 3 月份的时候跌到底部，一直到 6 月才有缓慢的提升，维持在 22% 的出租率水平。

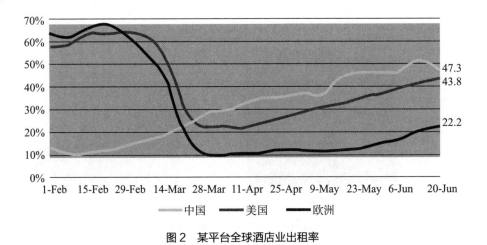

图 2　某平台全球酒店业出租率

流行性疾病之下,全球酒店业都受到了重创,全球经济随着流行性疾病的久久不退场越发扑朔迷离,人们的生活方式、商业模式在发生巨变,甚至是永久的巨变。

领导者的判断和决策持续影响着我们的组织效率。流行性疾病开始之时,我们的决策就是要与流行性疾病相共处,在流行性疾病当中寻找答案。这个答案帮助我们在 2020 年上半年经营期间取得了一些成果,如果我们在 2 月份流行性疾病开始的时候被动等待,相信现在也会非常被动。所以组织模式的变革非常重要,我们应该坚持什么、放弃什么、变革什么,这就成了每一个企业家应该思考的问题,要思考得非常清楚,才知道你未来的方向在哪里。

对于我们的行业,这样水深火热的时期,我们将如何去做决策?

二、与流行性疾病同行

先来回顾一下三元领导力,如图 3 所示。

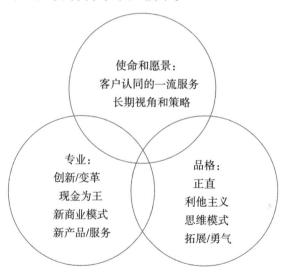

图 3　三元领导力模型

1. 使命和愿景

（1）客户第一。很多人都说过这句话，但真正做到的却不多。很多的企业并没有做到客户第一，可能是"老板第一"，或者"利润第一"，也可能是"竞争对手第一"。流行性疾病给我们带来的冲击，让笔者深深理解了客户第一这句话。

（2）为客户创造价值。笔者经常对股东说，如果我们所做的事业不能够为客户创造价值，就没有必要做，如果觉得哪一家企业做得非常好，直接购买该公司的股票就好了，为什么要自己经营呢？既然选择了自己做，就要做到别人没有做到的事情，为客户创造这样的价值，这样的思维模式也帮助我们在流行性疾病期间创建了朗丽兹严选商城等等一系列新的业务发展模块。

（3）长期思维。在流行性疾病期间很多人都是短期思维的，因为人们要活着、要赚钱。但是说到企业竞争力，消费者会喜欢一个具有长期思维的企业，还是会喜欢一个只有短期思维的企业？答案是显而易见的。如果把这个事情想明白，就知道我们应当坚守长期思维。

2. 专业

（1）创新变革。我们每一个企业其实之所以能够诞生出来，并且能够生存很多年，至少说明它之前是成功的。在《谁动了我的奶酪》一书中，故事里的老鼠特别像现在很多曾经成功过的企业，它们固守着之前的商业模式、成功的套路、方法，而不去改变，不去创新，不去变革。但目前时代变革速度很快，不管是技术、平台，还是物流，都需要一个重新定位的过程，只不过流行性疾病加速了这件事情的诞生，所以在这个过程里，我们每一个人都需要有创新和变革的思维，不断地去打破之前的成功模式或者经验。

（2）现金为王。现金的第一个用途就是保命，因为我们不知道接下来无常的世界将会变成怎么样，如果我们有足够的现金，它会保证企业的安全。第二就是当我们看清楚未来的发展方向的时候，现金可以帮助我们在底部进行抄底。但是今年的底部界限并不清晰,毕竟现在市场下行的压力更大。

（3）新的商业模式。因为一切都在变,所以说我们可以去推翻我们自己,然后去重建,或者尝试去做一些新的商业模式。

3. 品格

（1）无我。每个人的观点、经验都是非常多的,所有的东西都以"我"为中心,在接下来的 VUCA 时代,我们更需要的是团队,把更多人的主观能动性调动起来,这样才能聚成一个拳头。"无我"就是把自己融入其他人的过程。

（2）正直。正直的品格是一种美德,笔者相信每个人都喜欢跟正直的人做朋友,同样,我们做生意的时候也喜欢跟正直的企业做生意。这些对于我们来讲是非常重要的品格。

（3）勇气。我们做很多事情都要勇于去尝试,很多人不加尝试就否定自己的能力,就像小时候做数学题一样,知难而退。这个做法是不对的,尤其是企业的领导者,必须随时守候在一线,否则我们无法听到下面的声音。如果还依靠传统的组织架构来层层传递,第一是成本太高,第二是效率太低。因为我们现在已经进入一种战时状态,而不是在平常的状态。就像小马过河,水深水浅一定要自己去探明,春江水暖鸭先知,到水中才会真正了解。

（4）利他。越是在一个特别复杂的环境、越是在一个艰难的环境里面,我们越要去利他。因为越是在糟糕的环境里面,人越会变得自私。如果说在这个时候具有利他的品格,就会获得更多利他的朋友与掌声。我们都知道利他的好处,在太平盛世的时候、在一个完全正常的商业环境里面,好像每个人都能做到。但是在特殊的时期里,是否真的能做到利他,其实是发自内心的一种状态。

三、三元领导力的案例分享

在流行性疾病期间,国内新增了隔离房业务,这是很多酒店梦寐以求的业务,因为现金流非常稳定。然而,笔者看到过很多关于酒店隔离房条件不好、卫生条件差的报道。这种现象不难理解,酒店看重短期的利益。隔离房由政府定价,对于酒店来说,收入固定的情况下,把成本做得更低,利润才更高。可能大部分的隔离酒店都选择了这样的做法。

2020年3月,我们的某一家酒店被定为隔离房,当我们接到这个任务之后,我们选择了长期利益,选择了客户第一。当时的第一拨客人是备考的学生,我们从客源着手,分析不同地方的客户的饮食喜好,并合理安排和调整,还为上网课的学生另加了上网专线,解决网络卡顿问题,让他们备战高考;此外,我们还为高三的学生提供了免费打印试卷的服务。当我们进入一种隔离状态的时候,人是很容易焦虑的,我们希望通过周到的饮食和及时的服务把这种焦虑减到最低。

当第二拨流行性疾病来的时候,压力变得越来越大。但是因为有了之前的服务口碑,卫健委决定继续采用我们的酒店做隔离房。

案例之外,笔者想跟大家分享对三元领导力的思考。在使命和愿景的维度,笔者分成了三个部分。

(1)初心。笔者做这件事情的初心,是对于生活方式、生活品格打造的追求。这也是我们能为客户创造价值的地方。在这个部分里,我们面对着两部分人:一部分是员工;另一部分是客户。第一个是员工的需要,包括安全和生存。第一次流行性疾病爆发时,很多同事认为休假太长可能影响生存所需,所以这是来自员工的需要。第二个就是客户的需要,我们也有应对需要的解决方案。

(2)视野和洞察。我们一定要勇于想象,去打破我们之前的常规。如果一条鱼在玻璃缸中碰到过一个玻璃板,在把玻璃板拿走以后,它游到那个位置还是会选择掉头。这是一种习惯和惯性,所以我们要打破,我们要勇于去想象，在这种新环境、新技术、新洞察的环境里面，我们要去做出更多的业务增长的模型，为消费者带来更多的解决方案。

（3）判断力。越是在糟糕的环境下，我们越要挑战现有的模式，这需要判断力。

第二个模块是专业，专业包括勇于行动，创新颠覆，人才变革，参与文化，精益求精，决策从速，数据驱动，聚焦相关。现在的变革对于我们来说是不可避免的，因为传统的组织模式正在变化，笔者每天都在思考未来的组织模式到底是什么样的。目前还没有清晰的模式，但是笔者清楚自己必须在一线，以提升决策的效率，了解客户的需要，清楚产品的需求。在这个时期，我们的办公环境、决策流程都在变化，如果我们还没有看到变化，还在等待流行性疾病过去一切都会变好，这是一种不够主动的幻想。笔者非常欣赏日本的做法，"与流行病学会共同相处"。疫苗会出现吗？需要多久？这些都面临很大的不确定性。现在最务实的就是做好防护，在与流行病共同相处的过程里面更好地生活、更好地工作。同时我们在专业上面要专业赋能，集体研讨，实验创新，打造契合的体系。

还有一个维度叫开源，在这个过程中笔者非常鼓励对话，鼓励大家思想的碰撞。因为只有大家多去对话、多去碰撞，才会知道未来如何走。

最后介绍新零售模式。新零售是基于新技术、新物流、新平台打造出来的新机会。在朗丽兹严选商城中，营收从0一直到现在30%。我们的切入点就是美好生活的追求，包括我们酒店的信誉和品质。在新平台中，我们用到的新的运营，产品链的整合，产品力的聚合，还有人力资源和仓储能力，这些都是结合我们现有资源进行的打造。

当所有人都认可这个新模式的时候，我们推出更低成本试错的解决方案，即全新的代理运营的经营模式，从选品、维护、客服、物流、软件、售后、仓储到资金，全部结合在一起，帮助对方建立严选商城，同时收非常低的费用，这可以使企业试错成本降低。

在新零售领域里，我们开通了商城一卡通的业务，在开业13天的时间里卖了300万的会员卡，现金回款速度非常快。除了主营业务，消费者还可以在商城里购买日常产品，价格比很多电商平台便宜，且物资基于五星级酒店的供应链体系提供，消费者无须担心会员卡中的资金被冻结。

另外，我们还利用参与文化，把IT技术、营销、收益管理等几个部门同时安排在新零售团队里面，不停地开发新零售模型。例如，重新匹配的广告模型，把传统的广告模式，户外广告、巴士广告、电影院广告、电梯广告全部取消，用新媒体模式进行广告的投放。

结语

对正处于新一轮经济增长和产业接轨升级的中国来说，大力发展服务业、促进服务业企业做大做强有重要的意义。管理学大师彼得·德鲁克说过："在中国，最大的商机不是在制造业，而是服务业。"管理大师的忠告，笔者个人认为有两点：第一就是服务市场商机无限；第二就是未来服务市场必将竞争激烈。

后记

1. 延展思考

思考一：如何理解"员工第一"这个概念？如何践行？如保护员工的安全、员工的生存状态等。

很多企业的排序是员工第一、客户第二、股东第三，这样的排序，因为很多人的逻辑是员工只要有非常好的自豪感，照顾好员工，带动其主动性，员工就会照顾好客人，最后客人的满意度提高了股东的满意度。

想法很清晰，但关键是要做到。在我们的企业，顺序是客户第一，员工第二，股东第三。最简单的维度就是在资源分配的时候，把最优质的资源分配到了客户，接下来是员工和股东。今年的决策非常简单，我们不要利润，而把所有的利润全部给消费者和管理层。流行性疾病前半段，员工的问题并没有凸显，近期员工的问题凸显。因为拥有防护经验，所以员工的安全问题不大。最大的压力是员工的生存需求。很多员工几个月没有收入，接近个人破产的状态。

思考二：直播带来的粉丝效应对企业有哪些影响？

首先，直播使得我们对新媒体的理解加深。我们改变了广告的投放，带来了一些好的效果。其次，跟粉丝之间的交流和互动对主营业务有很多的推动。举个小小的例子，笔者曾在直播间售卖枕头，其性价比很高也很舒服。笔者售卖了几千份，女性粉丝对其十分满意。在这个过程中，笔者发现了矮枕头的需求。全球几乎所有的酒店里面都没有女性枕，酒店房间里的枕头基本一样。基于需求，笔者目前在开发女性枕头，作为客房产品里面的产品升级。有些产品往往住过我们酒店以后才知道好与不好，类似于这样的内容，其实还有很多空间待改善。

思考三：酒店在利用IT技术转型上遇到了哪些挑战和困难？是如何克服的？

现在中国的IT技术已经不是我们企业数字化的壁垒了，很多传统企业认为IT部门是非常重要的。现在中国的互联网技术已经变成了"基础设施"，而且试错成本非常低。在我们中国的新平台、新技术中，IT技术、物流的发展已经变得非常强大了，这也是中国现在新零售蒸蒸日上的重要原因。

这其中并不存在特别大的挑战，在数字化的过程中，尝试后就知道水没有那么深，机会有很多。

思考四：控制成本方面的相关经验有哪些？

首先需要调整组织架构，因为组织架构是基于原来市场的出租率的情况、客源情况搭建的阵型布局，但是现在已经被打破。因此需要更加灵活的组织状态，从而降低人工成本，提高灵活性。但沉没成本是无法降低的，只能促进业务的增长。即便在这样的环境里面，业务仍然存在。之前笔者会去听店级的公司销售会议，了解市场上出现了什么样的状况、出现了什么样的问题。深入到一线跟大家一起解决困难，可以调动整个团队的积极性和主动性，相信很多问题一定会迎刃而解。

2. 杨壮教授点评

王宝的文章核心观点是：领导力本身没有放之四海皆准的真理，一定要随着当地人文环境的变化。随着危机导致的一系列变化，不断创新、不断变革，不断调整公司的领导、管理、营销策略，关注市场，与时共进。

在谈到企业发展的侧重点时，王宝提出了自己的观点。第一侧重点，客户。第二侧重点，员工。第三侧重点，股东。这个观点和稻盛和夫的"员工第一，客户第二，股东第三"有所不同。稻盛是高科技企业的领导人，员工是第一生产力，没有员工的全心投入和工作的热情，企业不可能生产出超前、优质的产品，当然也就无法满足客户和股东的需求。

王宝的企业属于旅游饭店服务业。面对流行性疾病，这个行业受到了重创，业务损失很大，现金流降到最低点。作为公司第一把手，王宝必须有能力吸引客户，创造客户，制造客户，最终满足客户的需求。这里我想到了德鲁克先生对企业目的的经典定义："企业的目的只有一个，就是创造客户"。创造客户的目的是创造价值。当流行性疾病危机突然爆发之际，我见到的一些企业领导者，痛苦万分，十分焦虑，灰心丧气，束手无策，最终失去企业转型的机会。面对这种百年不遇的流行性疾病灾难，每个企业家都要重新回答德鲁克著名的三问："我们的事业是什么？""我们的事业将是什么？""我们的事业应该是什么？"

日本制造业的工匠精神特别值得我们学习。日本管理模式中特别强调中高层管理干部，面对挑战，不能坐在办公室里发号施令，一定要到现场去观察问题、发现问题、解决问题。领导力的本质是领导引导下属实现组织目标的过程。最高领导者必须身体力行，心要动、身要动、手要动、脑要动、人要动。领导者永远站在生产的第一线。日本丰田管理模式最核心的经验就是管理者要活在现场。

面对流行性疾病，王宝没有自己躲在家中避难，而是把重点放在研究潜在客户需求上面，主动寻找新的客源并发现客户新的需求。在流行性疾病高峰期间，根据五星级酒店业务特质及物流状况，开启了新零售的业务，本人做起了直播，瞬时间成为网红，吸引了大量的粉丝和潜质客户，卖出了很多与饭店业务相关联的食品、床上用品及系列零售产品，给公司带来现金流，为公司发展创造了新的机会。

王宝特别注意招聘优质和匹配的员工，招聘原则强调员工的价值观和公司的价值观必须匹配，聚焦客户，客户至上。用企业的客户第一价值观和标准招人，让企业在流行性疾病状态下，员工和管理者为了创造客户共同努力，上下同欲。领导力是一个领导者带领一群追随者，为了企业的目标共同努力奋斗的一项艺术。既然是艺术，就没有固定管理模式，要随着环境变化不断调整管理风格和策略。

王宝领导力的一个突出特质，是在流行性疾病危机出现之后，勇于把原来的组织架构打破，把今天的新人文环境下的核心要点连接在一起。这是我们所讲的元领导力模型的本质，特别是在互联网时代。王宝在实践中把当今时代很多新的业务形式链接在一起，包括金融业务、新零售业务、新IT模型、新媒体方式模式。要链接，就必须打破传统行业详细分工的做法，你中有我，我中有你，分工不分家，相互补位。这是未来企业发展的方向。

美国工会有一条详细分工原则，你的工作就是你的工作，别人的工作就是别人的工作，分工之后别人不能接替你的工作，这是你的权利，也是保护你的一种措施，哪怕你生病请假。在今天的互联网时代，这种详细分工理念已经大大落后于时代的要求，严重影响了美国传统行业工作效率，导致生产力下滑。

最后我们得到的启迪是：在互联网时代，企业已经成为一个量子组织，突出特质是去中心化。企业的员工要具备复合型人才特质，一职多能，对冲专业，协作共事，双赢思维。要做到这点，必须打破传统的分工模式，更要招聘复合型人才，有灵活性、机动性性格特质的人才，能够和同事合作共赢的人才。要重新设计组织架构和绩效评估体系，建立一个可以发挥所有员工积极性的企业激励制度。

国际工程与跨文化领导力

袁立[①]

摘要 美国工程新闻纪录杂志（ENR）每年发布的全球最大250家国际承包商数据显示，中国国际工程自2010年起就以13.2%的市场占比超过美国（13.1%），成为全球最大工程承包国，虽在2013年被美国超越、2014年被西班牙超越，但自2015年中国公司又以19.3%的市场占比独占鳌头，从此成为无法撼动的最大的国际工程承包国。2020年，ENR Top250国际承包商数据显示，74家入榜中国公司完成营业额1200亿美元，市场占比达25.4%；非洲市场十大承包商中，中国占6席；亚洲市场十大承包商中，中国占4席；中东市场十大承包商中，中国占3席；拉美和加勒比市场十大承包商中，中国占3席。本文简要回顾中国国际工程发展历程，分析中国国际工程面临的跨文化环境，以亚吉铁路为例，探讨中国国际工程跨文化领导力这一课题。

[①] 袁立，中国土木工程集团有限公司原党委书记、董事长，教授级高级工程师、国务院特殊津贴专家、一级建造师。1982年大学毕业入职中国土木工程集团有限公司，在公司连续工作了37年。袁立担任公司高管期间，推行"全球公司"理念和"1+N"战略，推动公司形成了"全球经营、非洲为主"地域布局和"投建营一体化"业务格局。袁立退休后致力于总结国际工程经验和教训，并在中南大学、石家庄铁道大学、天津大学国际工程学院等大学担任兼职教授。

导读

中国公司走出去参与国际工程市场竞争起始于改革开放伊始。当时国家领导人就已经意识到，我们不但要开放引进来，还要走出去。1979 年，国务院批准设立了三家专门从事国际工程业务的"窗口公司"，分别是建工部中国建筑工程公司、交通部中国路桥工程公司、铁道部中国土木工程公司，加上外经部中国成套设备进出口公司，构成第一批四家具有开展对外经济合作资质的单位。

其后，随着国际工程业务的蓬勃发展，具有国际工程资质的企业也如雨后春笋般涌现，直至 2017 年国务院发文取消了对外经济合作资质审批，由"核准"改为"备案"，企业"走出去"完全放开。

如今，从事国际工程业务的公司预计逾万家，涵盖了整个产业链上的所有企业，从外经企业、工程公司、设计院、装备制造厂、运营维护公司，到物流、建筑工业、房地产开发和投资公司，形成了庞大团队，在国际工程市场干得风生水起。根据商务部发布的数据，2019 年国际工程新签合同额排名前十的公司已占当年全部中国公司新签的 50%，国际工程行业头部企业已经形成，这些头部企业已经具备了和国际一流承包商在全球同台竞争的能力。

随着中国国际工程业务在全球经营范围的持续扩大、国别市场经营的逐步深入、从事这项事业的人数不断增多，跨文化领导力问题摆在了中国国际工程公司面前。

一、中国国际工程发展历程

如前所述，中国国际工程起始于 1979 年。但在此前，中国公司已经在一些友好国家实施了不少援外工程，因此，严格来说，1979 年以前实施援外工程的经历也应该计入中国国际工程的发展阶段。援外项目的实施对于打破帝国主义对中国的封锁，加强中国和世界的联系，帮助第三世界国家的经济发展起到了积极的作用。援外工程发展了中国和受援国的友谊，为中国赢得了声誉和尊重。其中最具代表性的援外项目是坦赞铁路。

1979年到2000年，中国国际工程经历了起步阶段和稳步发展阶段。这个阶段主要包括援外项目、劳务（分包）项目、国际招标的工程项目。援外项目主要是农业项目、体育场馆等；劳务（分包）项目主要为西方和日韩公司在中东北非地区的总包项目服务；国际招标的工程项目，主要是世界银行等国际金融机构贷款项目和石油国家的政府预算项目。

2000年到2012年，中国国际工程经历了快速发展阶段。"走出去"逐渐成为共识，并明确为国家战略。起源于资源换项目的安哥拉模式得以在非洲国家推广，非洲成为中国国际工程的最大市场，市场国别也从第三世界国家向相对发达的地区扩展，并开始尝试BOT（建设+运营+移交）项目。对外承包工程新签合同额和完成营业额从2000年的117亿美元和84亿美元增加到2012年的1 565.3亿美元和1 166亿美元，12年分别增加13.4倍和12.9倍（见图1）。

2013年，我国领导人提出"一带一路"倡议，在政策、融资多方面的支持下，国际工程企业勇于政治担当、抓住一切商机，在设施联通方面发挥了重要作用。南亚、东南亚等国的业务蓬勃发展，2016年，亚洲（不含中东）取代非洲成为中国国际工程的最大市场。国际工程项目模式在不断地转型升级，由设计采购施工总承包（EPC）到参与融资，再到运营维护，并进入"投资+建设+运营"一体化阶段，实施的项目不但规模大，而且产业链条长，越来越复杂。根据商务部发布的数据，2019年对外承包工程实现新签合同额2 602.5亿美元，完成营业额1 729亿美元，中国国际工程进入高质量发展阶段。

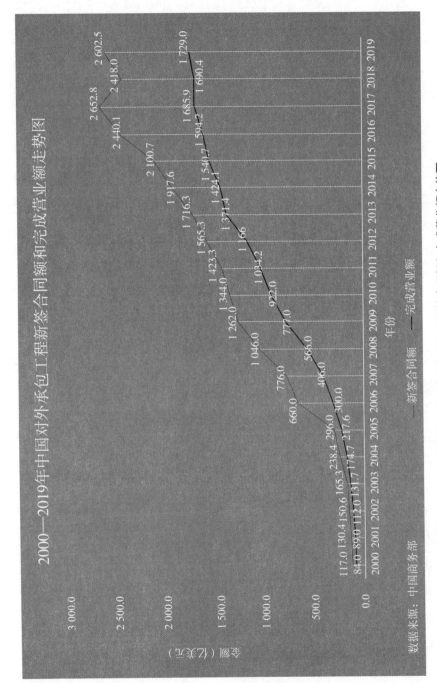

图1 2000—2019年中国对外承包工程新签合同额和完成营业额走势图

（数据来源：中国对外承包工程商会）

40年来，中国国际工程业务由发展中国家逐步向发达国家推进，开展业务的国家已达160多个，遍布世界的每一个角落，即使在一些未建交的国家也开展了业务。虽然市场主要仍在亚洲、非洲、中东、拉美等地，欧洲、北美等市场也呈现了较快的增长态势，中国国际工程业务已经具备了全球经营能力。

40年来，中国国际工程业务从最初的劳务分包、土建分包、施工总承包，发展到设计采购施工（EPC）总承包工程，到融资、运营维护，直至BOT（建设＋运营＋移交）和PPP（公私合营），已经具备了国际工程项目各层次承包能力。

二、中国国际工程面临的跨文化环境

1. 中国国际工程面对全球不同经济发达程度的市场

据2020年ENR Top250国际承包商数据显示，入榜的中国公司营业额在全球和各区域市场占比如下：

- 全球市场，中国公司市场份额25.4%（1 200亿美元/4 731亿美元）；
- 非洲市场，中国公司市场份额62.0%（342亿美元/552亿美元）；
- 亚洲及大洋洲市场，中国公司市场份额43.4%（543亿美元/1 252亿美元）；
- 中东市场，中国公司市场份额24.7%（176亿美元/712亿美元）；
- 拉美及加勒比市场，中国公司市场份额23.5%（63亿美元/268亿美元）；
- 欧洲市场，中国公司市场份额4.6%（49亿美元/1 058亿美元）；
- 北美市场，中国公司市场份额2.8%（25亿美元/884亿美元）。

由上可见，中国公司在全球不同区域的工程市场发展是不平衡的，非洲和亚洲高于平均数，中东和拉美及加勒比在平均数附近，欧洲和北美市场占有率低。为什么如此不平衡？这是值得思考的。

世界银行发布的2019年全球各国GDP排行榜数据显示，2019年，全球GDP总量为87.75万亿美元。按收入组看，高收入组经济体GDP为55.10万亿美元，占比62.79%，人均GDP为44 584美元，是世界平均水平的3.90倍，人均GDP大于12 536美元的国家列入此组；中等上收入组经济体GDP为25.82万亿美元，占比29.42%，人均GDP为9 040美元，是世界平均水平的79.05%，人均GDP在4 046~12 535美元的国家列入此组；中等下收入组经济体GDP为6.34万亿美元，占比7.23%，人均GDP为2 177美元，是世界平均水平的19.03%，人均GDP在1 036~4 045美元的国家列入此组；低收入组经济体GDP为5 213亿美元，占比0.59%，人均GDP为780美元，是世界平均水平的6.82%，人均GDP小于1 035美元的国家列入此组。

世界银行对全球不同地区的分类对我们从事的国际工程很有参考价值。显然，不同人均GDP国家对工程项目的要求是不一样的，所需配置的资源也是不一样的。国际工程市场也应该有符合自身特点的分类，长期的实施经验告诉我们，可以用中国技术标准被当地接受采纳的程度来分类，按100%接受、部分接受、基本不接受、不接受分类，可将国际工程市场分为四类地区。

第一类地区（欠发达经济体），如非洲撒哈拉以南地区，从广义上说，包括所有人均GDP在1 000美元以下的国家，这些地区100%接受中国标准，中国技术和产品可以无障碍覆盖到该地区，这极大地助力中国公司在这些地区开展业务。在这类地区，推进政府间合作项目、参与国际金融机构贷款项目的竞争性投标应该是重点。这是全球工程初级市场。

第二类地区（发展中经济体），如中东北非、东南亚、南亚、中亚、西亚部分国家，从广义上说，包括所有人均GDP 1 000~4 000美元的国家。这些国家部分接受中国技术和产品，即能接受一部分、不接受另一部分。在这类市场，合格的质量和按时竣工是业主的期盼，同时承包商还需要处理好和政府、民众及其他利益相关者的关系，因此与一个熟悉当地环境的国际公司和具备当地公共关系资源的本地公司合作十分必要。这类国家有不少曾是西方国家的殖民地，管理体制和技术标准沿袭了宗主国的做法，因此若能有西方公司参与，可以解决不少中国公司难以解决的问题，而当地公司能处理好政府和社区的关系，使得中国公司能更加专心地处理自己擅长的项目技术和实施等方面。这是全球工程中级市场。

第三类地区（新兴经济体），如中东欧、拉美、南非、土耳其、俄罗斯等，从广义上说，包括所有人均 GDP 在 4 000～12 000 美元以上的国家。这些地区基本不接受中国标准。中国公司在该地区实施的项目基本上采用欧美标准，中国公司在非洲的项目实施模式不可能复制到这个地区。这是全球工程准高端市场。

第四类地区（发达经济体），如西欧、北美、澳新等，从广义上说，包括所有人均 GDP 在 12 000 美元以上的国家。这些地区基本不接受中国标准。对中国工程公司而言，西欧、北美、澳新几乎是空白的地区，只有少数几家大企业在这里实施工程项目。新加坡、以色列可以说是中国公司进入西欧、北美、澳新市场的练兵之地。在这些地区，完全是市场因素在起主导作用，项目的技术门槛更高，更注重环保和可持续性，中国公司不那么容易被当地认可和接受。因此，和熟悉当地技术标准和规范的设计和工程公司、熟悉当地法律和财务税务的律师事务所、会计师事务所合作是十分必要的。这是全球工程高端市场。

中国国际工程业务面对全球不同市场必须采用不同的经营策略和做法，甚至一国一策，而不能用一种办法包打天下。

2. 中国国际工程面对全球不同政治制度、民族和文化

以某国际工程公司为例，该公司在十三五规划期间将自己定位于全球公司，即在全球范围之内捕捉最有价值的商机，在全球范围内配置最有效率的生产要素，从而创造更高价值的全球公司。何谓全球公司？主要是指生产要素，包括收入的 50% 都是在母国以外的其他地方获取的公司。该公司目前在

全球100多个国家开展业务，这些国家分布在撒哈拉以南非洲、亚洲大洋洲、中东北非、欧洲、欧亚、美洲、南太平洋和加勒比。公司在这些地区的国家开展业务，涉及不同的经济发展程度、不同的政治制度、不同党派、不同种族、不同宗教信仰以及不同文化，面临的跨文化挑战非常大。

3. 中国国际工程面对东道国各阶层人士

中国公司国际工程业务从追踪项目、获得项目、实施项目开始，盈利是主要目的。此后陆续获得后续项目，这时中国公司开始做市场，除了盈利以外，获取市场声誉也成为目的。同时，除了一般的施工项目外，还开始承揽投资类项目，如设立和工程有关的工厂。而当中国公司在东道国的声誉达到一定程度后，如规模达到市场前三名，品牌的价值显现，社会认可度极大提高，就开始参与社会公益事业，如培训、支持社区发展。最后，属地化成为中国公司在一国经营的最高阶段。当属地化成为必然选择时，中国公司将面临更多的跨文化挑战。

中国公司在其业务不断纵深发展过程中，接触了东道国整个社会的不同阶层，从最底层的村民、村长，到县长、市长，再到省长、部长，一直到政府最高层，需要和不同阶层的人士打交道，所需要的能力和方法也应该不一样。以坦桑尼亚前总统马古富力为例，他关注该国所有在建的工程项目，经常参加工程项目的开工典礼、竣工典礼，施工中间也常会去现场视察、督导项目进度、解决项目存在问题，这就要求项目经理不但要管理好项目，同时还要接待好总统视察、了解总统的想法、回答总统的问题，甚至请总统帮助解决项目难点。

4. 中国国际工程面对更长的项目生命周期

中国国际工程的经营方式从2013年起进入了转型升级阶段，从设计＋采购＋施工总承包工程，到融资、到运营维护，直至投资＋建设＋运营一体化阶段。如果说2012年建成投入运营的柬埔寨甘再水电站BOT项目是中国公司在海外首个投建营一体化项目，自2019年起，中国公司已全面发力国际投资+建设+运营业务，已知的当年中标的10个PPP项目合同额合计289亿美元，占当年全部新签合同额2 603亿美元的11.1%。其中，尼日利亚莱基港PPP项目，特许经营期45年，一期投资额10.43亿美元，2019年9月开工建设。连接国际机场和内罗毕中央商务区的肯尼亚内罗毕机场快速路BOT项目，特许经营期30年，全长26.8千米，2019年10月开工建设。

过去我们做一般工程项目，可以短期思考问题，一个工程项目从投标、中标实施到竣工交付，一般3~4年时间。但是如果参与项目竣工后的运营维护，那么时间就会长达5~10年。如果参与投资+建设+运营一体化项目，项目工期会达到25~45年，这就需要我们把长期收益当作经营目标而不是盯着当年的经营指标完成情况，还需要更加融入当地社会经济政治，按当地人的思维考虑问题，处理好各利益相关者的关系，应对可能发生的各种风险，如政府更迭、经济周期性危机、自然灾害等。

三、中国国际工程跨文化领导力探索

随着中国国际工程业务的不断发展，面对越来越复杂的国际工程的环境，跨文化领导力成为中国国际工程公司必须面对的课题，但国际工程跨文化领导力的培养需要一个漫长过程。本文以亚吉铁路项目为例，谈谈我对国际工程跨文化领导力的认识。

亚吉铁路是继坦赞铁路之后在非洲建设的又一条跨国铁路（见图2），全长约752千米，埃塞境内662千米，吉布提境内90千米。亚吉铁路采用中国铁路Ⅱ级标准建设，电气化铁路，客车设计时速120千米，货车设计时速80千米。2012年4月开始勘探设计，2013年1月和7月埃塞段和吉布提段分别开工建设，2018年1月1日亚吉铁路全线开始商业运营。亚吉铁路实现了中国铁路从设计和建设、轨料和机车车辆、运营和维护、人员培训全产业链的走出去。

2020年，亚吉铁路累计开行货车1 370列，发运货物168万吨，进口重箱5.3万个，出口重箱6 720个。受流行性疾病影响，亚吉铁路自2020年3月停止客运业务，2021年1月27日恢复客运业务。2020年客货运总收入6 263万美元，累计（2018—2020年）实现客货运总收入1.4亿美元。

图2　亚吉铁路集装箱货车通过德雷达瓦国家工业园

图片来源：中国土木公众号

埃塞俄比亚和吉布提两国具有类似的政治制度，但其他方面差距很大。埃塞是非洲唯一没有被殖民的国家，吉布提被法国殖民120多年。埃塞是有3 000年悠久历史的文明古国，而吉布提的可追溯的历史较短。埃塞是非洲人口大国，人口超过一亿，吉布提只有100万人。埃塞人均GDP为900美元（2017/2018），吉布提人均GDP为2 000美元（2018）。埃塞是多民族国家，有 80 多个民族，主要民族有 5 个，在阿姆哈拉、奥罗莫、提格雷和索马里四个主要民族之间存在民族矛盾，且有加重态势；吉布提有三个民族，其中伊萨族和埃塞索马里族同源，20 世纪 90 年代曾有民族冲突，后实现了民族和解。埃塞居民中 45% 信奉埃塞俄比亚正教，40%～45% 信奉伊斯兰教，5% 信奉新教，各宗教信徒能和睦相处；吉布提以伊斯兰教为国教，94% 的人口信奉伊斯兰教。埃塞是内陆国家，吉布提是埃塞最主要的出海口，两国相互依存度高。

当我们开始接触亚吉铁路时，要做好以下几点：

第一，需要了解亚吉铁路所处的环境，要了解东道国的地理、历史、民族、宗教、政治、地缘政治和经济。亚吉铁路沿线民族与宗教分布较为复杂。自亚的斯亚贝巴向东，沿线民族依次为阿姆哈拉族（亚的斯地区，信仰东正教）、奥罗莫族（信仰东正教）、阿法尔族（信仰伊斯兰教）、索马里族（信仰伊斯兰教）。具体情况如下：亚的斯亚贝巴附近为埃塞首都地区，主要民族为阿姆哈拉人（约占 40%），此外还有奥罗莫人（30% 左右）、古拉格人（17% 左右）和提格雷人（7.6%）及其他民族。82% 的人口信仰东正教。亚的斯亚贝巴至阿达玛段 80 余千米，沿线主要民族为奥罗莫族，大部分居民信奉东正教，代表城市为阿达玛。此外，这一区段还有一小部分民族信奉伊斯兰教。阿达玛向东至吉布提段约 670 千米区段内，沿线信仰伊斯兰教的民众占比越来越高，信仰基督教的民众越来越少。沿线主要民众自西向东依次为奥罗莫人、阿法尔人、索马里族人。这一区段的奥罗莫人信仰伊斯兰教的比例逐步升高，阿法尔人大部分信仰伊斯兰教，米埃索向东直至吉布提居民主要为索马里族下面的伊萨族分支，民众信仰伊斯兰教。

这样的环境对实施项目的中国公司提出了巨大的跨文化领导力的挑战，要求项目经理及其团队在实施项目期间，除了按合同要求把项目的工期、质量、安全、环保、成本等控制好以外，还要带好由中、埃、吉三国员工组成的多民族多宗教的队伍，处理沿线不同民族、不同宗教信仰的民众的不同诉求。国际工程管理人员一般为工程技术专业出身，人文方面的知识或修养不足，因此参与国际工程管理工作需要不断补充这方面的知识。

第二，包容。不要指望东道国接受本国的文化，中国公司也不必接受东道国文化，这就需要包容精神。需要包容的有价值观、宗教信仰、生活习惯等等。中方员工在海外7/24的工作精神，当地人虽然佩服，但绝不认同，他们拒绝上夜班、拒绝节假日和周末加班，把去教堂和清真寺祈祷看作生活中最重要的部分。

第三，引导。国际工程项目实施过程中需要引导的事情很多，引导也要有理有据，要站在对方角度说服对方，虽不是易事，但非常必要。以亚吉铁路的技术标准为例，起初，埃塞希望建设200千米时速的铁路，类似准高速铁路。我们当时估算，1千米造价要1 200万美元，费用显然超出埃塞政府的承受能力。后来，埃塞要求时速拟定为160千米。考虑亚吉铁路沿线的地形地貌特征，尤其是亚的斯亚贝巴海拔在2 300～2 400米之间，而吉布提海拔在10米左右，以及铁路线要跨过东非大裂谷，如此大的高差以及起伏的地貌，工程造价和使用功能必须匹配，尤其是财政承受能力。我们尽可能说服埃塞从实际出发，考量性价比，并提供了一个最适合亚吉铁路的方案，即采用中国铁路Ⅱ级标准，时速120千米。为了让埃塞同行接受中国铁路标准，中方特意邀请埃塞铁路公司官员到尼日利亚考察建设中的阿卡铁路，阿卡铁路是海外首条采用中国技术标准设计建造的铁路，考察触动了埃塞人士，尤其是和尼日利亚铁路同行沟通交流以后，埃塞方面逐渐意识到，中国铁路技术标准不低于西方铁路技术标准，且具备四大优势，即技术先进、安全可靠、兼容性强、性价比高。最后，埃塞采纳了中方建议，吉布提跟随。

第四，尊重。在国际工程项目实施过程中，除了包容、引导外，尊重对方也十分重要。以亚吉铁路为例，埃塞鉴于以下两个原因坚持亚吉铁路要建成电气化铁路。一是其水电资源丰富，已建成不少水电站，正在青尼罗河上游建设的复兴大坝，装机容量6 000兆瓦，将是非洲最大的水力发电站。埃塞的电力除了供应本国需要外,还出口吉布提和肯尼亚。二是埃塞油气资源匮乏,所有柴油、汽油等油料均需进口。中方认为埃塞虽然建成并正在建设诸多水电站,但供电系统薄弱,缺少将电力从水电站输送到亚吉铁路沿线的输变电系统,电气化铁路列车运行过程中需要稳定的大容量电力供应,水电由于其性质也难以做到。中方一再说服埃塞先建内燃牵引铁路、预留电气化条件,待时机成熟再上电气化,但埃塞方面始终坚持电气化铁路。后来我们了解到,除了上述水电丰富和燃油需要进口两个客观原因外,埃塞期望亚吉铁路成为撒哈拉以南非洲第一条电气化铁路的民族自尊心也是其主观原因之一。亚吉铁路电气化,是埃塞坚持、中方尊重的结果。

第五,利益相关者关系。国际工程项目的利益相关者有:员工、业主(客户)、合作伙伴、供应商和分包商、政府、行业组织、社区等。国际工程利益相关者的目标一般一致,都是希望把项目做好,但各利益相关者的利益诉求不一致,从而导致出现矛盾。所以国际工程项目要处理好利益相关者之间的关系。如何处理好利益相关者的关系呢?首先要清楚不同利益相关者的权重,找到实现各方利益最大化的公约数,也即整体利益和个体利益的最大化。

以亚吉铁路为例。中方接手亚吉铁路运营维护任务以来,确保运营安全和提升运量是两大主要任务。自2018年1月至2019年9月底,亚吉铁路共发生路外相撞(撞牲畜)事故493起,发生盗窃破坏铁路设施的事件556起,严重影响铁路运营安全,降低了铁路运输效率。除了督促政府打击铁路犯罪活动、进行道口改造、增设铁路沿线封闭设施及人畜通道、加强铁路沿线安全宣讲不断提升沿线居民的安全意识、争取地方政府和当地传统部族长老与居民对铁路的支持与保护外,公司在沿线村庄招聘线路巡线员,加大全线巡线工作,使村民能从保护铁路运营安全过程中受益。2019年相撞与盗窃事故发生率已经较2018年有了明显下降,其中牲畜相撞事故同比降了39.8%,盗窃破坏事件下降了71%。

亚吉铁路运量提升涉及埃塞航运公司(货主代理)、埃塞石油公司(油料进口)、吉布提港口、埃塞电力公司(为亚吉铁路供电)、卡车司机协会、银行(提供贷款)、散货主和旅客几个主要利益相关者,也涉及埃塞物流业开放、铁路货场装卸能力提升等幕后利益相关者,但归根到底是要让大家认识到铁路运输安全、高效的价值,感受到运量提升后带来的好处。和主要利益相关者合资合作,共享铁路带来的收益是运量提升的可行性方案之一。

第六,员工队伍建设。在东道国长期经营,应该考虑员工的职业发展规划,其中最重要的一项是培训。以亚吉铁路为例,中方在签订6+2年的运营维护合同后,开始了亚吉铁路能力建设工作。根据合同约定,亚吉铁路共需高层、中层管理人员约200人,作业层人员约2 400人,合计约2 600人。埃塞、吉布提两国几乎没有铁路专业人员,要使当地普通人变成熟练掌握铁路各专业岗位的知识和技能、具备独立上岗能力的铁路人,不是一件容易的事情,因此能力建设即培训的任务相当繁重。从2017年12月起,公司陆续招聘当地员工,中方联合体采用边招聘、边培训、边生产的方式,迄今已经对当地员工进行了58批次的培训,涵盖了岗前培训、实操培训、理论培训、师带徒培训、研讨会和补强培训方式,涉及车务、工务、电务、车辆、调度中心、生活供应段以及总部等专业,累计培训人数达到了782人。培训主要在埃塞现场进行,由西南交通大学、北京交通大学派老师到现场培训,其中有65名电力机车司机学员计划分两批派往郑州铁路职业技术学院强化培训6个月。

第七,教育。欠发达国家高失业率的原因来自两个方面:一个是经济发展滞后导致无法提供足够的工作岗位;另一个是有不少岗位在当地招收不到合格的劳动力,这是教育发展滞后、教育与产业需求不匹配导致的。中国公司在"一带一路"倡议下,在非洲和亚洲国家建成了一大批铁路、机场、港口、电站项目,这些项目建成后的运行需要大量的运营管理人才,而此类人才在一些国家极其短缺。

国家领导人在中非合作论坛北京峰会上提出,要在非洲设立10个鲁班工坊。2019年3月,中国在非洲建设的第一家鲁班工坊——吉布提鲁班工坊在吉布提工商学校正式揭牌，其专业设置为亚吉铁路和吉布提港口"量身定做"，将成为吉布提当地铁路和商贸人才培养基地。鲁班工坊在帮助中国企业培养熟悉中国技术、产品、工艺的本土技术技能人才的同时，也为当地青年带来了就业与发展的新机遇。正是这一特点，吉布提鲁班工坊设立的消息在其他国家引起了强烈反响，不少国家正在积极对接天津，更多的鲁班工坊将陆续在海外设立。

鲁班工坊为天津首创，目前已在海外建设了17个。除了鲁班工坊外，中国援建的一批职业技术学校陆续建成或开工，如巴基斯坦瓜达尔职业技术学校日前建成、援坦桑尼亚卡盖拉职业技术学校近日奠基。中国教育"走出去"对国际工程跨文化领导力的作用将是巨大的。

四、海外领军人物在国际工程跨文化领导力方面的作用

中国国际工程的发展和跨文化领导力离不开领军人才的培育和使用。何谓国际工程领军人才？根据国际工程实践，笔者总结了领军人才的十个基本条件，包括五个硬件条件和五个软件条件。五个硬件条件是：①作为项目经理，曾经成功地实施过至少一个海外项目；②作为国别经理，曾经成功地经营和管理过至少一个国别市场；③有担任过总部部门经理的经历；④在国外累计工作过10+年；⑤能用外语直接沟通（书面和口头），不依靠翻译。还需要具备国际视野和远见、有商机判断能力、有项目承揽能力、有项目实施能力五个软件条件。

中国俗语有言，狭路相逢勇者胜，勇者相逢智者胜，智者相逢仁者胜。国际工程领军人才要具备勇、智、仁三种特质。

勇者。国际工程市场环境充满风险，领军人才要敢当勇者，敢于竞争，敢于承担结果具有不确定性的任务。中国国际工程业务要继续发展，要不断地开拓新的市场，要不断地介入新的领域，要不断地面临新的挑战。如果不

敢担当、没有事业心、没有责任心，将一事无成。

智者。国际工程项目涉及复杂的利益相关者，而且利益相关者的诉求会随着项目进展不断发生变化，因此一个各方均能接受的商业模式很重要。领军人才应该是这个商业模式的策划者、设计者、协调者、执行者，在整个项目生命周期中，始终以共赢的理念平衡好、处理好各方利益关系，既要保护自己利益，也不能忽略他人利益，这是一门复杂艺术。

仁者。国际工程领军人才一定要学会换位思考，在发展国际工程业务时，把东道国的利益放在首位，响应东道国发展愿景，遵循东道国发展规划。亚吉铁路连接埃塞工业园和吉布提港口，以"建设一条铁路，拉动沿线经济发展"的亚吉模式，形成了前景广阔的亚吉铁路经济走廊，实现了埃塞、吉布提和中方的共赢，这是我们每一个国际工程项目追寻的目标。

结语

"一带一路"倡议提出后，由于在设施联通方面独特的作用，中国国际工程业务在东道国政府和中国政府的支持下得到了蓬勃发展。尤其是在65个传统"一带一路"国家[①]，发展速度明显高于其他国家，一批有影响力的工程相继建成并投入使用，获得了东道国政府和民众的赞誉，以及全球的关注。这期间中国国际工程也从一般的设计施工工程项目转型升级到更高级的投资＋建设＋运营一体化项目，这比过去更加深入地融入了当地社会经济发展。民心相通成为重要课题，跨文化领导力在贯彻共商共建共享、合作共赢与实现国际工程高质量发展方面越来越重要。

---

① 65个传统"一带一路"国家，是指蒙古、东盟10国、西亚18国、南亚8国、中亚5国、独联体7国和中东欧16国。截至2020年11月，中国已与138个国家签署了共建"一带一路"合作文件。

后记

1. 中国国际工程比以往更迫切需要跨文化领导力

（1）属地化经营，国际工程在一国经营的最高阶段。

中国国际工程在一国经营的发展历程为项目、市场、品牌，再到属地化经营。何谓属地化经营？一切生产要素，如人员、设备、材料、技术、土地、资金等，最大幅度取自当地。属地化经营是经营一个"铁打的营盘"，不是干一个项目就走，而是"干一个项目、树一座丰碑、交一方朋友、拓一方市场"。属地化经营需要研究当地政治、法律、社会、经济环境，并努力使自己融入当地社会，像当地人一样思考，与当地社会共发展。

属地化经营的硬件指标：

① 在东道国注册公司（分公司、有限公司、合资公司），拥有办公和生产基地等经营场所。

② 除承揽实施承包工程外，已在其他领域开展业务，如工业（和建筑相关）、矿业、房地产、工业园、商贸、物流等多元化业务，实现了以承包工程为主业，相关多元化发展的"1+N"经营格局。

③ 在当地拥有足量的机械设备和周转材料、充足的资金和持续的现金流、人才梯队和稳定的员工队伍，实现可持续的经营和生产。

属地化经营的软件指标：

① 在东道国具备良好的政商资源，能够和东道国政府高层保持长期的、稳定的、密切的接触，不受政府换届影响。

② 在东道国实施过或正在实施重大战略意义的标志性工程，公司品牌在当地市场有一定的知名度、美誉度及民众认可度。

③ 在当地纳税。

（2）投建营一体化，国际工程的最高层次。

投建营是指投资（＋融资）＋建设（设计、采购、施工，即 EPC）＋运营维护（即 O&M），目前的主要表现形式为 PPP（Public-Private-Partnership，公私合营）或 BOT（Building-Operate-Transfer，建设、运营、移交）。为实施投建营项目而设立的项目公司也称为 SPV（Special Purpose Vehicle）。何为投建营一体化？是指由一家公司从头到尾运作"投资（＋融资）＋建设＋运营维护"。一般情况下，国际承包商很少从头到尾参与投建营项目，他们或者中途下车，或者中途上车，以便使参与者贡献其最大的专业价值，因为参与者并非全能。但中国公司目前多采用投建营一体化，以提高效率，但风险也更大。

投建营一体化项目一般由承包商发起、开发、实施和运营，这时承包商兼具业主、承包商双重身份，比起过去单独做承包商责任更大。投建营一体化项目由于工期更长，对国际及当地政治、经济、社会稳定性要求更高。

由于投建营项目利润率高，如法国万喜集团 2018 年特许经营业务以 16% 的营收占比贡献了集团 65% 的净利润，2019 年更达到 69.2%，万喜特许经营净利润率为 27%，远高于其工程承包 2%，因此当下中国公司纷纷效仿。

（3）国际并购，一个更大的挑战。

近年来，为了提升竞争力，或者为了进入新市场新领域、扩大市场份额，中国企业开始在国际市场展开并购设计咨询和工程公司。几次有影响力的并购为：2014 年中建并购美国 Plaza 建筑公司，Plaza 建筑公司成立于 1986 年，是美国知名的建筑管理和总承包商之一；2015 年中交收购澳大利亚 John Holland 全部股权，John Holland 是澳大利亚一流工程和服务承包商之一，业务遍及基建、能源、资源和交通等行业；2016 年苏交科收购西班牙 Eptisa 工程咨询公司，Eptisa 公司成立于 1956 年，是西班牙最老牌的工程设计企业，业务遍及全球 40 多个国家和地区，西班牙以外业务占比近 80%；2017 年电建收购意大利工程设计企业 Geodata 公司 80% 股份；2020 年能建收购西班牙 EAI 和 Ghesa 工程设计企业；2020 年铁建收购西班牙 Grupo Aldesa SA 公司

75%股份。

由于流行性疾病的影响，国际工程市场更加困难。可以预料到，一些国际承包商资金链条断裂，因此被迫寻求破产重组情况或比流行性疾病前更多，中国公司可抓住机遇择优并购理想的国际设计咨询和工程公司。但必须在并购前明确并购的目的和并购的标的，尽职做好调查，组建专业的谈判团队，尤其要明确并购后如何管理。

2. 杨壮教授点评

袁立是一位资深的海外工程管理者和项目的领导者。他从中国国际工程发展的30多年历史角度为我们详细分析了中国国际工程面临的跨文化环境。他是开发和管理亚吉铁路项目的主要负责人，在跨文化员工管理和培养跨文化领导力方面有独到和深入的见解。袁总的文章结论有大量通过研究搜集来的一手资料和数字的支撑，我对其中的几个核心观点做一点我个人的评论：

第一，袁总认为，全球国际工程市场分四个区域：欠发达经济体，发展中经济体，新兴经济体，发达经济体。前两个经济不发达区域，接受或基本接受中国项目标准；后两个经济发达区域，采用欧美标准，不接受中国标准。我同意，由于这些区域经济发展阶段和文化历史不同，我们的国际工程项目管理者要认真学习，深入了解当地的国情、历史、文化、语言、风俗习惯、法律制度。在非洲初级市场取得的经验不可能拿到欧美国家去操作，尽管非洲市场中国公司份额已经达到61.9%，而北美欧洲工程份额很小。但是，我想到的问题是，什么是区域标准？我去过一些非洲国家，南非之外，工程招标越来越国际化、欧美化，中国企业恐怕也要与时共进，提高在非洲工程操作的质量标准线。在今天国际环境下，中国标准不应该意味着质量的妥协。在非洲，工程遇到质量问题会很麻烦，对企业声誉有极大杀伤力。日本汽车公司早期在中国采用中国标准，低于美国标准，汽车质量出现问题，品牌形象受到损伤。德国汽车公司在中国的产品，核心部件坚持德国标准，不仅增大了在中国的市场份额，也保持了德国品质不容置疑。

第二，袁总总结了国际工程领导者应具备的十个基本条件，我十分赞同。硬件条件是：作为项目经理，曾经成功地实施过至少一个海外项目；作为国别经理，曾经成功地经营和管理过至少一个国别市场；有担任过总部部门经理的经历；在国外累计工作过10+年；能用外语直接沟通（书面和口头），不依靠翻译。五个软件条件是：具备国际视野和远见、有商机判断能力、有项目承揽能力、有项目实施能力。我认为硬件条件是基础条件，软件条件是必要条件。在今天复杂多元的国际环境下，后者比前者更加重要。软件条件包含了国际工程领导者的综合全球领导力、核心价值观、洞察力、判断力、沟通谈判能力以及项目运营能力。

第三，袁总总结国际工程领军人才的三种特质"勇、智、仁"，值得中国"走出去"企业借鉴。这三者既有先后顺序关系，又有循环交错的特质。国外工程市场的跨国领导者首先需要胆识，敢于承担风险，敢于担当。勇气属于三元领导力中的品格领导力范畴，坚毅果敢的品格是全球领导人的重要特质。但有勇无谋是大忌，所以在多元国际环境下，有谋略有智慧的领导者才有可能见招拆招，在协调和平衡各方利益的情况下，维护和发展公司的利益。领导人的智慧包括专业能力、沟通能力、协调能力、组织能力、创新和变革的能力。这些均属于专业领导力的范畴。袁总提及的"仁"是三元领导力中思想领导力的体现。正如袁总所说，国际工程领军人才一定要有换位思考的能力，有高瞻远瞩的视野，有固收的价值观，不但追求公司利益最大化，更要将企业发展路径与东道国当地经济发展路径相结合；既有局部观，更有大局观。正如亚吉铁路一样，不仅仅是连接工业园区和吉布提港口的铁路线，更是集生产、物流和销售为一体的经济命脉，为中国、埃塞俄比亚和吉布提的三国共赢提供了坚实的基础设施储备。"勇、智、仁"这三个元素不是线性关系，是一个往复循环的过程，甚至是跳跃性的。在不同发展阶段，不同情境下，三个元素的侧重点也不同。

创新领导力成就
业务高成长

程晓江[1]

摘要

随着中国的崛起，我们的国企、民企都开始走向海外。能够了解和借鉴更多的外资企业在跨文化方面的最佳实践，可带来一些启迪，笔者觉得这是一件很有意义的事情。创科集团在三十年前仅仅是一家 OEM（代工厂商）的公司，之后通过一系列的并购策略，现如今发展成为全球行业内的佼佼者。从当初的 56 万美元销售额到现在突破 77 亿美元，无疑是一个里程碑式的突破，而在此过程中集团的创新产品能快速上市最大限度满足客户要求，是其制胜的要素。集团在创新领导力方面凸显其优势，最终获得全球客户的认可。

导读

创科集团于 1985 年成立。成立当初仅仅是一家 OEM 的公司，销售额 56

---

[1] 程晓江，全球大型跨国电动工具公司 Techtronic Industries 的人力资源副总裁，也是北大国发院 CHO100 人组织成员。程女士有很强的国际化背景，曾先后在美国 PonyCycle、瑞士诺华公司的中国总部及瑞士巴塞尔总部、美国波士顿科学中国总部的人力资源管理岗位任职多年，曾获得"年度先锋 HR Head"等奖项。

万美元。经过三十多年的发展，创科集团收购了很多全球电动工具行业知名品牌，收购之后把各产品线做大做强，无论是技术还是产品在过去的许多年中持续做创新和迭代，品牌也在北美市场、欧洲、澳洲等DIY（自己动手）文化盛行的国家卖得非常好，在全球有很多忠实粉丝。2019年销售额是77亿美元，折合人民币是540亿元，从56万美元到77亿美元的营业额无疑是一个里程碑式的突破。创科在全球有33 000多名雇员，21 000多名雇员在创科中国区工作。

创科的产品非常多，研发运营分布在好几个大洲，主要有亚洲、北美、欧洲等地。全球的研发团队共享一个产品的PLM管理平台，24小时都有研发人员在进行产品研发，中国的工程师下班以后，美国的工程师又继续相关的研发工作。

流行性疾病爆发到今天为止，二万多雇员仅有一例感染，中国流行性疾病管控放松后，美国的流行性疾病又开始变得严峻起来，待在家中的人们购买工具的需求上升，所以销量狂涨。2019年初，公司股价是68元，到流行性疾病最严重的时候是42元，现在已经涨到100多元。

一、跨文化领导力与创新

创科集团能够在30年里迅猛发展，最关键的是创新产品得到了全球用户的认可。从研发、销售到制造，整个价值链都围绕最终用户需要的产品来做，而且一直在迭代和创新。每个业务单元、不同产品线，每年平均100个新产品上市，这些都是围绕客户的价值取向，而创新领导力是创科集团最大的核心竞争力。以下就创新领导力在四个方面的实施做一些阐述：

1. 我去客户工作的现场

因为美国的DIY文化流行，我们的研发人员很多都在美国。在美国请人上门服务费用很贵，所以很多人都是自己动手修理或改善家居用品。

图 1（a）是一款是我们的 Rotary Hammer，锂电电锤产品，用这个电锤打洞的时候，就算做了很好的劳动保护，如戴了护目镜、口罩，粉尘还是非常大。我们工程师会到现场观察，希望能帮用户解决这个问题。研发团队回来以后，会集中讨论，想办法解决问题。此后他们缩小了锂电电锤的体积，马力更强，分量更轻，最后解决了问题。图 1（b）就是我们新的锂电电锤。最上端黑色的部分增加了一个小的吸尘器功能，在钻水泥时产生的粉尘会被吸掉，这样客户体验更好，新产品就更受欢迎。

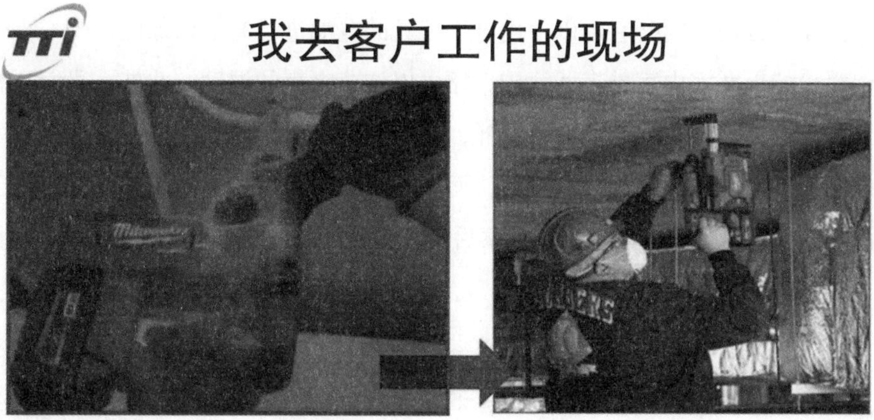

（a）Rotary Hammer 锂电电锤创新

（b）同理观察、改善设计、体积更小、马力更强、锂电更轻、彻底解决问题

图 1　创科集团生产的锂电电锤

2. 了解用户所思所想

在北美，无论是哪个品牌的电动工具都有非常多的忠实粉丝，我们的研发人员也会去找一些频繁使用电动工具的人，把他们组织起来，并让他们把自己改进的工具带到现场来，和我们的工程师分享，这样就可以把很多的"好主意"集中起来，研发人员会把这些创意糅合到最后的设计上，这样在客户体验上也会更好，这正是替客户所思所想的方面。

3. 同理观察，满足念想

同理观察，带着同理心去观察用户使用状况，换位思考，改善设计，先客户一步解决痛点。北美的冬天特别冷，很多地方零下 20 几度。很多在户外工作的人因为无法在这种天气下长期待在户外，总效率降低。我们的设计人员看到这些，就在思考如何能解决这一问题。

得益于我们强大的锂电技术，设计人员开始考虑用锂电和充电器的平台，设计一款产品来彻底解决问题，满足全天候工作的需要。这个产品就是我们的 Milwaukee 加热夹克和手套（见图 2）。这个加热夹克是防水的，可以用洗衣机清洗，非常方便。同时它可以使用电工工具的电池进行充电以保证至少 6 小时的保暖。如果在室内室外来回穿梭，还可以调节夹克的温度。此外，我们还有冬天打猎的加热夹克，像迷彩服一样，在树林里守候猎物比较隐蔽。这一系列的产品实际上已经不属于电动工具，而属于跨界的纺织类产品。可能客户自己都没想到，但是我们却能够同理观察后把它们做出来，这是创新的另一个方面。

图 2　创科集团生产的加热夹克及手套

4. 我在客户选货的卖场

在北美，我们在大客户（如 HomeDepot 这样的大卖场）中安排了自己招聘的管理实习生轮岗驻店销售（其他品牌基本没有），他们都受过良好的产品培训，一来可以帮助客户挑选产品，讲解我们独一无二的产品优势，二来也可以帮助这些销售人员，从最基层开始了解运作，了解客户的需求。这也是企业管培生要体验的工作之一，如图 3 所示。

图 3　LDP 项目

HR 也在支持业务，这么多年一直在做各种各样的创新。例如，"创科招聘开放日"是我们一个很大的创新，我们周六在公司现场做招聘，候选人不需要请假来面试，来了公司以后，可以听到公司的相关介绍，可以看到公司的样子、自己未来的办公室是什么样的、未来吃饭的餐厅什么样、未来要住的宿舍什么样。用人部门的经理都在场，面试也基本都是一次即可，所以到了当天傍晚的时候，就已经知道要录用哪些人。候选人也很开心，眼见为实，不会耽误他们的工作时间，效率很高。

讲到用户体验，过去我们的校招大多以校园宣讲为主，我们准备好各种宣讲 PPT 资料请高管们参与宣讲。之后我们用设计思维，从客户的角度出发改革了之前的方式，因为大学生都已经是 95 后了，我们并不真正了解这些同学们到底希望知道什么信息，所以我们让刚加入公司的同学参与到校招项目中，以"小鲜肉"带"老腊肉"的方式决定宣讲的内容和呈现，效果很好。

二、跨文化领导力与社会责任

如果一个企业的社会责任方面做得比较好，会在市场上形成一个比较好的口碑，用户对其产品信任度也会好很多。如果是上市公司，年报都需要报告环保、社会责任方面的表现，其中有很多细节问题，加上媒体、投资者等等都想要了解公司社会责任执行的情况，这都要求公司如实公开报告。

COC 职业操守对于外企是特别重视的一件事情。创科集团在全球都有举报热线，考虑到全球语言的差异，这个举报热线有自动跳转到人工翻译相应语言的功能。很多外企人现在血液里都已经流淌着职业操守的血液，很注重这个方面。另外，从全球各种方面看，客户审计也要求越来越高，如反恐、反奴役、海外反腐等。我们的供应商都需要签 COC 的各种承诺书，如需要申报稀有金属的来源和供货地，每一层都要上报。像有些非洲国家因资源发生战乱，就不能接受他们提供的稀有金属。最近政府也开始要求个人信息保护，同时出台了很多政策。此外，还有养老保险问题。在中国，年轻的雇员、特别是生产线的工人，他们不想缴纳养老保险，但这是法律所要求的，所以我们需要进行非常细致的沟通。笔者在此分享一个公式，"职业操守＋社会责任＝更高的费用"。这些费用很高，但是如果企业有担当，会受到方方面面的赞许。

三、跨文化领导力与保护主义

因为历史上中国制造的很多东西价格比较低廉,质量方面会有一些欠缺,所以信任度会被大打折扣。很多年前大家都喜欢买出口转内销的东西,它比正常的非出口转内销的产品质量要好。

创科集团当时准备购买一套考勤系统,后来公司决定用美国克罗诺斯的考勤系统。但这里存在一个很大的问题,在美国,多数公司都是8个小时正常工作时间,偶尔外加一到二小时的加班时间。但在中国经常是"两班倒""三班倒",有很大的不同。另外,中国有很多假期,可以用节前、节后周末上班灵活调整来延长某一次的假期,而这些在美国都不存在。所以这个系统当时是一个很大的问题,我们花了很多的时间和该公司美国的研发团队开电话会议,要他们重新调整系统设计,来适应我们的国情。笔者认为,保护主义降低了我们的效率,另外微软有lync、teams系统,我们却不能用企业微信版。中国有很多不错的供应商,在中国有价格和技术优势,却是美国某些清单上的供应商,我们也不能用。未来中国企业走到海外去的时候,这些方面都要去权衡,考虑可行性时要更加务实一点。

四、跨文化领导力与谦逊

谦逊的定义到底是什么?其实就是考虑自己少一点,在内心里把"自我"的声音降低,更多地去关注别人,倾听他人的声音。"我"一定是排在"我们""你们"后面。

美国硅谷有105家企业做过调研,如果公司的CEO具有谦逊的品质,他们在战略布局、管理团队和绩效表现中都会好很多,团队的协作性和灵活性也会好很多。我们自己作为一个个体,在一个企业干活,如果我们的leader是一个比较谦逊的人,工作起来就会比较轻松,沟通上也会更顺畅。

哈佛商学院的 Amy Cuddy 教授在一篇文章中提到，"所有的领导者，如果他们在展示自我的胜任力之前，能够给下属或周围的人展示自己善良、谦逊的一面，那么相比那些很严厉、自负的领导者，雇员效率要更高"。

诺华当年的董事长 Krauer 博士就是位特别谦逊的人。他来中国访问，和我们在一起毫无架子、平等交流、尊重他人，开会从不迟到。另一位先生是笔者的前雇主波士顿科学的创始人 John Abele 先生，他每天开车上下班，经过大门门岗的起落杆时每每都会主动停车，还和保安打招呼问好，甚至叫得出他们的名字，作为雇员看到他们拥有如此谦逊的品格，深受感动。

谦逊可以是你悄悄地找些办法、做一些安排，让其他人有机会来谈他们自己或分享自己与他人的故事。谦逊的管理者与团队有良好的关系、更加开放，建立信任后的力量会是无穷的；这些方方面面都会让组织更加健康，更加高效。

结语

创科集团的品牌故事背后反映出强大的美国 DIY 文化。DIY"自己去做"文化内涵就是独立自主去解决生活中、学习中、工作中、创新过程中遇到的很多问题，不去过分依赖他人的帮助。

后记

1. 延展思考

思考一：社会责任是否需要建立具体的管理制度？我们应该从哪几个维度建立这个制度体系？

公司的《雇员手册》里面有非常详细的要求，无论是职业操守还是与社会责任相关的。首先必须执行当地法律要求，不能做违法的事，这里有很多的条条框框，如劳动法、公司法，还有很多当地法律法规。

对于职业操守方面也是，你能接受多少价格的礼品，能够做什么、不能够做什么，都写得非常清楚。当然，制度肯定要跟公司的价值观吻合。一般来说，外企对违规的处理都是绝不留情的。至于具体的内容，也会进行修改和添加，因为法律、社会的要求和环境都会发生变化。

思考二：欧盟发布的《一般数据保护条例》（GDPR），对 TTI 中国的业务和人力资源管理工作有什么实际的影响？TTI 中国对此项法案有什么具体的应对措施？

HR 掌握了雇员非常多的信息，所以我们要有一些措施来加强雇员个人信息的保护。不仅是 HR，还有其他的一些职能部门也需要保护，公司要形成一些政策，让大家有法可循。集团法务部正着手讲解相关法律要求，下一步与我们共同制定一些行动计划。

思考三：如何在企业弱小的时候坚持道德底线，同时坚持价值创造？

所有的创业者都特别不容易，关键在于怎么看待。在现在这样一个社会，资讯这么发达，很难有能够藏着掖着而成功的。所以一开始的时候，即便公司（规模）很小，至少也要把最关键的那些事情，或者是很有分量、很重要的事情去做起来。另外，如果暂时做不到，笔者个人的建议是，可以和政府相关部门做一些沟通，看看有没有什么地方他们能够帮助你，或者看看政府的人有没有什么建议，或者采取一些折中的办法，但是最重要的还是要守住自己的底线。

2. 杨壮教授点评

创科集团，一个成立于 1985 年当时销售额只有 56 万美元的 OEM 公司，到 2019 年销售额已经翻千倍到 77 亿美元，雇佣 33 000 多名员工。奇迹是怎么发生的？

德鲁克曾指出，企业的最终目标就是创造客户。创科集团真正把"客户至上"的经营理念落实在行动之中，从三个创新点做起："我去客户工作的现场""同理观察，满足念想""我在客户选货的卖场"。这些措施让创科集团的员工走出办公室，走到一线顾客之中，掌握客户需求的一手资料，让公司生产的各种工具和客户需求紧密连在一起。这是创科集团制胜的法宝。

支撑创科品牌成功背后是美国的 DIY 文化。DIY 是指"自己去做"，不过分依赖他人替你做事，如修理房屋、连接电线、清理炉灶、整理花园等。DIY"自己去做"（自己动手）现象深深扎根于美国文化之中，昂贵的人工成本也成为美国人自己动手的动力。要自己动手，就必须有有效的工具。美国客户对不同作用、类别、功能、质量的工具需求越来越高。参观美国别墅家庭，你会看到车库里摆着各种各样、五花八门的工具，就像一个大修理车间。超市里的工具展台也是中年男人喜欢逛的场所。

DIY 文化、别墅文化、昂贵的人工成本为创科集团带来了广泛的消费人群和巨大的消费市场，顾客对工具的苛求也为产品持续创新提供了原动力。

创科集团的现场参与、同理观察、客户选货的做法与日本丰田公司要求中层领导亲临车间现场、目视问题、找到改善流程的做法，有异曲同工之处。解决客户需求的方法不是坐在办公室思考，而是到客户之中寻找答案。

程晓江女士分享创科的另外一个经验就是坚持做正确的事情，坚持职业操守和社会责任，最终给创科公司带来的是社会信誉和消费者依赖，降低企业成本。很多跨国公司长期强调环保和社会责任。中国企业最近十年来也开始注意这些问题，把企业的职业操守和社会责任作为公司的战略举措。

在中国企业海外失败案例中，有两类问题：一类涉及跨文化的冲突；另一类涉及企业的经营模式和社会责任。创科集团的客户至上和职业操守的模式给中国企业树立了一个标杆，对企业长远发展至关重要。创科的经验是，长期坚持职业操守，企业信任度一定提高。跨国公司总部的巡查也会减少。

很多美国企业有全球战略（global strategy）意识，可以产生规模效应，保证产品的质量，因此他们有时不太愿意本土化。以沃尔玛和家乐福为例，沃尔玛曾是全球战略的典型做法：坚持独资，全球采购，导致成本高昂，与政府关系紧张。而家乐福采用多国扩张战略（Multi-country Strategy），每个超市由经理负责，采购因地制宜，把30%的股份交给中国合作伙伴，发展中很少遇到阻力。十年之后，家乐福的数量和销售是沃尔玛的两倍。

但15年之后，沃尔玛在中国经营得越来越好。因为沃尔玛的全球体系适合今天的中国国情。2005年之后，中国汽车行业腾飞，房地产建设蓬勃兴起，中高层白领购物方式开始和美国中产阶级趋同。而家乐福选址在市中心和居民区，主要客户是老年群体，提高了家乐福运营和采购成本。

保护主义是比较复杂的一个题目，也是跨国公司战略发展中的核心问题。搞不好，对跨国公司的本土化经营效率会有负面的影响。因此要不断平衡。

程女士最后分享的观点是谦逊领导力的力量。谦逊领导力是有效管理问题的核心，因为谦逊领导者的笑容会产生巨大的影响力。武断专横的管理风格是造成员工离职的重要因素之一。领导者的谦逊可以减少人才流失，降低成本。

中国文化特别强调魅力领导力，和中国千年集权传统文化影响有关联。但是德鲁克对魅力领导力不喜欢，很警觉。德鲁克认为，魅力领导力过分强调个人崇拜、个人特质和贡献，不符合客观规律和社会发展趋势。过分强调领导者魅力会让一些人盲从崇拜，最终造成不良后果。谦逊领导力也是中国传统儒释道提倡的一种领导理念，在中国，在外国，都会产生积极正面的影响力。

儒商之道与犹太生意经的碰撞

袁国术[①]

摘要　科普行业中的科普展品，大多具有创意性、定制化、非标准的特性，很难转化为可量产、可迭代升级的产品。国术科技多年来致力于科普展品的产品化，寻求打造标准化科技产品。在接连面对2008年金融危机、2017年环保风暴等行业困境后，国术科技的领导者放眼国际，遍访欧美创新型企业，于2016年第二届中以创新投资大会上寻找到突破行业困境的科技产品，并开启了一段与犹太商人的交流与合作。彼此从最初带有警惕性的考察到后来的深度互信，从签订备忘录MOU到最终成立面向中国市场的国术Eyeplay品牌、赛未来Sciwill品牌。在这场东西方文化交流碰撞中，犹太民族严谨、创新和精明的气质与中华民族执着、坚韧和包容的精神在鲜明的对比中实现了顺畅的融合。本着对科普事业的共同追求与情怀，中以合作不仅让国术Eyeplay游戏机器人成为全球领先的高科技产品，更成功拥抱中国市场，两家公司的国际商业合作也成就了一段行业内的跨文化交流佳话。

---

① 袁国术，工学博士，副研究馆员（科学传播），北大国发院BiMBA商学院EMBA校友，国术科技创始人、董事长。

导读

以色列是全球重要的科技研发中心,被誉为"创新国度",也称为"中东硅谷",在研发创新上具有显著的核心竞争力,华为、联想、小米等一批中国企业也已在此设立研发中心。2016年,中以两国规模最大的投资大会——第二届中以创新投资大会在以色列特拉维夫召开,大会首笔交易在中国国术科技(全球领先的商用游戏机器人公司)和以色列 EyeClick 公司(全球交互投影技术领导者)间签署。

国术科技是一家总部位于北京海淀区的高科技公司,创业十多年来,已经申请近百项专利技术,尤其是在商用游戏机器人等科技研发和智造领域,拥有众多的科研专利。公司在科技强企的道路上,始终不忘科普初心,打造了上千件匠心独具的科普展品,并成为多家科技馆的整体方案供应商。

国术科技一直具有以开放合作促进自主创新的理念,通过第二届中以创新投资大会,与 EyeClick 公司结缘并达成战略合作,通过国术科技智能制造技术与 EyeClick 的交互投影技术和智能游戏开发技术融合,打造出国术 Eyeplay 商用游戏机器人这一革命性产品,成为该产品的全球智造中心,并成为中以国际科技合作的典范,儒商之道与犹太生意经在碰撞中产生了奇妙的化学反应。

2018年11月,国术科技与 EyeClick 公司在首届中国国际进口博览会的签约现场(见图1)。前排左一为 Ariel(Eye Click 公司 CEO),前排左二为笔者。

图1 首届中国国际进口博览会的签约现场

一、困局与谋局

笔者的专业是机械制造及其自动化，笔者对科技智造充满向往。本科毕业到北京后，曾想通过考研去德国进修，后来机缘巧合，在北京担任了一家公司的总经理，投身于科普行业。后来笔者独立创业，成立国术科技公司，转眼已经十多年。前后二十年来，笔者从事科普展品的设计、研发和生产，服务过数十家科技馆，打造了上千件科普展品。

笔者于 2003 年进入科普行业时，恰逢行业的快速成长期。2009 年 9 月，中国科技馆新馆建成开馆时，行业发展达到顶峰。但科技馆展品，具有创意性、定制化、非标准和小批量生产的特征，难以实现可量产的工业化复制。科技馆的建成数量也限制了行业的发展。截至目前，全国的达标科技馆仅为 300 余家。公司若要承接更多的项目，设计和生产人员就得成倍增加，配套更是问题。

笔者于 2010 年创建国术科技。出于前瞻性和直觉，一方面，公司在传统的科技馆行业加大研发投入，提升智造技术水平；另一方面，也将眼光不断投向更为广阔的国际市场。

2008 年的金融危机时，各行各业遭受冲击，需要"做好过冬的准备"。2017 年，北京又出台严格的环境整治措施，凡是不符合首都"四个中心"定位的行业都被纳入治理范围，科普行业也受到影响。虽然科普展品本身不会造成环境污染，但配套的供应链企业均被纳入被治理的范畴。因此我们的供应商大部分被迫停业，小部分撤离北京得以生存。

面对金融危机、环保风暴，笔者是如何带领团队实现突破的呢？

首先得益于北大国发院 BiMBA 商学院的游学传统，加之笔者多年来不断到国外参观科技馆和科技展会，广泛接触了不同国家和地区新的技术和产品，使笔者逐渐坚定了做产品的信念。但科技馆行业的性质，使得科普展品很难做到量产。要破题，就迫切需要找到适合的方向和产品。

路径无非两条，要么自我突破，要么寻求合作。自我突破的周期长、风险大，笔者更倾向于在全球范围内寻求合作。从2010年到2016年，带着全球合作的想法，笔者频繁前往美国、英国、德国、法国、日本、韩国等国家和地区参加各类商务考察活动，直到2016年9月到了以色列特拉维夫，遇到EyeClick。

二、相遇不易，相知更难

在特拉维夫的第二届中以创新投资大会配套展区，笔者对一个摊位所展示的多媒体互动投影游戏发生了兴趣。该展品交互体验迅速灵敏，游戏画面细腻唯美。重要的是，展出的设备高度产品化。

笔者曾在国内的科技馆实施过数十个类似的交互投影项目，却在这里第一次见到能把所有零部件整合到同一个箱体内的产品，明显超越国内技术水平。当时笔者内心很激动，认定这就是要寻找的产品。围绕所展示的三款产品，笔者认真地从互动体验、游戏节目、硬件构成等方面进行了体验和检验。

笔者询问展台工作人员一些简单的技术问题，包括游戏数量、内容订制、如何使用等。刚开始，工作人员很配合，也主动进行介绍，但当被问到投影机参数和传感器参数等细节问题时，他开始变得谨慎，回答也极为简短。那是一种复杂的感觉，他知道遇见了"懂行的"。笔者随后虽然前往其他摊位参观，但心里始终惦记的还是互动投影设备。回到该展台后，笔者和年长的一位工作人员搭讪，交换名片后知道他是亚太区销售总监。笔者向他介绍了国术科技在国内的业务情况，表达了想把该产品引入中国的想法。

这位总监和另一位相关的同事商议后，回来告诉笔者：如果要到中国内地市场合作，需要成立合资公司，并要我方预付1 000万美元货款。

对方之所以提出这样的要求，应缘于不信任。笔者虽心生不悦，但还是先压制住情绪，回会场聆听其他嘉宾演讲。心中暗自思考以色列EyeClick公司提出如此不合理条件的原因。其产品已经卖往欧美、亚洲的韩国、日本、蒙古等国,也包括中国台湾、中国香港等地区,为何偏偏不销往中国大陆市场?

同行的北京国发院老师和校友看出了我的疑惑,他们对以色列商人更加了解,他们认为:一是以色列公司从国外媒体获取到的中国新闻非正面偏多,因此缺乏对中国客观全面的了解;二是以色列商人担心中国企业的模仿能力,对中国企业家有着严重的提防心理。这正好解释了,为何遇到一个询问详细技术问题的同行,他们格外警惕的原因。

投资大会从9月24日持续到26日。三天的时间,还安排了前往以色列国家科技馆参观的行程。笔者意识到,留给自己的时间并不多,一旦错过这样的企业和产品,将失去一次全球合作的好机会,也许将终生遗憾。

以色列商人的防备心理,如何才能突破呢?

三、以诚意开启相知的第一步

国际合作困难重重,但凡事都有两面。

凭借以色列商人的精明,他们自然懂得中国市场的巨大潜力,也有合作意向。有什么办法,能让对方放下防备心理,明白国术科技的诚意?

众所周知,犹太人重视契约精神。他们做事情守律法、守规矩。商定的事情,就会守信履约。因此只有让对方意识到国术科技是一家有实力的、有诚意的、有合作价值的公司,对方的顾虑才会消除,才有达成合作的可能。为此,笔者调整了合作策略:先从小生意谈起,力求循序渐进。

笔者先提出采购需求,订购展出的三台样机,并告诉他们,会把样机带到中国参加第六届中国(芜湖)科普产品博览会,并邀约他们到中国共同参展。

EyeClick公司的亚太总监是一个典型的犹太商人,交谈中,他不停地打量笔者,眼神中透露出几丝喜悦,感受到了合作诚意。这位亚太总监叫Riri,

后来我们成为朋友。

Riri 到展台后方，请出了高大英俊的中年男人——老板 Ariel。笔者对于 Ariel 的第一印象很好，他说话彬彬有礼。笔者介绍了国术科技的情况，他听后很高兴，并接受了来中国参加展会的邀请。

相比 Riri 是偏传统的犹太商人，Ariel 是更偏向国际化的犹太商人。实践证明，国际化的新犹太商人更好打交道。就这样，国术科技和 EyeClick 展开合作，成为第二届中以创新投资大会的第一个成功项目。我们在会场举行了签约仪式，媒体纷纷进行报道。

四、用主场让相知更进一步

2016 年 10 月，以色列产品进口到北京，并前往芜湖参加了第六届中国（芜湖）科普产品博览会。

Ariel 如约抵达芜湖，这是他第一次来中国。三天的展会，我们的展位经常被围得水泄不通。Ariel 一直在现场，他感受到了热情的芜湖市民对于产品的热爱。好的产品是跨越国界的，会受到不同肤色的孩子们的喜爱。

意料之中，我们参展的产品荣获了展会的金奖，笔者和 Ariel 一起上台领奖，兴奋中伴随着喜悦。

我们随后一同回到北京。中国科技馆的殷浩馆长在职工餐厅举办了午餐会欢迎 Ariel，并与他沟通合作事宜。在北京，笔者带他认识了众多老师、朋友以及生意伙伴，也带他到公司和同事们见面，一起品鉴中国美酒，品尝中国美食。

令笔者印象深刻的是，Ariel 从不用纸笔做记录，但对于我们生意谈及的每一处细节，他都记得清清楚楚。犹太人的聪慧可见一斑。

Ariel 非常认同笔者对中国市场的分析，也相信国术科技不仅有合作的技术实力，而且有开发中国市场的能力。中国之行，虽然让他对于合作有了期待，却仍有一些犹豫和紧张。

在国术科技的会议室，我们就合作的范围和深度等展开了长时间的交流，犹太商人的高度理性让笔者倍感压力。一次谈不拢就下次再谈，笔者希望让对方真切地感受到我方的合作诚意。

可喜的是，原本第二天返程的 Ariel 决定延期一天，和我们继续商讨，并成功签署了一份合作备忘录（MOU），约定一个月内进行正式的合作谈判。

五、跨文化的最终握手

一个月的时间过得很快。根据 MOU 的约定，笔者于 12 月下旬带着团队飞抵以色列特拉维夫。

这次谈判，我们做了充分准备：

一是经过对 EyeClick 技术的评测，我们评定该项技术确实是全球领先的。同类竞争产品与之相比有较大差距，短期很难赶上，值得我们抓住机遇。为此，笔者还上调了谈判预期，希望达成战略合作，而非简单的代理。

二是公司的专业知识产权顾问团队，花了近 20 天，对 EyeClick 公司的知识产权布局等情况进行了全球检索，并形成了详细报告。

经过前期的全面了解、深度剖析后，我们做到了心里有数，并大胆地形成了在中国市场建立一个新商标、新品牌"国术 Eyeplay"的设想。该品牌以我方为主，并全力深化国术公司和 EyeClick 公司的深度合作。截至目前，相应的知识产权的本地化落地进展顺利。

在前往以色列的路上，笔者一直在思考如何开启谈判，并构想了一个谈判策略。事实证明，这对后续的谈判起到重要作用：由于我方前期对 EyeClick 公司在知识产权方面的背景等做了全面调查，也从中找到不少漏洞和瑕疵，笔者最终决定将此作为谈判的突破口。当双方的谈判人员进入会议室之后，笔者提醒助理，请其他人员先在会议室外等候，笔者需要单独和

Ariel 先生谈话。此举令所有人诧异，事先笔者一直在权衡利弊得失，未向任何人透露具体的谈判策略。最终，当笔者把厚厚的一份文件呈现在他面前时，Ariel 的面色变得沉重，看得出他只是假装平静。笔者和他单独谈了将近一个半小时，让他理解笔者的初衷是保护和保全他公司的利益，笔者所展示的这些文件内容不宜为包括管理层的公司成员解读。这个细节成为笔者和以色列老板 Ariel 之间的秘密，也让他见识到我们中国人的仁义。

小会开完，双方正式的会谈开始。笔者提出不仅做以色列 EyeClick 公司在中国的独家合作伙伴，还要深度合作，重建中国运营新品牌。对方虽然同意了我方的要求，却提出了很多难以接受的合作条款，尤其是业绩指标。我们的谈判持续了整整三天。到第三天下午，所有参与谈判的人都感觉精疲力竭。

我们已经建立起合作的基础和共识，只是在面对各自的利益和风险时不愿贸然让步。尤其当问题的焦点聚焦到业绩指标，双方陷入焦灼，几乎谈不下去。

对方提议，第二天大家一起去耶路撒冷参观，笔者当即同意。

在特拉维夫的三天谈判让笔者深深体会到，犹太人不愧是一个充满危机感的战斗民族，没有良好的体能和心理素质，和犹太商人谈判一定吃亏。但是，犹太商人愿意和我们持续谈判，是他逐渐相信我们会保护好他的核心利益，因为属于以色列公司的蛋糕，我们不碰不抢。

次日，我们一起坐车离开特拉维夫，前往耶路撒冷。Ariel 告诉笔者，要带我们去一个神秘的地方，那里有惊喜。按照中国商人的想法，生意不成仁义在。笔者也努力把谈判的事情抛在脑后，带着团队成员一起去感受异域风情。后来才知道，Ariel 知道笔者喜欢红酒，专门预约了一家靠近耶路撒冷的红酒酒庄，我们在酒庄参观、品酒、午餐。这样的安排，确实让笔者有些感动。

下午晚些时候，我们到达耶路撒冷，直奔著名的景点哭墙。我们先参观了哭墙外的地下隧道，这是耶路撒冷经过一次次建城和一次次掩埋形成的地下遗址。导游既专业又敬业，或许是恰逢犹太节日的原因，他带领我们参观了平时不对外开放的考古发掘现场。这次参观很幸运，也很震撼。参观的过程中，笔者告诉 Ariel，虽然身在耶路撒冷的古城遗址，自己想到的却是中国同时期建造的万里长城。

走出隧道后，我们前去参观哭墙。入乡随俗，笔者也戴着犹太人的小帽子，写了一张小纸条塞进哭墙的大石头缝，然后在哭墙的大石头上顶礼、冥想。彼时笔者思绪万千，几千年的中华民族和犹太民族，都是多灾多难，现在以各自的方式屹立在世界之林。当笔者结束冥想回头看时，对方已在不远处等待。我们互相看着彼此，相视无语，在气场强大的耶路撒冷哭墙边上，分属于中华民族和犹太民族的我们，心却拉近了很多，似乎有种东西将我们连接在了一起。

往外走时，Ariel 问笔者在哭墙祈祷了什么，笔者回答：希望我们的合作能成功。随后不久，真正令笔者想不到的事情发生了。

我们从哭墙返回，经过一个俯瞰哭墙的瞭望平台时，同行的人都忙着拍照。Ariel 却独自来到我身边，严肃地说："国术，我想给你说，我接受你的条件。"笔者一时以为听错，尽管他一脸严肃，我还是追问道："你说什么？"他说："我接受你的条件。"笔者还是不太确认，把旁边忙着拍照的助理叫过来，让她再问一遍 Ariel 说了什么。

这时，笔者发现 Ariel 眼圈有些红润，他再次确认答应我提出的谈判条件。笔者也难抑泪水，两个大男人紧紧拥抱在一起。随后，我们全体拍照留念。

在我们离开以色列时，每人都拿到印一张印有 From the Great wall to the West wall 的合影照片（见图 2）。

三天后，我们谈判成功的消息被新华网新闻报道。

这次艰难的谈判最终取得成功，又一次证明：在国际商战中，技术与产品很重要，知识产权很重要，契约精神很重要，市场优势很重要，但是建立跨文化间的彼此理解和信任却是最重要的！

图 2　合影照片

2016 年 12 月，国术科技与 EyeClick 在耶路撒冷达成合作。左四为 Riri，左五为 Ariel，右三为笔者。

结语

自 2016 年年底和以色列 EyeClick 公司合作以来，双方团队的互动非常紧密，我们也得以深入到 EyeClick 公司的技术和管理内部，明白全球领先需要建立在强大的技术基础和管理平台之上。

2018 年 11 月，在上海举办的首届中国国际进口博览会上，我们签署了进一步深化合作的战略合作协议，国术科技成为 EyeClick 公司在全球唯一的硬件产品供应商。借助 EyeClick 在全球的营销平台，国术科技生产的产品销往欧美等近 80 个国家和地区。在国内，仅麦当劳品牌，已有上千家餐厅的儿童乐园安装了国术 Eyeplay 商用游戏机器人。

这是一个开放创新、全球合作的新时代，跨文化沟通变得越来越重要，这是信任与合作的前提。

后记

1. 延展思考

以色列企业家和中国企业家的区别是什么？

以色列企业家与中国企业家的领导力和创新性想法截然不同，这是不同的思路，基于不同的创新基因。

笔者认为，中国和以色列都是创新能力很强的国家，但创新点截然不同。以色列企业家倾向于从根本上重塑事物，并挑战基本假设；而中国的创新更多在于改善现有的商业模式。中国企业家并不是循规蹈矩，而是能从完全不同的角度构思出具有开创性的方案，并创造新的赛道。因为这两种创新都是必需的，这两种创新都在让事情更有效率，因此二者最适宜结合。如果二者结合，则可以有效地面对任何竞争对手和任何挑战。这也是笔者尝试打造拥有混合创新基因团队的原因。相同的或相似的东西的价值并不是很高，差异实际上是最有价值的东西。尽量找到犹太人和我们之间的平衡，最终达到一加一大于二的效果。

当中国企业家或以色列企业家向外国人介绍自己的业务时，也会有很大不同。以色列企业家更倾向于放大技术实力，他们为以色列的创新和犹太人的历史感到自豪；而中国企业家自我介绍时，即便是他们所自豪的事情，也会有些低调。

以色列人表达需求和想法的态度更具侵略性。他们喜欢与人打交道，喜欢加入讨论并提出想法，并为此感到自豪，而且他们总觉得自己的产品是最棒的。当笔者与中国伙伴交谈时，可以看到我们的思维和表达方式完全不同。

例如，当提及 Tik Tok 时，很多中国商人似乎对它来自中国这一点并不感到十分骄傲，甚至许多人都不知道这是中国的 App，这是中国企业走向全球的时候很有趣的一点。

其实，涉及创新的产品，我们可以为它是中国制造而感到自豪。因为如果人人都知道它来自中国，将有助于中国和中国企业提升国际形象。以色列人之所以具有全球影响力，那是因为他们善于强调自己的身份以及优秀的产品，并将这些成就自豪地传播到世界各地。相比之下，中国企业家在这一点还做得不够。

2. 杨壮教授点评

袁国术是北大国发院 EMBA 2008 级学员，多年来一直从事他喜爱的科普工作，聚焦国内科技馆的新技术产品。2016 年 9 月有机会和以色列高科技公司接触，爱上了 EyeClick 这个产品，开始进行商业合作谈判。整个过程相当曲折，可谓一波三折，来之不易，他和他的团队遇到了各种跨文化的挑战。然而，从 2016 年 9 月开始到 12 月合同最后签订，只用了四个月时间。这其中，很多因素影响了项目的最终谈判结果，用袁国术自己的话描述就是"**技术与产品很重要，知识产权很重要，契约精神很重要，市场优势很重要，但是建立跨文化间的彼此理解和信任却是最重要的。**"

作为从事研究跨文化领导力的老师，我从五个角度分析该项目成功的原因：

（1）**清晰目标**。跨国商业谈判过程中的首要问题就是决策者一定要明晰产品需求和战略目标。袁国术多年来一直期望提升多媒体互动产品的科技含量。以色列 EyeClick 的互动产品小巧、精致、画面清晰、软硬件一体化，与国术科技产品的定位十分匹配，因此立即吸引了袁国术的眼球，也大大增加了他将合作项目拿下来的内驱力。

（2）**专业主义**。要做到第一条，双方的谈判者必须具有足够的专业知识。

袁国术工科毕业，拿到博士学位，有数学功底，又在科技馆工作多年，掌握多种交互投影游戏技术，因此在中以创新投资大会上遇到新产品时，可以很快对以色列公司的产品技术含量做出判断，并在后续的谈判中，凭借懂技术、懂市场，针锋相对，不轻易妥协，最终赢得对手的尊重。相反，一些中国海外谈判者，因缺乏技术和市场知识，往往被对方忽悠而吃大亏。

（3）契约精神。以色列是一个民主法治国家，有很强的知识产权保护意识和契约精神。袁国术观察到，一旦商定的事情，以色列人"**会守信履约，做事情，守法律，守规矩**"。一个巴掌拍不响，遵守契约是双方的事情。国术科技拥有自己的核心技术，本身对专利、知识产权、信守诺言十分重视。因此在整个谈判过程中，国术科技也不断向犹太伙伴展现了自己对契约精神和知识产权的认同和尊重。

（4）锲而不舍。以色列和中国具有不同的人文传统和文化特质，在价值观、经营理念、沟通方式、性格特质等方面都有巨大的差异。在谈判的不同阶段，双方之间出现了很多跨文化冲突，以方还漫天要价，使谈判进入艰难阶段。然而袁国术具有锲而不舍的精神，他通过不断的沟通交流、购买样机、当即付款、带客户到中国参展等方式，让以色列人近距离了解中国市场的潜力，最终使他们建立对中国合作伙伴的信心。

（5）建立信任。合作成功的关键点在于双方消除疑虑，建立信任。长期以来，以色列人对中国人印象并不好，认为中国人只关心自己的利益，模仿别人产品。为了打消这个疑虑，袁国术用实际行动感动对方，引导客人到北京参观，到公司参观，提供详细保障公司利益的知识产权条款。带领客人与自己的朋友、老师、同学、员工见面，让对方了解自己的为人和领导风格，进而增加合作的信心。转折点最终到来，当犹太人带袁国术到耶路撒冷哭墙参观，袁国术为合作成功虔诚祈祷那一刻，以色列人当即同意按袁国术的条件达成合作，因为他们认为找到一个信得过的合作伙伴。可以想象，袁国术当时对这个结果一定十分惊讶，将信将疑，受宠若惊。

国术合作案例让我联想起 20 年前我在课堂讲的一个跨国谈判案例。美国企业家到中国谈判，每天十个小时，一周七天，只希望中方签合同，但中方就是不签。周末，中国谈判者邀请美国人到长城游览，一路上双方聊起了自己的经历和兴趣，目标和梦想，晚上还一起吃了饭。周一早上，美国谈判人来到办公室，准备好第二周的艰苦谈判。中方首席谈判者把美国人叫到办公室，说，史密斯先生，我在契约上签字了，我们的合作开始了。美国人十分惊讶，为什么？中国谈判者说，上周我不了解你，更不信任你。经过周末近距离接触，我发现我们有很多相同的理念和兴趣，我们可以成为相互信赖的朋友。这是我签约的关键。

国术的案例和这个案例异曲同工。我最大的启示就是，在跨文化商业谈判中，双方的硬实力——商业模式、专业能力、核心技术、市场运作、产品都十分重要，但是谈判双方的软实力更为重要。软实力体现出核心谈判人和企业的基本思维模式和相同价值观，综合素质和品格特征——双赢战略，长期思维；公正公平，阳光透明；诚信可靠，遵守承诺；换位思维，将心比心；相互尊重，合力共赢。只有这样，我们才能在复杂、多元、高度不确定的跨文化情境下永远立于不败之地。

正念领导力——修炼内心，以实现卓越的跨文化领导

李婷[①]

摘要   本文介绍了近年来在欧美盛行的"正念领导力（Mindful Leadership）"，及其在跨文化管理中的应用。虽说正念领导力是在西方发起的，但"正念"本身源于东方哲学和古老的佛学智慧，从40年前开始在医学领域应用，逐渐延伸到教育系统、司法体系和企业界。学习正念对职场人士有极大的益处，包括拥有更高的工作效率和更有效的沟通能力，而长期练习正念的管理者则更加有同理心和耐心，并善于掌控自己的情绪。正念领导力有四个基本要素：专注力、心智清明、创新创造力和同理心，这些内在的个人特质，可以通过正念领导力的训练来强化和培养。在从事跨文化的企业管理工作中，这几方面的能力要求更为迫切，因为在跨文化的工作环境中，会面临更多的人际冲突和突发挑战。《时代》周刊等主流媒体纷纷用封面文章来报道正念，这也意味着"正念"被欧美主流社会所推崇，近年来，正念在国内的高校、医院和企业中也开始盛行。

---

① 李婷，北京大学国家发展研究院 BiMBA 商学院校友，今心空间创始人，牛津大学正念中心 MBCT 正念认知治疗课程老师，哈佛医学院冥想与心理治疗学院认证咨询师，加拿大阿尔伯塔省卫生局正念老师，美国正念自我关怀中心受训老师，北美华人正念协会发起人，现居加拿大，《环球时报》专栏作家。

导读

笔者在 BiMBA 上课期间学习杨壮教授的全球领导力课程时，感触最深的部分是自我察觉，这是笔者之前所忽略的。杨教授让我们做了多种心理和职业测试，他指出，与其学习和模仿成功的管理者，不如先了解自己是什么样的一个人，包括内在性格、长处和短板，体现出个人魅力、培养出自己的领导力风格，这样才能成为一流的领导者；另外就是发掘自己的兴趣和热情所在，让自己能够有"心流"和持续努力的动力。对 MBA 学生而言，我们常常花大量时间和精力提升自己的学历背景、学习各种技能来丰富自己的知识、用各种证书来包装自己，却容易忽略内在品质的提升。事实上，深入地认识自己、活出真实的自我，培养人格品质、提高情商，才能在漫长的职业生涯中稳步提升竞争力，越走越远。

对于如何去"自我觉察"和提升软技能，古今中外有很多方法，包括西方的九型人格测试、古老的易经智慧等，本文分享一个风靡欧美的方法，叫作 Mindfulness，中文翻译为"正念"，起源于东方哲学和古老的佛学智慧，在当代医学领域得到了广泛应用，经过四十年的发展，已经帮助了世界各地数以万计的患者，减轻由于各种疾病带来的疼痛感，以及焦虑和抑郁等精神心理问题，被称为心理治疗领域"第三浪潮"。正念也引起了欧美主流社会的关注，相关应用延伸到了教育界和企业中。

一、正念对职场人士的益处

最近二十年来，更多的科学家开始研究正念，并发展出了多种以正念为基础的训练方式，广泛应用于压力管理、注意力提升、领导力养成、焦虑缓解、提高情商等，其良好效果获得了临床实验数据及调研证据支持。

2017 年，埃森哲董事、总经理罗伯特·斯坦布里奇（Robert Stembridge）

分享了他们对 30 个国家的 3 600 位专业人士的最新调查报告：学习活在当下、提升管理者注意力已名列领导力技能训练需求的前三位之中。

在《情商》的作者——丹尼尔·戈尔曼的新书《改变的特质：科学揭示冥想如何改变你的思想、身体和大脑》中，总结了正念对职场人士的四个益处，包括有效提高专注力、提升记忆力、更高的"挫商"、改善职场的人际关系。而这四个方面，都有相应的临床科研数据支持。

2016 年，美国威斯康星大学麦迪逊分校的两位教授，做了一个关于短期正念训练的科研实验，结果证明，在信息爆炸的时代，习惯多任务处理的人们仅仅是经过 110 分钟的正念训练，就比从没练习过正念的人更容易专注。而长期练习正念的职场人士，拥有更高的工作效率和更有效的沟通能力。

随着脑科学研究的不断加深，越来越多的临床试验证明，冥想也会对大脑灰质、海马体、杏仁体和皮质醇等产生物理性的影响。哈佛大学医学院和丹麦奥尔胡斯大学的功能整合神经科学中心的科学家进行的若干项研究证实了这一观点，通过对冥想者大脑和非冥想者大脑的核磁共振成像对比，他们发现冥想导致了大脑下部灰质的实际变化，冥想使灰质生长、海马体变大，这意味着冥想带来了记忆力的增长和学习能力的提高，甚至能延缓衰老。

实践证明，在处理危机的时候，有正念训练经历的管理者，更容易保持冷静的头脑，做出理性的决策，并能从失败的泥潭中很快爬起来；而长期练习正念的管理者则更加有同理心和耐心，并善于掌控自己的情绪，表现为情商的提高，因此在公司的人际关系方面也得到非常大的改善。正念训练并不仅仅教给领导者们一些管理技巧，还可以带来大脑、身体和心智上的彻底改变。

二、正念领导力在西方的盛行

我们每个人都有领导力潜质，然而在面对我们眼前的人才、业务和机会时，却往往由于自身的情绪和压力，未能发挥我们的能力来做正确的选择和决策。想要改变我们在过去习以为常的过度繁忙与注意力涣散的处事方式，需要的不仅仅是美好的愿望，还应该有意识地训练内在的心智能力。这也是正念领导力的重点内容。

　　《培训》杂志对培训行业进行深入调研后，发现"正念领导力"是2016年的十大高频词汇之一，也是未来帮助企业发展的大趋势。很多的管理者和名人已经开始做冥想和正念的训练。桥水对冲基金的创始人瑞·达利欧（Ray Dalio）在畅销书《Principle》（《原则》）中，提到了自己长期规律性地做 Meditation（冥想）的练习；推特（Twitter）前CEO杰克·多西（Jack Dorsey）在推特上市敲钟前消失了二十分钟，后来记者问他去哪里了，他说自己做了个正念步行，以缓解紧张的心情。世界百强企业安泰保险集团前CEO马克·本托里尼（Mark Bertolini）则是通过学习正念来应对个人身体疾病和沮丧心情的成功代表，他不仅把正念运用到了个人生活中，还把它带到了自己所管理的企业中，除了在安泰内部建立企业内部的正念中心，还设立了首席正念官的职位，为员工提供长期的正念培训。在连续12周的正念课程中，250名员工参与了"在压力下的心跳变化"测试，培训前后对比数据表明，参加培训的员工们的压力水平下降了3%，出勤率和工作效率都有明显改善，公司每年支付给因为压力造成疾病的员工的人均成本减少了2 000美元。通过正念所带来的灵感，他采取了一系列员工管理的改革措施，不仅提高了员工工作效率，还为公司节省了成本。马克的正念之旅是个人和企业把正念运用得恰到好处的代表。

　　在谷歌和SAP内部，已经发展出了一整套基于正念的领导力培训课程体系，包括麦肯锡和埃森哲等咨询公司，以及高盛、美林等在内的投行，抑或是以福特汽车为代表的传统企业，都在鼓励他们的员工及管理者练习正念。

　　曾经的通用磨坊食品公司的副总裁贾妮思·马图雅诺2011年成立了一个叫作"正念领导力学院"的机构，她在离职前，曾在通用磨坊内部发起了正念冥想的倡议，越来越多的员工开始冥想，现在公司每一幢楼房内都有一间冥想室。贾妮思在2013年把《正念领导力》带到了达沃斯经济论坛上。

2014年美国《时代》发表了封面文章《正念革命》(见图1)。这篇文章是这样介绍正念的:"正念技巧结合了其特有的理念来帮助人们平复繁杂的心绪,更专心于当时当地的事情,撇开过去的事情和即将发生的事情。很多认知心理学家把这种方法推荐给病人来对抗焦虑与抑郁,更广泛地说,这种方法被看作是对抗压力的良方。但如果仅仅把正念视作一种自我疗愈的新潮流,那就低估了它的效果,同时也无法解释为什么正念赢得了那些排斥与禅修相关联的一系列精神训练技巧的人士,这些人包括硅谷的企业家、财富500强的富商巨贾、美国国防部的高级官员等等。"

美国媒体认为,通过学习正念所获得的技能包含了21世纪的生存与成功之法。本文将重点分享正念在企业中的主要应用,职场人士如何通过正念冥想来修炼内心、提升管理技能,即为"正念领导力"。

图1　2014年美国《时代》杂志封面文章《正念革命》

三、正念领导力的特点

卓越的领导力有四个基本要素：专注力、心智清明、创新创造力和同理心。这些与学历背景和专业技能无关，而是内在的个人特质。成为优秀的管理者，内在品质可以通过正念领导力的训练来强化和培养。在从事跨文化的企业管理工作中，某些方面的能力要求更为迫切。

当我们在工作中有跨文化合作时，会遇到各种各样的问题，最大的问题或许就是因为语言文化背景等各方面的差异而造成沟通上的误解。例如，一次笔者跟一个外籍同事在沟通上不到位，从而影响了工作进展，笔者当然觉得很生气，明明已经跟他解释清楚了，他却说不知道；这个时候，我们很容易动怒，理所当然地认为错在对方、追根究底地质问对方，而他也会认为错在我们身上，而且西方人特有的非常直接的表达方式，更容易让我们感觉到尴尬和不舒服；这时，双方的时间耗在了争论上、精力浪费在了怒气上，问题得不到解决。心平气和、冷静沟通后发现，只是笔者的一句英文表达跟他所理解的不同而已。

诸如此类的沟通问题，在跨文化的合作中屡见不鲜，因此，管理者在面对问题时，应当首先觉察到自己愤怒和情绪的产生，而不是轻易批评和妄下结论，更不要冲动地说出一些无法收回的话；应当先耐心聆听对方叙述整个事情发生的过程和自己的想法，再找出真正的问题所在，避免双方由于文化差异导致沟通不到位。

在跨文化管理中，经常会遇到来自各方的冲突和不易战胜的挑战，对于一位在跨文化环境下的管理者，具备某些突出的能力和特质，就显得尤为重要，要培养跨文化领导力，笔者建议修炼以下几个方面的能力：

- 促进自我觉知、加强自我情绪控制力；
- 擅长深度聆听、促进多文化团队沟通；
- 培养同理心、提升对他人的觉察力；

- 危机情况下能做出明智的回应及决策。

相关研究表明，正念训练可以有效提升管理者的三个成功领导力关键点，这对于跨文化管理都是至关重要的，包括促进团队合作的能力、增强个人韧性及适应性，以及在复杂和危机情况下的管理。

四、如何培养正念领导力

在2010年的《科学》杂志发表的一篇文章《走神的心是不快乐的心》中，有2 250名成年人参加了这个关于"走神"的实验，结果是受试者平均有47%的时间都在走神。我们可以在吃饭的时候回复同事的微信，我们可以边看电视边网购，在碰上堵车的时候还可以刷下朋友圈和抖音。在这么一个快节奏的时代，我们的电子设备能保证我们随时处理各种问题，我们可以做到多任务处理，但这也导致了我们做什么事都容易分心、没法全身心地保持专注。即使上班时间、开会的时候，可能正在做着某件手上的工作，但是心又跑到了另外的地方。

使用苹果手机的读者可能会留意到，在系统自带的一个叫"健康"的App里面有一个叫"正念训练"的功能，这可以帮助用户来记录一天当中做了多少次正念的练习。上面还有对于正念的解释：它是一种积极开放的、随时随地感知当下的状态，在正念的过程当中，练习者游离在一定距离之外，来觉察自己的真实的思想和感觉，而不评判好与坏。其中包含了正念的三个关键点：随时随地、觉察、不评判。

培养正念有三个基本步骤：停下来觉察自我；随时随地觉察自我；随时随地觉察自我而不评判。是的，只是简单地练习觉察，长期下来我们不仅能够发展出专注力，还会有更敏锐的思维。

除了静坐之外，正念练习应当结合到生活的方方面面，如正念散步、正念吃饭喝水、正念谈话开会等等。练习中需要做的，就是随时随地在走神的时候，温柔地把注意力带回到当下，回到身体感觉或是呼吸上。

初学者可以先从呼吸练习开始；无论是在家里、在办公室，甚至在地铁上和出租车上、公园里，都可以来做一个简单的正念呼吸练习，五个步骤：

（1）盘腿坐在座垫上（瑜伽垫上）或坐在椅子上，背挺直，肩部自然放松，然后深呼吸，可以闭上眼睛或温柔地注视前方的地面。

（2）注意呼吸明显的位置；可能是鼻端、胸腔或是腹部，不要刻意改变呼吸的节奏，而要专注感受呼气与吸气的过程。

（3）当留意到脑海中产生一些想法的时候，意识到自己走神了，温柔地把念头带回到关注呼吸上。

（4）不要评判自己，不用因为走神而感到挫败或谴责自己。任何时候只要发现思维游走，只需重新把念头带回到关注呼吸上来。

（5）开始时可以每天练习5～10分钟，关键是耐心和坚持。

像肌肉一样，注意力和心智也需要锻炼，与健身同样，通过正念练习来训练心智，注意力就会变得更加强大，直觉会更加敏锐。

结语

在这个信息超载、注意力碎片化的时代，跨国管理者面对的挑战特别大，领导者们的工作效率及质量可能会随之降低，各种文化差异会阻碍其创新能力，更容易给管理者增加压力感，让他们的情绪不稳定，这不但阻碍了团队的有效沟通，对其个人的身心健康也有很大的负面影响。而正念是解决上述问题的重要方法。目前正念已经成为美国最流行的生活概念之一，国内的正念市场也在迅速升温。每天下班回家冥想半小时，周末去工作坊享受一下午的宁静时光，日益成为更多人放松减压的新选择。"正念很可能会继跑步火爆社交媒体之后，成为新一代流行的健身方式"，纽约的媒体报道中提出了这样的观点。移动互联时代，信息越是泛滥，注意力越是珍贵，修炼内心就越重要。

正念让管理者在纷扰的商业世界中找到宁静，让自己回到当下，只是静静地观察河流，而不被情绪的旋涡卷入其中。反身内观，万念俱消，直面事物的本来面目，找到问题的最佳解决方法，如百万军中，取上将首级。

后记

1. 延展思考

思考一：是否有一些企业界的代表性人物在练习正念冥想？

提到冥想的代表性人物，不得不提"苹果教父"史蒂夫·乔布斯，十几年前苹果系列产品爆红之后，人们都很好奇创作者乔布斯是如何拥有这些绝妙创意的，他在接受采访的时候介绍过，其中一个激发灵感的来源就是通过冥想，他说："专注和简单一直是我的秘诀之一。简单可能比复杂更难做到：你必须努力厘清思路，从而使其变得简单。但最终这是值得的，因为一旦你做到了，便可以创造奇迹。"正是通过正念冥想，乔布斯在设计产品时能够化繁为简、保持专注，并获得源源不断的创造力。乔布斯曾经在印度花了七个月学习冥想，他在创业过程中也保留了这个习惯，除了家里，在办公室也设置了专属的冥想空间，在空荡荡的房间里，只有一套坐垫，每次遇到重大决策前，他都会把自己关起来冥想，等到思路清晰后再做决策。在乔布斯的自传中，他这样描述自己对冥想的喜爱："当你平静下来，心里就有空间聆听更微妙的东西，你的直觉开始发展，看事情会更透彻，也更能感受到真实的环境，视界会极大地延伸。"

在苹果的系列产品 iPhone 中，早已把"正念训练"作为新增的一个应用，与"健身、营养、睡眠"一起并列成为其"健康四大支柱"。在 iPhone 里，你可以看到对正念的解释："正念是一种积极、开放式感知当下的状态，正念时您游离在一定距离之外，来观察自己的思想和感觉，而不评判好坏。"另外，苹果还在 1 分钟的动画里引导正念："抽空排除一下杂念、沉浸在这一刻，不仅对压力有帮助，对健康也有好处；正念不会让您的生活匆匆滑过，而是意味着活在当下，经验醒觉。"

思考二：练习正念冥想可以确凿地提高专注力、记忆力吗？

从大脑和神经科学角度来解释，由于各种信息和媒介的干扰，现代人的专注力越来越差。例如，读者可能正在阅读这篇文章，却有冲动想要去刷下朋友圈、看下购物车、吃点东西，这跟大多数人一样，因为人类的大脑就是如此，习惯了对外界和内心的无意识或下意识反应，所以很容易走神，注意力从目标事物滑落。心理学有个词汇来描述这个现象，叫作 Monkey Mind（猴子心），是指我们心的本来面目，跟成语"心猿意马"形容的一样，那颗心像猴子似的喜欢向外跑。那么，我们这颗大脑为何天生无法专注？人脑是自然界中最复杂的系统之一。据估计，一个成年人的大脑中约有 10^{11}（140 亿）个神经元细胞，这些数量巨大的神经元细胞通过大约 10^{15} 个突触互相连接，形成了一个高度复杂的脑结构网络，总之就是超出想象的多和复杂。因此，当大脑处于不同的状态时，就处于不同的网络激活的状态，科学家们为此取了不同的名字。笔者在这里介绍其中一种，叫作默认网络。所谓"默认"，其实是中文翻译的问题，笔者认为意思更类似于"静默"，是指大脑处于"休息"状态时激活的脑网络。当外界刺激来了，大脑有任务了，大脑就被激活了（抑制状态）。

从生物医学角度来看，默认网络是一个大脑系统，它包含一些功能联系紧密的脑区。这些脑区包括后扣带回/前楔（PCC/Precuneus），内侧前额叶（MPFC），双侧角回，双侧外侧颞叶，双侧海马。这些区域的变化都可以通过大脑扫描看到。现实生活中，我们通常处于"专注当下任务"和"走神"的不断更替中。例如，当读者在欣赏本篇文章的时候，似乎沉浸在这篇文章的知识海洋中，但文章太长了，读者的大脑在阅读期间不停地"走神"：可能会想"晚上去哪里吃饭比较好"，一会儿又想"这周又是一摊子工作"，或许只是单纯地想着"这篇文章都是废话"。这个时候，默认网络就在持续不断地活动。

我们可以通过正念冥想来训练大脑，驯服"猴子心"，从而提升专注力。这里的专注力包括三方面的改进：一是进入专注状态的时间缩短；二是保持专注的时间增长；三是应对外界干扰的能力增强。大脑的部分，目前被观察到的是：大脑前额叶皮质的改变、大脑默认网络的调节。

斯坦福大学心理学家凯利·麦格尼格尔教授的《自控力》一书中提到，在有关大脑的科学实验中，发现在冥想时血液会大量流入前额叶皮质。前额叶皮质主管自控力与专注力，通过冥想可以像锻炼肌肉一样锻炼前额叶皮质，最终达到提升自控力和专注力的目的。耶鲁大学医学院 Judson Brewer 博士在 2011 年美国科学院学报杂志发表文献，报道了长期正念冥想者大脑默认网络和普通人进行对照研究的科研结果。结果显示出，正念训练可以改善记忆力，提高情绪管理能力。而关于大脑默认网络的研究表明，长期的冥想者将静息状态改变为觉察状态，也就是说，一种更加"活在当下"的默认网络。正念冥想让我们能够减少走神、活在当下，这并非只是一句鸡汤文，而有科研证据支持。

思考三：正念冥想如何帮助职场人士提高情商？

EQ 情商的学术名称叫"情绪智力"，这个概念是由耶鲁大学的萨罗威和新罕布什尔大学的玛伊尔提出的，是指个体监控自己及他人的情绪和情感，并识别、利用这些信息指导自己的思想和行为的能力。在现代社会，拥有高情商比高智商还重要，对情绪的管理是职场人士的必备技能。我们需要做的，并非阻止情绪的发生，或是把自己变成一个没有情绪的木头人，因为产生伤害的并不是情绪本身，而是我们对情绪做出的反应。你无法阻止哀伤记忆、自责思想和评判被外界所引发，但是，你可以改变自己对情绪的处理方式，从而阻止后续事件的发生。

例如，假设你跟朋友约了见面吃饭，但是朋友迟迟不出现，不回微信、不接电话，于是大脑中开始冒出一连串的想法，这时候你可能会开始生气——

怎么不来也不说一声？或是担忧会不会出现了意外？当朋友终于出现的时候，可能你会抱怨甚至发火，如果是男朋友，可能还会大发雷霆；但其实只是朋友在来的路上堵车了，恰好手机又没电了，之前的各种猜想和负面情绪都是不必要的。当然，在生活中发生这样的事情，我们可能都会出现各种各样的情绪，但是，我们可以切断头脑的联想、阻止下一轮消极思想的出现，回归理性的思考；可以不让这些负面情绪让自己失去理智和基本的判断，变得忧虑、愤怒或焦躁。如果事件发生的时候我们能够觉察到自己的情绪，就可以更好地处理情绪，阻止不理性的行为。这样就会逐渐改善人际关系。

2. 杨壮教授点评

2020年世界经历了百年不遇的流行性疾病，严重影响了各国政治及意识形态的走向、经济发展速度、全球化和反全球化的趋势、种族之间的撕裂及中小企业生存发展的空间。企业层面，经济减速、停工降薪给企业未来发展带来挑战，更给员工心理造成了巨大心灵创伤，每个人对于未来都产生极大不确定性。

李婷女士在2021年分享正念领导力这个题目，真好比雪中送炭，十分及时。正念领导力可以让我们在这个动乱的历史时期放慢脚步，认真思考核心问题：我们是谁？从哪里来？到哪里去？我们可以静下心来回答德鲁克的著名三问：我们的事业是什么？我们的事业将是什么？我们的事业究竟应该是什么？

正念领导力和笔者多年关注的跨文化领导力有极为紧密的关联关系。跨文化领导力强调领导、下属、情境互动。然而，优秀卓越的跨文化领导者首先是有能力对自我有清醒的认知。知人者智，自知者明。在流行性疾病和VUCA时代，自知之明变得尤为重要，因为动荡的外界总是给我们带来很多干扰信号，让我们心烦意乱，内心纠结。"正念领导力（Mindful Leadership）"的四个基本要素包含专注力、心智清明，创新创造力和同理心，这几个要素和三元领导力模型中强调的思想领导力、专业领导力、品格领导力的三个维度有密切关联性。

第一点是"正念领导力"中的专注力。 它是活在当下的高度注意力，也是三元领导力中思想领导力的体现。思想领导力强调领导者的格局、定位、做正确的事情，坚持原则，评判是非，在战略定位上极度专注。只有专注当下，才能够聚焦，集中兵力打歼灭战。在VUCA时代，战略上保持专注是很多企业面临的挑战，因为环境太不确定了。只有明晰的使命和战略目标，对过去的教训不抑郁，对未来的不确定性不焦虑，活在当下，关注当下，企业一定可以实现自己的使命。

第二点是心智清明，这源于内心的平静。 它是一种在复杂纷繁的环境中，可以立刻回归平静心态并可以保持平静的能力。如果可以排除外在干扰，才能够让思想能力得到发挥，所以"心智清明"也是思想领导力的一个重要体现。智慧往往产生于平静祥和的内心，高度的思维能力就是在冥想中让人心清净后的自然产物。

第三点是创新创造力。 领导者的创新创造能力和三元领导力模型中的专业领导力密切相关。基于强大的专业知识，领导者在内心清净的情况下，才能够激发出创造力和创新力。很多时候我们认为创造力和创新力是源于对外部知识的大量汲取和积累，其实不然，只有回归当下，保持心灵清明，才能够有创新和创造的源泉。乔布斯的创新创造力和他本人不断进行正念冥想有密切关系。

第四点是同理心。 同理心就是换位思维的能力。也是领导者人性和爱心的具体表现。同理心是品格领导力的重要组成部分。在跨文化情境中，领导者不但善于掌控自己的情绪，而且还可以站在别人的角度去换位思考。在协调自己和自己的关系以及自己和下属关系的时候，都需要具备同理心，同理心不仅仅在于同理他人，更在于同理自我，对自己情境的感知，对自己错误的反思，对自己成功的谦逊和低调等等，都属于一种自我的心理认同感。

中美跨文化沟通的机遇和挑战

李莹莹[①]

摘要 笔者认为,跨文化领导力本质上是一种在不同文化圈、不同文明中都能游刃有余实现理想并促进共赢的能力,是人工智能时代人类走向下一步的必备能力。其核心——文化情商(Cultural Intelligence)正是下一代全球领导者的必备素养。笔者用"使命驱动"这个词来描述自己,认为在中国传统文化背景下,人们对沟通与领导力的培养缺乏足够的重视、深度的认知和系统的训练。这也激发笔者致力于多元学科的研究与融合,与来自世界各地的跨文化专家一起不断探索和应用前沿创新方法,倡导和激励人们成为新世界舞台上敢于积极表达自我的跨文化领导型人才。

[①] 李莹莹,莹响力 Yingfluence 创始人,硅谷人工智能芯片公司 Skive it 首席运营官,美国 Own The Room 企业培训师,"How China Works"跨文化音频节目联合制片及主持人,听众覆盖美英日德等 100 多个国家。2019 年荣获"金海归创新奖 Top 10",原财新世界说记者 [曾采访梅琳达·盖茨(Melinda Gates)女士及澳大利亚前总理凯文·迈克尔·拉德(Kevin Michael Rudd,别名陆克文)],巴西圣保罗州立大学孔子学院讲师。精通中、英、葡三语,曾在美国、巴西、印度、土耳其、墨西哥、芬兰等多国工作。

导读

世界上各种各样的墙已经够多了,但是桥却远远不够。文化与文化之间的桥通向和平,企业与企业之间的桥创造双赢,人与人之间的桥催化信任、同理心和新的机遇。如果东西方之间能有更多使命驱动和充满共情的对话,也许能创造出全新的"阴"与"阳"的结合体,对于现在和未来的人类来说,将是极大的共赢。

随着中国逐步融入世界,国内企业纷纷出海,中国获得了新的市场和资源,而与之交流的全世界人民能更好地获得中国人勤劳与智慧的红利。在这个过程中,需要大量能够在东西方文明和市场中推动共赢的跨文化国际人才来做桥梁。

一、跨文化领导力的核心

今天,很多人谈起人工智能时会带着些许恐惧地问道:"AI 会什么时候取代我(的工作)?"而实际上,我们不如问问:"为了人类进化到下一阶段,我们该如何努力提高人类智能或人类意识?"

历史学家、《今日简史》的作者尤瓦尔·赫拉利(Yuval Harari)说过:"如果我们太注重发展人工智能而又不太注意发展人类的意识,那么计算机有了极先进的人工智能之后,可能只会增强人类的'自然愚蠢'。想避免这种结果,每投入一美元、一分钟来提升人工智能,就应该同样投入一美元、一分钟来提升人类意识。但很遗憾,目前对于人类意识的研究和开发并不多。"

本文认为,真正培养人类的跨文化领导力和文化情商(Cultural Intelligence,CQ)是人类智能进化的关键。而中美两个超级 AI 大国的合作会是实现这个双赢的关键中的关键。

中国需要更好地向世界传播自己的声音。人们也需要用发展的眼光看待一个不断崛起并为世界发展做出重要贡献的中国。但随着反全球化之声逐渐起势，人们的认知越来越受地缘政治、媒体和科技等因素的影响和控制，这样的使命呼唤人们拥有更大的视野、才智、责任和担当。

中国人信奉老子的格言"知者不言，言者不知"，认为这是智者的理想修养态度，在自己没有很深的理解和修为之前，不宜夸夸其谈，以避免别人看到自己的短处。华人在开会的时候比较慎重地提意见、提问题，在聚会上都不太轻易主动和陌生人打招呼，而在关键的竞争和危机前，往往是这种"不敢言、不愿言、不会言"，让华人失去了传播和运用领导力的绝佳机会。

二、中美跨文化沟通的桥梁和使者，和我们息息相关

据国际工会统计，来自68个国家的90%的高管称跨文化管理是他们最高的管理挑战，70%的国际企业因文化差异而失败。美国虽然是由移民组成的国家，但是亚裔的基数却极少，根据2015年美国人口普查局公布的数据显示，美国华人人口约有452万，约占美国总人口1%。亚裔在美国人口中占大约5%，但在企业管理层中仅占0.3%，在董事会中不足1%，在大学校长中占约2%。在财富500强企业中，仅有9名亚裔CEO。硅谷中1/3的软件工程师为亚裔，然而在旧金山湾区一带的25家最大型的公司中，仅有6%的董事会成员是亚裔，仅有10%的公司管理人员是亚裔。而亚裔中的华人群体在美国的发声与影响力更是远远不够。对任何一个国家来说，一个普通民众对于其他国家或种族的理解主要来源于本国的媒体上的态度和评价。而华裔作为非主流文化的一员，长期得不到主流文化的重视和曝光。也正是由于媒体的忽视，让美国人民对亚洲文化和华裔群体了解甚少，很多美国人对于中国的印象还停留在几十年前。

美国的传播学家艾伯特·梅拉比安（Albert Mehrabian）曾提出，在信息的表达中，7%的沟通效果来自文字，38%来自语音语调，55%来自肢体语言。但就算与同为亚洲国家、用宝莱坞歌舞进行全球沟通的印度相比，受儒家文化影响和习惯汉语表达的华人在沟通效果上还是要大打折扣。

三、中外跨文化沟通存在理解鸿沟

在国内的各大会议论坛上，我们经常可以看到外国朋友被邀为座上宾或意见领袖进行演讲分享。然而，当今世界在不确定的大环境下，国际社会对中国话题的普遍关注和来自中国的解释声音却很不匹配。随着中国的崛起，国际会议中的中国议题往往远超到会参与的中国嘉宾。国外存在对中国的误解和成见，却极少能举出具体有说服力的案例和数据支撑。因为没有中国人在场，对中国的误解和成见等负面情绪更容易随着拥有主流话语权的媒体扩散和加深，并形成氛围，这种缺失也让中方没有反驳或解释的机会，对争取国际理解很不利。可以想见，在我们的印象中，又有多少中国面孔频繁出现在国际主流媒体和活动上，充当有分量的嘉宾，在不同肤色的听众面前侃侃而谈呢？真是凤毛麟角。

长期从事外交工作的傅莹大使也说过："如果有人问，能不能有更多中国人写的好书，好的视频音频资料被翻译出来，向外部世界人传播？可事实是，长期以来，在国际知识和信息库里，源自中国大陆的资讯相对匮乏，更谈不上系统性和完整性。例如，在英国大学图书馆的藏书中有不少关于中国的书籍，但多是民国时期和之前的出版物。美国国会图书馆亚洲部书架上摆放的杂志，多来自日本或者中国台湾、香港。美国的媒体几乎天天提到中国，但来自中国的声音并不多。在海外关心中国的论坛上很少有中国人去介绍情况，中国人也很少出现在愿意采访中国人的媒体上并发表意见。诸如此类种种，也就不难理解，为什么但凡涉及中国的事件和问题，需要解释或传播的，第一个向国际社会提供一手信息的，不是我们中国人自己。"

Better Angels（译名《善良的天使》）是奥斯卡和金马奖获奖团队历时四年打造，旨在以多元视角呈现中美民间关系从而展望两国未来的纪录电影。导演柯文思（Malcolm Clarke）为奥斯卡最佳纪录片、艾美奖等大奖得主，一次在北京接受笔者采访时说过："美国非常成功的宣传机器：电影、电视、音乐、文艺风格和文学作品，吸引了全世界的注意力，但是中国在讲自己故事的时候就很糟糕，我们从未听到中国人讲过他们很个人化的故事。我们见过美国的、澳大利亚的主持人向外国听众讲解中国人的经历，但我们从未听到过中国人发声。"[①]

中国问题的国际战略和公关传播专家，瑞士学者吉博明（Diego Gilardoni）也在他的文章中多次提到："不少西方人对中国抱有不信任的看法，显然，听到中国人以模棱两可、呆板僵硬且晦暗不明的个人陈述无助于这种观感的改变。倘若中国官员或管理者不学习如何在西方社会有效沟通，很难改变众多西方人对中国的看法。"

关于中国的自我认识与全球的普遍认识的差异，如图1所示。外圈是中国人的自我评分，比较谦虚，在"令人愉快""充满活力""不断发展"等方面给自己均打了80分左右，"有创新力"方面低一点，40分。内圈是来自全球的评分，不仅各项都低于50分，在"可靠可信"上竟然低于10分，这虽是几年前的数据，但现在的数据得分更低。

[①] 英文原文：The extraordinary successful American's propaganda machine: movies, television, music, genre, literature, has occupied the attention of the world, China is terrible at telling its stories, we never hear Chinese people talking about their own intimate lives, we see Americans, Australians host interpreting the Chinese experience to foreign audience. We never hear the Chinese.

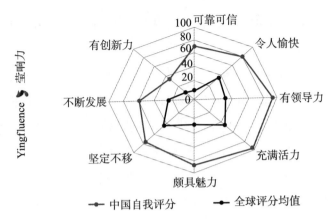

图 1 中国的自我认识与全球的普遍认识的差异

摘自乔舒亚《中国形象：外国学者眼中的中国》，2008 年出版

种种迹象表明，中美之间的信任出了问题，而"信任"是所有关系中最关键的，金钱无法购买，控制或勉强都不可以。中美两国的信任摩擦，有历史原因，也有地缘政治和全球经济竞争等等问题。解决信任问题最关键的办法就是沟通。

沟通的要义在于平等、开诚布公的对话。在这种情况下，如果中国的官员、企业和个人不能与时俱进，依旧醉心于"虚虚实实、实实虚虚"的叙事方式去沟通和表达，无论多么想打造海外的影响力，有多么美好的愿景、多么喜人的成就，传播的效果都会大打折扣甚至南辕北辙。中石化新闻发言人就曾在2019年中国国际公关大会上直面问题核心，指出出海企业和代表们"不敢说，不愿说，不会说"的现实。

2019 年以来，各路媒体也"迫不及待"揭露中国人的形象缺乏国际信任的问题，有些文章标题着实有些危言耸听，如"麻省理工学院不招中国学生了"。而在不久之前，英国也出现了八所高校集体拒收中国申请者这样的消息。越来越多这类问题的出现给我们敲了警钟：中国人的国际形象是靠每一个国人去传播、维护，甚至是争取的（无论是家长或孩子，公立学校还是私立学校，体制内与外，贫穷或富有），除此之外，别无他法。在这个层面上，个人与国家形象一荣俱荣，一损俱损。

经常从事国际交流的人可能都会发现，自己经常会被问到一些略微敏感的问题，这些问题往往源自国与国之间政策和文化的差异，如果我们不能恰当地回答，在对外有效沟通时往往会造成重大负面影响。如今，全世界都在关注中国，都在谈论跟中国相关的问题。所以，如果我们不能进行良好的对外沟通，那中国未来的发展就只能成为像京剧里的大花脸一样被人任意涂抹。中国人自己讲不好故事，外国人就会替我们讲，写出更多"中国是最大的威胁""中国将统治世界"这样的文章。

那么，我们是谁？我们自己准备好答案了吗？讲好中国故事，我们每一个人准备好表达了吗？这不是一个看起来可以"事不关己高高挂起"的题目，而是一个真切关系到每个人和每个企业的发展甚至是命运的问题。

笔者曾经问一个做微信国际化的外籍朋友："你觉得微信在海外尤其是在美国推广的时候，遇到最大的挑战是什么？"他想都没想直接回答："They think it's a Chinese App.（他们把微信当成一个中国的产品）。"这句话包含了太多的含义，也意味着在跨文化沟通上我们还有太多的工作要做。

被誉为"近世以来最伟大的历史学家"的汤因比对中国的未来寄予了深切的期望，他说，"中国有可能自觉地把西方思想与传统文化熔为一炉，如果这种有意识、有节制地进行的恰当融合取得成功，其结果可能为文明的人类提供一个全新的文化起点"。而在历史学家黄仁宇先生看来，"中国最大的事和最大的历史就是如何将中国文明和西方文明融和，也就是传统文化和革命文化的更新与进步"。而此刻我们最应该努力投入精力的地方，就是中西方之间的跨文化沟通。也许每一个国人的使命感和文化情商多一点，我们自己和下一代以及中国这个民族的未来在世界之林受到真正的尊重就早一点、久一点。

四、中美跨文化沟通的解锁关键——文化情商

本文认为，跨文化领导力是一种在不同文化圈、不同文明中都能游刃有余实现理想并促进共赢的能力，是人工智能时代人类走到下一步的必备能力。而文化情商（Cultural Intelligence，CQ）是跨文化领导力的核心，也是中美跨文化沟通的解锁关键。

美国学者戴维·利弗莫尔（David Livermoore）提出，CQ 是在各种文化背景下有效运作事务的能力。这些文化包括民族、种族、组织和世代文化。本文以其四个支柱为模型，结合中美跨文化沟通的话题来解读和分析。

第一个支柱是 CQ 动机。你参与某个跨文化项目的动机来自哪里？你与不同文化里的人们沟通的动机是什么？就本文而言，你关心中美关系的动机在哪里？是驻外工作、出国留学、文化交流，还是其他？首先需要明确这个问题。

第二个支柱是 CQ 知识。你对文化的理解是什么，你自己的文化与他文化的异同将如何影响你所负责的项目？假设你的动机是"外派/驻美工作"，那么清楚确认自己的动机之后就一定要问问自己"我对自己本国的文化了解吗？对美国文化了解多少？我认为美国人对中国了解多少？中美之间最典型、最基础的文化差异是什么"等等，以检验自己的 CQ 知识，而解答这些问题的关键是能否做到知己知彼。由于改革开放后的出国留学热和互联网便利化等因素，总体上说，中国人对美国的了解远远大于美国人对中国的了解。造成这个传播和认知不对称的因素有很多，其实我们更应该从自己身上找原因。

第三个支柱是 CQ 策略：你是否能够提前为要进行的跨文化活动做好计划？

明确了 CQ 动机和 CQ 知识之后，下一步是生成自己的传播策略。笔者推荐三个步骤：

（1）计划（Plan）。

在CQ知识的基础之上才能制定计划，问问自己：项目开始前是否做足了功课？包括一些礼尚往来的细节准备。例如，在出国时可随手赠送外国朋友的小礼品中，有哪些是既有故事可讲，在传播中国文化的同时又能留下一份属于个人的美好印象？

2017年中国访问瑞士时，送给世界卫生组织一盏代表中国针灸图的铜人像，既不失大国风范，又具独特中医文化传播亮点，很有特色。而笔者在过去十多年中，每次出国交流都会带上近半箱子的中华文化"特色器物"，如中国结、剪纸、茶叶等等，甚至还有家乡的《清明上河图》折扇。折扇既轻巧又别致，还可以顺便介绍一下家乡的历史，打开跨文化沟通的匣子。

（2）意识（Aware）。

要下意识地明确：谁在传播？传播给谁？传播的"道、法、术、式"分别是什么？传播不等同于宣传，在对外传播和交流过程中，政府、企业和个人三个维度代表不同的载体，从上到下还是从下到上，不同发声渠道会产生不同的KPI效果。

（3）检查（Check）。

主要应检查无意识的偏见（Unconscious Biases）以及影响我们形成这种偏见的因素是什么。尤其在当今科技与媒体环境（推荐算法，信息茧房）中，人们产生偏见的可能性非但没有降低，反而大大增加了。偏见直接影响我们的决策，以及跨文化沟通的实际成效。

第四个支柱是CQ行动：你是否能够适应并改善所在的跨文化环境？如何建立更好的关系，减少冲突，获得更高的生产力？结合中美沟通的主题，关于如何行动，笔者结合自己的跨文化交际经历，提出几点建议：

（1）找共性（Find Commonality）。

笔者很喜欢克里斯教授的一个比喻。他问学生："1/3加1/2等于多少？"学生回答："5/6啊。"然后教授问："你是怎么计算出来呢？"学生说："通分啊，找到最小公分母。"教授这个时候说："这就对了，关键在于你要迅速地找到两者的相同点，而不是紧盯着不同。"这就是文化情商CQ行动的要义。

（2）从结果出发（Result-driven）。

从结果出发，意味着尊重效率，讲逻辑，追求共赢。本文前面也提到了东西方沟通文化差异，由于中国传统文化的影响，华人多追求面子，属于等级与差序格局影响下的间接沟通风格，且不太重视逻辑表达（不太容易适应和接受美式自由直接表达方式，甚至认为其无礼），在谈判中，往往让西方人一头雾水、无可奈何，无法敲定结局，会议结果很多时候或无疾而终，或无限拖延。

可这个问题有简单的解决方案。笔者常看到美国人习惯而自然地这样沟通：用自己的论点开头，使用清晰利落的句子，然后给出你的论据。这样的好处在于，不仅对方可以听到你精彩的论点，而且就算你说到一半被打断，你仍然毋庸置疑是这个论点的提出者，所以掌握沟通主动权的还是你。

（3）将心比心（Empathy）。

将心比心也叫共情，或者同理心，它是跨文化交际能力的核心，也是建立任何信任关系的元能力，它不是天生的，而是后天训练培养出来的。无论是中国人还是美国人，在感知另外一种文化中传来的信息时，由于受自己长期生活中的文化环境和思维定势的影响，容易不自觉地按照自己的文化背景甚至是决定这种文化的解码方式去理解。具体表现在沟通上，我们可以做得更好的是尊重彼此的过去，尊重沟通的科学性和艺术性，用对方习惯的思维和沟通方式（如多讲故事）去积极传播我们引以为傲的好东西。而与之相对的，就是美国人比较反感的说教式（Doctrinal）或宣传式（Propaganda）。

培养共情能力的关键一步是尊重大脑，打开好奇心之门。有一句经典的交际"魔咒"："你不知道你不知道的，所以你不想知道，然而你永远不会知道。"听起来像绕口令，但仔细体会就会发现，这是认知真理。而解除这个"魔咒"最重要的一步就是"勇敢之问"，把它改成："你不知道你不知道的，但是，你想知道，所以，你会知道。"无论是被动还是主动接触与探索不同的文化，大脑都会对原有世界的认知发生新的变化，从而在不同文化圈中的人互动的时候会产生愈来愈强烈的兴趣。有好奇心做驱动，才会源源不断去探索，与固有的自己进行思想碰撞，经历积极的行为唤醒过程，再三尝到好奇心带来的"认知甜头"甚至是"大脑高潮"后，就会愈加坚定地相信并喜欢"同理心先行"，对生命的理解也会更丰富，对自己人生的设计也会更多元。

（4）拥抱多元（Embrace Diversity）。

2019年中国出境游人数已达3亿人次。现在，全世界都挡不住已经富起来、要"出境、出海、出去看看"的中国中产阶级消费者。可稍加注意就会发现，世界并没有因为国人"世界那么大，我要去看看"的狂热本身而提升太多对中国的友好认知。相反，中国人在海外留下的整体印象则来自一百来年不怎么改变、早已无法诠释中国发展的唐人街，还有好莱坞大片 *Crazy Rich Asian* 中疯狂的"买买买"亚洲土豪游客等负面形象。

世界对中国的认知不是多元的，原因有很多，但外因取决于内因：我们自己还未通过主动拥抱多元价值观而探索世界，并由此改善我们的交际能力和文化情商。世界对中国的认识取决于中国人的对外传播能力，而它需要的不仅仅是勇气，还有智慧。

只有用不断积累的文化情商主动表达"我们是谁"，才有可能与世界文化万花筒产生深度的连接。而越成熟理智的人，越能看到世间万物的多面性，便越能包容和尊重他人的差异性。

令人欣慰的是，虽然外资在中国及中企走出去的"跨文化休克"故事越来越多地出现在大众视野之中，风靡欧美的多元化和包容性/Diversity & Inclusion 培训与发展类项目在中国也越来越受欢迎。聘请跨文化顾问进行指导和训练，以及自我训练是新一代争做全球精英的专业人士日益倾向的一种投资。*How China Works* 跨文化播客访谈创新节目与服务也在这种趋势下应运而生。其中的一条内容主线就是"世界客观看中国"：节目邀请具备多元的思维能力、突出的文化情商、来自不同国家和市场，在科技、商业和文化等领域有独特见解和影响力的跨文化意见领袖和专家，探讨中国与世界的合作与发展，当下与未来。

（5）聚焦"未来"（Future-Oriented Prospective）。

在沟通过程中，中美双方如果能把视野和讨论更多投向未来性的主题和两国年轻人对全球发展的积极贡献，会起到事半功倍的效果。

中国需要帮助美国用发展的眼光看中国。虽然中美两国在相当多的理解层面有巨大差异，但在面对和解决人类未来共同挑战的问题上，如应对流行性疾病、新能源开发、环境保护、减贫、全球健康与人口老龄化问题，以及应对自然灾害等方面，中国实打实地做出了令世人瞩目的成就。国人需要讲述我们是如何运用符合国际标准的方法去解决这些人类命运的挑战，并呼吁对方求同存异、协同共进、面向未来。美国科幻片中的主题价值观之一即不屈不挠克服各种危机和挑战，只是过去中国人参与的这种"救赎"故事还是太少。而最近热映的《流浪地球》就是一种创新与突破，提供了"放眼未来，面对人类共同危难，中国提出'带着地球家园一起流浪'"这样的具有鲜明文化特色的解决方案，未尝不是一种双赢。希望国人可以发出越来越多这样的声音。

美国也需要倾听和感知中国年轻一代的奋斗故事。中国的千禧一代年轻人数量是美国年轻人的五倍，无论是消费力还是影响力，他们的一举一动越来越受到世界的关注。新全球化时代，很多中国青年企业家都是社会影响力的倡导者和推动者，和美国同伴一样，拥有国际视野的中国千禧一代追求个性与个体化生活方式，他们喜欢打破规则，拥抱多元价值观，崇尚自我表达与渴望更大的社会责任担当，这些年笔者见过太多推动国际项目、天马行空、创意多多且中西素养兼具的世界公民青年。他们的故事值得被了解，更值得被传播。据此，*How China Works* 访谈节目的第二条主线就是"中国人的世界之音"，邀请来自中国，双语能力突出，有独特跨文化经历的青年企业家和专业人士分享他们的全球化故事与走出去的经验。

（6）讲真话（Be Authentic）。

美国领导力培训品牌 Own The Room 提出："做真实的自己是与他人连接的最好方式。"是的，敢讲真话，敢于做自然而真实的自己，会更容易受人喜欢。

真诚看起来是超级简单的选择，尤其是当你和一群类似的人相处时。但是如果你代表不同文化不同背景的异类，"做你真实的自己"就可能是一个超级挑战，尤其是在面子文化为主的国家和地区。但是，如果我们掩藏一部分真实自我，别人是不可能太信任我们的。如果我们不被信任，那么后续一切都无法继续。这是一个连锁反应，很多原本可以产生的共赢机会都不可能发生，而这一切都可追溯回我们是否敢于做我们自己。所以，我们应该少在乎别人想听我们说什么，而是多费心思琢磨你的真实自我，最棒的自我需要到底是什么。弃虚求真，就是我们要敢于去面对真实，把话说到对方的心里去。什么样的故事最能打动美国人呢？答曰真实的故事。其实，全世界的人都喜欢真实的故事。

（7）搭桥思维（Building Bridges）。

搭建一座桥需要从两边向中间努力，而并非一厢情愿式从一头出发到另外一头。这意味着，如果把沟通的过程比喻成搭建一座桥梁，那么是需要双方的努力，甚至需要一定的妥协，而且要在彼此双方都有搭桥的意愿下付出。所以，我们能否从自身出发（带着搭桥的意愿走向对方），先反思自己文化中那些阻碍跨文化理解的行为？

改革开放后的中国快速崛起，产生了无数中产消费群体，但也成就了"外媒讨伐"中功利的拜金主义价值观。其实，无论在西方人还是我们自己眼里，这种价值观都不可能通向真正的平静和幸福。如何将这种拜金文化淡薄化甚至消除，是我们仍需努力的。除了从两边出发，沟通的大桥下少不了符合人性的主旋律和价值观，以及指导人类向前发展的思维方式这些敦实的支柱，我们都向往自由、和平与爱。

结语

中美沟通，影响天下，洋洋洒洒，不能尽述。一百多年前的先贤魏源，用"师夷长技以制夷"打开了向西方学习的思想之门，通过学习西方的先进技术来抵制西方——以彼之道，还之彼身。一百多年过去了，见证了历史沧桑、发展洪潮和大国博弈的我们，可以问问自己是否已习得了"师夷长技以求共赢"的能力？

笔者以历史学家汤因比的希冀做文章的结尾：积极吸收了西方个体思想、个体公民权、法治思想和功能分化的中国，可以在整体思维、多线思维、社会团结、社会整合等多方面运用中国文化的智慧，创造出中西合璧的崭新人类文明。

后记

1. 延展思考

思考一：普通人是否有必要习得跨文化沟通能力？如何用它提升生活质量？

先不考虑个人经历，也不论把个人的生命放入历史长河看进行跨文化沟通是否有效，单单就个人来说，跨文化沟通在我们生活的方方面面都有体现。例如，国内南方（深圳）创业者到北方（山东）创立公司，就需要用跨文化沟通（思维）去和当地利益相关者打交道。孩子和家长、老师沟通，也是某种意义上的跨文化沟通。毕竟不同代际的人有不同的成长文化背景，和不同的人沟通，就需要去理解对方所处的"文化背景"，用"搭桥"的思维来相处。当然，"搭桥"并不是一定会成功。因为搭桥很多情况下需要双方的努力，并且需要一定的妥协。如上文所言，双方都有搭桥的意愿和努力，搭桥才有可能成功。不管怎样，都希望我们能够"先"带着搭桥的意愿走向对方，期待对方看到，并一起努力，最终成功搭桥，形成良好的沟通。

思考二：人工智能推荐算法时代，跨文化沟通的"新壁垒"在哪里？

在谈论跨文化的同时，我们不能不考虑新技术为互联网中的我们带来的认知壁垒问题。桑斯坦认为：在信息传播中人们因自身的信息需求并非全方位的，只会注意选择想要的或能使自己愉悦的信息，久而久之就会失去了解不同事物的能力和接触机会，将自身桎梏于像蚕茧一般的"茧房"中。例如，校园系统就是一个"信息茧房"。人们不断接受着丰富的信息，觉得自己随时随地了解了世界，但实际上这不过是因为自己总能看到感兴趣的东西，从而获得了舒适的错觉。

《破茧》一书的作者施展提出，"信息茧房"中看似营养丰富，实际上营养极不均衡，既有的观点不断重复，个人既有的价值取向和认知也在不断地被强化，"茧房"之间的壁垒日益变深，渐渐地人们越来越不习惯于和不同的观点共存，进行建设性的公共讨论的能力迅速下降，社会中出现越来越多的分歧和分裂。如果我们不能突破"信息茧房"的束缚，社会中的文化和价值观讨论可能会更加撕裂。随着流行性疾病的全球性蔓延，流行性疾病与国际问题发生了各种纠缠，使得中国内部舆论与外部世界的关系变得错综复杂，也使中国的国际处境面临新的挑战。大多数华人出国后，本身因为语言上的挑战就偏好与华人群体共处，在各种华人微信群交流，或者说，我们只和我们同一代人线上线下交流互动。这种"同温层"和"回音壁"会让我们很舒适，但同一种认知（也是限制）会加强。所以，"背井离乡"这一成语有了一种新解读——背的是"茧房"。一个是地理空间上的"文化茧房"，一个是互联网科技下的"信息茧房"。至少目前来看，造成"信息茧房"的各种算法和它赖以生存的商业模式是共生的，所以要突破"信息茧房"就只能另寻路径。跨文化沟通筑桥者们任重而道远。

2. 杨壮教授点评

李莹莹女士多年从事全球跨文化领导力实践和跨文化管理培训，对跨文化沟通、交流、和谐、冲突有独特的敏感度和洞察力。李莹莹关于中美文化沟通机遇与挑战的文章观点新颖、看法独特、理论清晰、数据可靠，值得一读。

李莹莹的文章聚焦跨文化沟通，核心观点如下：

（1）互联网时代，培养跨文化领导力并提升文化智商势在必行。

（2）在投资并提升AI和机器运算的同时，人类也应该提升自身的认知功能。

（3）中国应该更好更有效地向世界传播自己的声音。

（4）中国文化中很多思想和观念妨碍了华人在世界上有效传播、沟通和交流。

（5）美国华人在财富500强企业的高管比例很低，得不到主流媒体的认可。

（6）中国人在世界上讲不好自己的故事，中国介绍通常由外国人撰写。

（7）很多西方人对中国抱有强烈的不信任感，这种看法一时很难改变。

（8）中国人的自我认知和外国人对中国人的评价之间有很大的鸿沟。

（9）中国人在国际会议上发言，"虚虚实实，实实虚虚"，效果南辕北辙。

（10）西方媒体对中国的报道加剧了世界对中国政府和中国企业的不信任。

（11）中美跨文化沟通关键是提高文化智商（动机、知识、策略）。

（12）文化智商：说真话、讲逻辑、重结果、去偏见、找共性、同理心。

文化智商也称为文化智力。每个国家或者区域都有不同的、有差异的文化模式和思维模式。李莹莹谈及的"文化智商"为企业领导者的跨文化认知能力和行为能力提供了重要参考。

跨文化经营需要领导者具备在跨文化情境中进行有效沟通的能力，这种能力是基于对跨文化知识的储备和对跨文化差异的理解和包容。正如文化智商中强调的，在语言表达方面，各个国家的员工或者客户在语音语调、目光接触、空间距离、手势等上面也会有很大的差异。领导者需要对这些差异都保持敏感性，只有了解这些差异才能有效沟通，避免误解和文化冲突。

为什么今天的世界对中国及中国企业家有很多误解呢？为什么我们的官员和企业家在国际会议上"不敢说、不愿说、不会说"呢？为什么我们总是讲不好我们自己的故事呢？为什么我们的企业得不到很多客户的信任呢？

李莹莹已经就以上问题做了部分回答，基于我在北大国发院教学国家MBA二十年，我也提出一点我的观察和分析，不一定准确，仅供参考。

（1）传统文化影响我们的沟通方式。中国传统文化中的"一言堂"对今天国际交流影响很深。中国制度和文化不鼓励独立人格、自由思想，因为历史上文化强调"逢人只说三分话""言多必失""枪打出头鸟"。所以有人"不敢说，不愿说，不会说"。

（2）应试教育影响我们的思维方式：中国基础教育以应试教育为主，死记硬背，学科学习重点找到标准答案。课堂上不鼓励自由讨论，更不能挑战权威。记得在以色列，犹太人从五岁开始就自由讨论、争论，鼓励独立的人格。在印度，学术自由思辨是十分普遍的现象。

（3）价值观影响我们在国际上得到信任。中国文化三千年，博大精深，有精髓，更有糟粕。但是农耕文化与海洋文化在行为举止和价值取向方面都有很大差异。过去一百年，国人没有机会认真反思中国文化的优势和劣势，去粗取精，去伪存真。由于中国人没有一致的价值观，在国际交流过程中，缺乏和其他国度有效沟通的价值基础。

当然，今天的中国已经发生了很大的变化。一批批留学生到海外学习，吸收了丰富的知识和思想。在流行性疾病发生前，中国游客遍布全球，看到了学到了很多"自己不知道"的事情；中国国门打开之后，国外企业、学校、咨询公司来到中国，不断熟悉中国人的思维和性格；中国企业一批批走出国门，经过磨炼和学习，开始尊重当地文化和法规，在很多国家取得了当地百姓的信任和了解。但是 2020 年的流行性疾病及近期国际关系发生的根本变化给中国政府、学校、企业带来了更重大的挑战。在 VUCA 环境下，必须迅速提高国人的文化智商，在与外国人沟通交流过程中，知己知彼、求同存异、将心比心、拥抱多元、携手共赢变得尤为重要。国家、政府、企业、学校必须迅速培养一批有全球视野、有核心价值观、有专业技能、有优秀品格的跨文化领导者。

外企和中国成长型企业的
领导力建设

冯晓勤[①]

| 摘要 | 本文主题是外企和中国成长型企业的领导力建设，笔者在两种类型的企业都工作过，也亲历了很多领导者的成长过程。文章主题包括四个方面：1）在这两种类型的企业里对领导力素质上的要求和侧重点是什么；2）关于领导者的成长路径，侧重于在互联网、在创业公司里领导者怎么成长；3）人力资源工作的价值，为什么在中国企业里叫"政委"，"政委"跟 HR 有什么不同；4）职业发展的一些建议。面临未来越来越多的复杂变化，职场人应该如何应对。人力资源里面有一句经典的话，"没有一个尺寸适合所有人"。这实际上是指引我们，在谈人的工作问题上，需要保持相对灵活和开放的态度。因此，本文仅是笔者个人实践中的一些体会。另外，外企主要是指外国企业在中国的机构，并不是指全球的企业，只是相对来讲属于中国企业的分支。|

---

① 冯晓勤，北京大学国家发展研究院 BiMBA 商学院 MBA 的校友，从事人力资源工作近 20 年，曾供职于玛氏、亚马逊、联想集团、滴滴等多家国内外企业，也管理过多国籍员工。2015 年加入快速发展的互联网企业滴滴出行，先后担任了事业群人力一把手、HR 专业中心负责人等要职，并助力了滴滴人才组织升级、人力资源体系设计和实施、领导力和高管团队建设。

导读

笔者是 BiMBA2006 级校友，2007 年跟随杨壮老师去美国西点军校访问，参加训练和课程学习，包括新生入学仪式前一天的仪式模拟。西点军校很重视在领导者品格上的打造，这些收获对笔者后来的职业发展有很大启发和帮助。笔者从事人力资源工作近 20 年，跨越不同行业，包括零售业、快消品、互联网企业，也分别在中国和美国工作过，带过团队。2015 年加入创业三年的滴滴公司，参与了很多重要的事件，包括 2016 年和 Uber 中国业务合并、网约车新政落地、业务和产品技术人才升级迭代。在 HR 工作上，从 0 到 1 建设了滴滴的人力资源体系。因为业务的飞速发展，我们的组织升级还包括高管团队的凝聚力建设的工作。

过去二十年，笔者也见证了人力资源工作在中国企业的发展。中国企业，尤其是新一代创业公司，创始人越来越重视人力资源工作，意识到了它对业务发展的价值，也愿意花更多的时间思考人才、组织、文化。

一、不同类型企业对领导力的要求

在外企工作十几年，经历了不同业务发展的起伏，跟很多国家的领导者一起共事，在工作中锻炼能力，积累经验。2015 年加入一家创业企业——滴滴，前几个月有很强的挫败感，因为加入滴滴前笔者对自己很有信心，但在新环境下，很多曾经引以为豪的能力不能派上用场，而业务问题又很多。加入第三年时，经历了比较大的焦虑期。所以，在这个过程中，笔者有不少反思，体会到在不同环境下对领导者能力要求的不同。

1. 专业能力与进化和迭代能力

笔者认为，今天很多创业公司能够持续成功，甚至颠覆传统企业的优势在于，他们不仅创新，而且不断自我进化、打碎自己、涅槃重生，成为一个全新的"物种"。例如，阿里，从做 To-C 的电商平台，到 To-B 的阿里云。To-C 和 To-B 的用户思维很不同，对于组织能力、文化转型，很重要也相当有难度。联想曾经想大力发展手机业务，笔者也参与过收购和整合摩托罗拉的一些项目，但是，转型的过程很不容易。

在外企，相对强调专业能力，除了在工作中提升能力外，周围的同事也很专业，培训部也组织了很多专业能力、通用能力的培训，对于每年每人参与培训的时间也有一定要求。通常我们对优秀人才的评价是"这个人很专业"。

但是，在创业公司，每天都在面临新问题，有时需要的是专业以外的能力，如与人协作的能力、处理冲突的能力。很多在创业公司里快速成长的领导者，战功很多，职责不断扩大，但是到了一定阶段，他们会止步不前。因为，他们的眼界、格局难以接纳不同的意见和不同的人。

因此，我们需要保持开放的心态，知道自己不知道什么，是最难的，我们称之为怀有"敬畏之心"，广泛的学习，然后形成自己的认知。

在创业公司工作这几年，相对专业能力提升，在认识自我、调整心态、情绪管理上有更多的反思和成长。笔者曾经是比较追求自我成功的人，自驱力很强。两年前开始读《道德经》，懂得了领导者要能通过成就他人来成就事业。最大的利己是利他，帮助团队成长，通过成就团队来成就业务。

2. 尊重经验和破局思维

我们看到，很多创业公司的创始人并不是这个领域的专家，但是他们依然能在这个领域获得极大的成功，主要是他们可以抛弃对经营一个行业的传统思维。例如，海底捞的创始人张勇认为，现在不缺好吃的火锅，既然对于那些光顾我的店的顾客来说，"不能让他们吃得好，怎么着也得心情好吧！"于是就开始做服务，做体验。

这就是破局思维，在更高的思维层次上进行改变，往往才会从根源上解决问题，产生质的变化。当我们处于一个更高的维度，也就拥有了"降维攻击"的能力，它让我们从眼下的困局中跳脱出来，以一种全新的方式来看待世界，原来的问题也就随之迎刃而解。

笔者以前接触过的一些比较优秀的运营经理，都有一定的破局思维能力。他们不是只用促销、买赠这样的方式吸引用户，而是通过研究数据，发现用户的一些异常行为，或者利用一些特殊的场景，找到增长的新机会。

笔者在亚马逊工作时，经历了几次财报，尤其是净利低于预期但股票反而大涨的情况，主要是投资人看到亚马逊又做了一些长期投资，如建立了更多的运营中心，购置了更多的服务器，这说明贝索斯对电商和AWS云的长期业务增长充满信心。贝索斯是一位长期主义者，当别人都在追求短期利润，为了让财报看起来更漂亮的时候，他在思考什么是对于用户体验不变的，并且要力求做到极致的，选品更多、价格更低、配送更快。既然选品更多、配送更快，就需要更大、更多的库房，还有更高的效率。破局思维是很多成功创业领导者的关键力之一。

3. 执行力和战斗力

首先说说这两个能力的区别，笔者觉得最好的例子是在这次抗击流行性疾病斗争中，广大医务工作者、社区工作人员等很多人，展现出了一种战斗精神。流行性疾病突袭而至，来势汹汹，人民生命安全和身体健康面临严重威胁。面对流行性疾病，这些人的行动已不能用简单的执行力形容，他们以坚定果敢的勇气和坚忍不拔的决心，同时间赛跑、与病魔较量。这就是战斗精神。

在创业公司工作，从创始人到很多后来加入的人才，大家都怀揣梦想，为社会的进步和变革贡献价值和力量。正如我们在亚马逊的口号，Work Hard、Have Fun、Make History，我们的工作是为了创造历史。这样的梦想支撑很多人拥有无限的工作激情，每天工作更长的时间。当然，也是因为在创业公司工作总是有一场场打不完的仗，经常在生死间徘徊，就要求从领军之将到团队成员，都要展现出极强的战斗力，必须 All in，不给自己留余地，一切为了赢。

在公司里需要的人才是"自带鸡血一大盆"，永远有饱满的热情。2016 年笔者在参与合并 Uber 中国业务的时候，研究了一些 Uber 的文化价值观，其中一条是 Super Pumped，中文翻译成"热血澎湃"。

4. 拥抱计划和拥抱变化

我们在企业里上培训课或者读 MBA，都知道做事情前要做好规划，基于目标，先有总体策略，再分解成一个个步骤，然后在执行的过程中，可能会发生一些小意外，需要对行动进行微调，但这些变化，基本上是在掌控之中。

在创业公司工作就很不一样，外部环境经常在变，尤其是尚处在高度竞争的行业中，一是现有的竞争者很多，还不时有新的竞争者杀入；二是行业政策也不清晰，或者处在正在建立或完善的过程中，不时有新的政策颁布，这就需要企业及时做出响应和调整。随之带来业务打法、产品创新、组织架构、资源分配、人员安排等多方面工作的迅速变化。

很多从外企刚加入创业公司的人，经常有这样的感受，说得好听一些叫"变化太快了"，说得消极一些叫"感觉好乱"。确实是，变化太多，也太快。可是，环境变了，企业不变也不行，变化慢了也不行。因此，谁也不喜欢总是变化，但还是要变。

哲学上，认为一切事情都是运动的。因此，运动是绝对的，静止是相对的。面对变化，我们仍然保持积极的心态，只有接纳了，才能让自己的聪明才智发挥出来，否则，我们只会有更多的焦虑。在滴滴有句口号，"把玻璃心扔掉，换一个钢的回来"，让自己的内心不再脆弱，才能更好地适应快速变化的环境。

5. 证明自己和突破自我

很多人加入创业公司前都有着一路成功的背景，国内外知名大学毕业，在业务和体系成熟的企业里，专业能力强，一路晋升到高位，带领很大的团队，这些人才也都是猎头们争夺的对象。这几年，不少创业公司在业务规模发展到一定阶段，都希望挖来这样背景的人才，以助力企业发展到更高的阶段。

很多人才怀揣着取得更大职业成功的理想加入，却在加入之后，遇到水土不服，甚至会焦虑、抑郁。他们主观上认为，自己不论是在职业素养、专业能力、解决问题等方面，都比现有的人段位高很多。他们都想证明给老板看，你没有选错人。

正是因为这种想要证明自己的心理，让他们急于求成，过度依赖以往的经验。但是，外部环境、业务发展阶段、资源匹配、团队能力，都跟以往大相径庭。外企的同学都容易高举高打。创业公司讲落地，没有资源也要想办法搞定。因此，在新的情况下，需要他们在详细地了解了现状、目标、资源等信息后，独立思考，具备创新能力，找到破局的路径，战胜一切困难，拿到结果。

这些都需要一种突破自我的思想和行动力。

二、领导者的成长路径

在这个议题上，笔者想更多谈谈在创业型公司的领导者成长。总体看，要在实践中建立战功和增强能力，而且是在跨界的不同领域获得锻炼，以不断提升上述讲到的这些领导力素质。

面对新情况，大家开始都会纠结，不知道从哪里下手，尤其是在很多时候，要解决的问题非常复杂，或者完全不是自己过去熟悉的领域，因为互联网很喜欢让人才跨界发展。例如，在阿里就有内部轮岗机制，做技术的人去做产品,做产品的去做运营,做战略的人能搞业务。这样的机制就是为了帮助领导者获得更多领域的认知,为将来走上更高层的领导岗位积累经验、锻炼能力。

经历多次的历练后,让自己不断学习和思考、适应变化、拥抱变化,这会给人带来"熔炉经验",当然这种经验获得的过程往往会很艰辛甚至痛苦。

笔者想起在西点军校的魔鬼训练营,新生入学后不久,就要经历这个训练营。训练营的所有科目都极富挑战,目的就是锻炼体能和磨炼意志,无论面临多大困难,都不能放弃。起源于古代希腊人的体力、脑力和心力,其中相对最难达到的是"心力",有"心力"的人才够皮实,才会让自己更加成熟,能够从容面对未知的挑战。

三、人力资源工作的价值:为什么在中国企业叫"政委"

互联网企业里很多领导者,都是 30 多岁就带领一个上百甚至上千人的队伍。很多人会问,他们有能力管理这样的队伍吗?大家听他的吗?这个团队的士气怎么样?接下来笔者就跟大家谈谈,在助力这些领导者成长的过程中,HR("政委")的角色和价值是什么。

首先讲讲这些领导者的现状。第一,他们都相对年轻,30 岁左右,甚至只有 20 多岁,做管理者的经验相对少。记得 2016 年初滴滴第一次做绩效考核,笔者给管理者做了一场培训,全场约 50 人,真正有管理经验的人只占 20% 左右,差不多 70%~80% 的人是第一次做管理者、第一次给下属评估绩效。第二,心智的成熟度不是很高,因为很多是 80 后、90 后独生子女一代,他们习惯被呵护,所以在相互协作时,成就他人的思想会相对弱一点。第三,个人的成就动机很高,之所以加入创业型的公司,很多人想挑战自我。对于业务的结果期望度很高,总想赢。第四,职责扩大的速度非常快,因为一场场仗后,他们建立了战功,就会被赋予新的使命,队伍也会随之扩大几倍。第五,他们对人的关注度比较低，无论是在意识上，还是时间和精力上的投入都比较少，大部分的领导者还是花更多的时间思考业务的打法，不太能想清楚到底是做事用人，还是用人做事。

被领导者也很年轻，成熟度低，面对压力容易脆弱和焦虑，有不满很喜欢发泄，尤其是到公司内外部的论坛上吐槽。企业处于快速成长期，组织调整往往是常态，但是经常听到有同学说，"你要让我汇报他，我就马上辞职；你不给我晋升、加薪，我就不干了"。这并不是威胁和恐吓，他们确实在组织调整后就立刻辞职，因为外部的机会多，诱惑也大。

HR 或者 HRBP（人力资源业务伙伴）跟所谓"政委"之间有区别。传统的 HR 基本上分为六大模块，从人力资源的规划、招聘、培训、绩效、薪酬福利到劳动关系，这基本上是专业领域，属于我们的看家本领。

例如，这个岗位上现有的人跟不上业务发展需要、如何升级这个岗位的人才，属于招聘的问题；这个人被外面"挖"，如何留住他，属于人才保留的问题，通常我们会用薪酬待遇的思路解决，拿出相应的方案。招聘人才，我们就请招聘同学一起加入，跟管理者讨论职位和能力要求、候选人背景或素质期望、大致这样的人才存在于哪些公司。收集好这些信息，然后请招聘同学开始做 Mapping（人才地图），有合适人选就请管理者看简历，然后面试，按照公司规定的面试流程，最后一切顺利决定录用，就给候选人发 offer、上岗。这样的问题，笔者解决了很多次。

但是这个过程在创业公司基本是不可行的。尤其是当业务处在高速发展时期，公司需要升级高阶人才的时候，如果坚持这种套路，基本上不太可行。因为公司往往不一定能找到完全符合职位描述的一个人，这不是 HR 的专业能力问题，这就是"政委"到底做什么的问题。"政委"要非常了解业务，获得业务搭档充分的信任，有的时候我们要补领导者的短板，要识人心、懂人性，包括做教练，怎么样成就团队、成就业务。

回到人才升级的问题。为什么公司找不到完全符合要求的人？因为实际情况可能是这样的：公司欣赏的这个人的能力或者段位比当下所需要的要高很多，尤其是现在很多 CEO，他们一旦意识到这个岗位上的人才在能力上可能不太够用，就想在市场上找一个高好几个段位的人，因为他需要这个人的能力支撑公司未来五年的发展。如果找到了这样的候选人，他们对于岗位的期待也会很高。萝卜跟坑不可能完全吻合，该如何处理？从原则上来讲，还是要全力吸引这样的人加入公司，很多创业公司之所以能持续成功，还是在于关键岗位上的人才配置得相当不错，这些人一旦到位之后，可以带动下一层的人才升级，尤其是技术人才，他们愿意跟"大牛"一起工作。

这些人都有自己的期待，作为领导者该怎么办？这就要在岗位的设计上表现出灵活性，为了吸引人要重新设计职责。一个岗位职责调整了，就会相应地影响其他岗位上的职责；要缩小一个岗位的职责，这个岗位的人会不会同意。还有随之带来的业务流程都可能会变化，团队的变化，以及内外部的合作方式等的变化。当做出这些思考，很多时候需要"政委"跟业务一把手一起商量，把什么人摆在什么位置上，调整对于业务的影响是什么，包括沟通的难易度都要想到位。这就需要"政委"对业务很熟悉，一方面要获得业务一把手的充分信任和平等对话。另一方面，这些信息要想有价值，一定要对这个组织、对业务、对人非常了解。

除了上面的具体例子，在初创公司里，因为管理者的管理经验、管理能力、时间投入都比较少，所以"政委"就需要给管理者补短板。我们要给团队和人更多的关注，关心他们的状态和情绪，遇到什么困难、需要什么帮助。就像在一个家庭里面，爸爸可能是业务的一把手，妈妈就是"政委"，我们更多在人心上做关怀。

要跟业务团队里关键岗位上的人建立深度的信任。因为只有建立深度信任，大家才愿意相互坦诚地沟通，了解他们的所思所想，他们的担心是什么。作为"政委"，我们也要站在个体和集体的利益上，给大家一些反馈和建议。我们并不只站在公司的角度，而是真诚地为了对方好，这样才能建立信任，让员工的工作状态重新进行调整。

对于今天的领导者，他们在业务上扛的担子和压力都非常大，员工的想法也很多，相对会脆弱一些，各种内外部的诱惑也比较多。所以在完成一些高难度的任务时，我们就需要给团队再"打气"。所以笔者认为，好的"政委"不仅能排兵布阵，还能够鼓舞士气，能发挥出很大的价值。

另外，"政委"处理好问题，领导者是不是还是成长不起来？笔者认为，好的"政委"是伴随领导者一起成长的，既能够把问题解决，又同时是一个很好的教练，帮助他们提升能力。所以，好的"政委"要知道自己何为、何不为。例如，什么样的事要交给一把手去做，如果他做不了，我们应该如何去帮助他们？再如，要进行一次针对低绩效员工的谈话，很多领导者在第一次做这样的谈话前都会很抵触。这种抵触是心态的问题，还是能力上的问题？如果是能力上的问题，我们应该怎么样去帮助他？是否可以准备话术或提前演练，对话之后做一个复盘？笔者觉得这都是"政委"要做的事情。"政委"不能大包大揽，要知道自己的角色和定位，要成就业务的领导者、成就团队。"政委"是站在身边偏后一点的人，而不是站在前面。

此外，笔者发现，优秀的业务一把手也是处在不断进化和迭代中的，如果我们不能跟上他们一起成长，也会被淘汰。举个例子，笔者以前支持过滴滴的CTO，他跟程维一起创立这家公司时，就是做一般性的技术工作，带几十名工程师的团队。三年中，他的队伍从一千人到五千人，向他汇报的下属有原阿里、百度的VP，还有美国一些顶级大学里人工智能领域的教授，以及Google、Facebook在工程和数据科学领域的一些世界级人才。这三年笔者见证了这位CTO的成长过程，首先他非常正直、极度开放和坦诚，也非常有使命感，而且是一位有前瞻性的领导者，是非常有品格领导力的人才。他认为成就团队比成就自己更重要，因为业务是团队做的，所以一大群优秀的人在一起，很有凝聚力，事情就不怕做不成。笔者记得他的办公室有一句话，"成就团队，成就业务"，这是一种格局，一种用人成事的思想。所以在这几年跟他共事的时候，他的深入思考和待人处事的态度，对笔者有很多的启发和影响。"政委"总结来说是要贴近业务，能够跟业务搭档建立平等的对话，才会对整个业务发展起到积极的价值作用。

在业务发展的不同阶段，人力资源工作有不同重点。虽然笔者平时以日常工作为主，但是在业务不同的阶段，HR 的工作重点还是不太一样。例如，在创业早期，很多 CEO 愿意找一些有招聘背景的 HR，因为早期业务发展很快，急需要人才补充。但是总体来说，HR 的工作重点基本可以概括为三个方面。第一是人才升级；第二是文化打造；第三是领导班子的凝聚力建设。

第一是人才升级。为什么需要人才升级？因为管理者从管理单一的产品线到多条产品线、多条业务线。从技术来讲，从每天交易几十万订单，到几百万、几千万订单，对于技术架构、数据存储的稳定性和安全性，要求都不一样，所以需要一些更有经验的人才加入。这些高阶的人才在企业里会提升公司的腰部力量。这几年，尤其是在互联网圈子里，人才的价格越来越高，因为优秀的人才确实是非常抢手。笔者也类似于半个猎头，挖了很多人，有的人非常难挖，因为他们都是很多公司心仪的人才。

第二是文化打造。大家在企业里工作，能够感受到企业文化对自己的影响。毕竟从创业十几人发展到上千人，怎么能让这些人有共同的目标和做事原则，确实需要文化的支持。好的公司文化也能够帮助塑造我们个体的价值观，包括行为准则，这是一个互相影响的过程。所以要花时间去思考我们的文化、价值观。过去几年我们也迭代过，因为在创业初期和相对稳定增长的时期，我们的使命一直没有变，但是对于愿景、价值观、人才观上，还是有一些变化的。

第三是领导班子的凝聚力建设，这是笔者过去几年感触比较深的一点。在业务发展中，一方面需要清晰的战略路径，另一方面就需要一个高凝聚力和高战斗力的队伍。想让团队高凝聚力，首先领导班子中的人要互相信任、互相协作、有担当精神。领导班子建设需要花很多时间，笔者的经验是，建立信任，不能通过多开会、多谈事来实现，要通过多元的活动，精心设计好，让这些人彼此打开心扉，放下面具，坦诚地面对大家。不能拿业务繁忙当借口，因为这方面的投入是非常有价值的。愿不愿意为了别人的成功多走1千米、愿不愿意牺牲自己团队的利益去成就其他团队，我们需要领导者有这样的素质。

四、在不确定性面前：我们如何应对变化

第一，拥抱变化是一种心态，但也要对"不变"的事物追求极致。这句话看起来是矛盾的，但实际上是一种心态和行动的双重准备。贝索斯在经营亚马逊时，始终将对于用户不变的事情做得越来越好，即选品更多、价格更优、配送更快。做事和做人的道理往往是相通的。笔者过往跟很多人进行对话，很多人会表达担心自己什么时候能够晋升。笔者给大家的建议是，不要太去担心这些问题，专注当下，踏踏实实把现有的工作做好，通过这些工作积攒你的战功、修炼你的武功，不管有什么样的变化，这些是你的核心竞争力，追求把自己每一天的工作做到极致。

第二，人生要保持长期和短期目标的平衡。笔者鼓励大家回到一些对最基本问题的思考，如"你是谁""你如何定义自己""人生中你最在意什么？"每个人都是独一无二的，不需要相互比较，而要对自己的内心发问。除了事业，你还在意什么，身体、家庭、关系，现在的情况如何，你要做什么。事业上取得一些成功，这还是属于相对短期的投资，因为成果能够立竿见影。身体健康、家庭美满的投资，是长期投资，不一定马上见效果，但非常值得，因为这些是你的支持系统。因此，人生要保持长期、短期目标平衡，要想持续地在相对短期目标上获得成功，需要在长期目标上投资时间和智慧。

第三，职场中年龄不是障碍，是"精气神"。年龄到底是不是职场发展当中的一个障碍？笔者认为年龄不是障碍，或者说不是主要障碍，真正的障碍

是你个人的状态。作为 HR，笔者经历了很多国内外企业组织上的变革，确实没有哪一家公司是通过年龄搞一刀切裁员的。主要问题还是在个人的心态上，积极性、主动性差的人竞争力就会弱。大家可能看到媒体上说一些公司裁员都是裁 35 岁以上的，笔者认为不要相信这种说法。

要想有一个比较好的状态，第一要素是身体健康，这是基础。工作即便再辛苦，也一定要投入一些时间去锻炼身体。过去五年，每天工作时间很长，但是笔者依然保持着相对旺盛的精力。笔者比较自律，每周有两三次早上 6 点半起床跑步，8 点结束，差不多 9 点就可以到办公室工作。身体上投入时间，会看到效果。第二就是精神状态，很多人态度积极、行动迅速，而有些人心态封闭，什么都不想学。亚马逊的一条价值观是保持好奇心，倡导大家打开自己，不断学习。

前段时间一位朋友联系笔者，希望笔者帮助推荐工作，我们通了电话。因为对现在的工作不满意，他的牢骚很多，讲话的语调让人感觉无精打采。因此，在职场中，即便专业能力再强，心态如果不积极的话，工作效果肯定会大打折扣。怎么去看一个人的心态呢？笔者以前在面试候选人的时候经常问一个问题，不管他背景有多么优秀，还是会让他讲一讲，在过往的经历中他最自豪的一个项目、一件工作或一段经历。当他讲完后，通常都会很开心和自豪。接下来我就会问，在这个项目中，你认为自己还有哪些方面可以提升。一些人可能会说我已经做得很好了，没有太多地方可以提升。还有一些人会说，尽管结果不错，但还是做了复盘，有哪些方面可以做得更好，下次可以改进，然后一一列出需要改进的方面。如果大家是老板，面对这两种回答，你愿意选哪种人？相对来讲，我们还是会喜欢心态更加积极，愿意把事情做得更好的人才。

结语

随着中国企业的实力不断强大,未来会有越来越多的企业走出中国、走向国际。对于年轻一代的创业家,他们的使命感、视野、格局、认知升级、破局思维,都将极大程度地影响这家企业能走多远、能走多长。

不同的企业处在不同的发展时期,要想持续创造价值,对领导者能力的要求是不同的。笔者因有过这些经历,所以感受到人力资源工作者在这项工作中的使命感、影响力和行动力很有意义。同时,在不断实践的过程中,我们自己也获得了很多成长,积累了经验。

笔者因一直在企业工作,遇到和解决的实际问题多,相对实战经验丰富,理论水平的确有限。以上内容在体系性上的架构,请读者宽容。

后记

1. 延展思考

思考一:外企人力资源管理从中国的创新企业身上,有没有可以借鉴的地方?

在创业公司里我们更多是去识人心、懂人性,软性工作会做得多一些。在外企的时候,相对来讲更强调专业性的东西,尤其是一些项目,如绩效管理、薪酬方案的设计,但是相对缺少一些柔性的东西。在创业公司里,我们更重视文化建设,通过一些软性方法,增加人与人之间的亲密度、信任度,因为大家要在一起战斗,要信任,要团结。如果有一天,笔者再回到外企工作,可能这是笔者能够贡献的价值。

思考二:企业领导者的哪些人格特质会对企业经营起到一定的作用?

第一,领导者要有非常强烈的使命驱动。做一件新的事情,如颠覆一个行业，这需要很大的决心、热情，过程当中也会遇到很多很多困难。一个创业者如果没有怀揣梦想和使命感，真的很难坚持下去，这是第一要素。贝索斯经营亚马逊，始终坚持三原则，第一就是要执迷于用户。在亚马逊工作，相对很多CEO经常发布任命通告或沟通稿，我们很少收到贝索斯的全球电邮，唯独收到几次，都是他转送用户给他的邮件。这些用户表达了他们对亚马逊的感谢，因为在购物过程中感受到了出乎意料的服务体验。

第二，领导者要有非常强的进化迭代能力。当你从一个很小的公司成长为一家大企业，经历的问题越来越复杂，业务问题、组织问题，还有外部问题。例如，如何跟政府沟通，跟用户沟通，跟合作伙伴沟通，当出现危机的时候如何处理。很多创业者当面临问题时，能够不断升级认知，向更多的人学习和请教，然后自己有很深入的思考，不断进化。滴滴每半年进行一次战略分享会，程维会做讲话，笔者半年听他一次讲话，总是感觉他在思维和认知上又上一个段位，因为他对一些问题有更深入的思考。

第三，领导者要有坚毅的精神。这里面困难非常多，放弃可能只是一个决定，但是他们能坚持下来，第一源自他们内心的使命感，第二是坚韧不拔战胜一切困难的精神。创业公司在发展的过程中，会遇到各种各样的问题和挑战，可能随时有归零的风险。领导者要锻炼自己，同时激发团队不言放弃的品格。

2. 杨壮教授点评

冯晓勤女士的文章，分享了自己二十年来在不同企业的工作和管理经历，包括品牌跨国公司亚马逊和著名中国民营企业，对企业家和职场经理人制定清晰战略目标，提升自身领导力和管理力有重要的现实意义。

美国华人神探李昌钰在北大对BiMBA商学院EMBA学员说过一句话：我的成功不在于我是谁，我的成功在于我和谁在一起。这句话对于冯晓勤女士来讲千真万确。她二十年前大学毕业后就进入具有国际视野、人文理念、清晰战略架构的品牌跨国公司，积累了丰富职场经验，培养了职业化的能力和品格。之后进入北大国发院 BiMBA 商学院，与一群有全球经验、职场经历、良好素质的同学在一起，接受用英文传授的国际化管理课程，包括西点精神。MBA 毕业后，有机会到国际化企业联想集团继续奋斗，最后进入竞争激烈的滴滴公司，做人力资源总监。

冯晓勤 20 年职场经历，对企业和个人，重要的经验和启示如下：

第一，提高专业主义精神，在知识层面不断更新迭代。专业主义精神固然重要，但是在 AI 和高科技环境下，知识更新率大大增强，行业持续被新技术颠覆。例如，工业革命到信息革命就是一个重大变化，从 1995 年到 2018 年，网络的流量就增加了 100 万倍。20 世纪 90 年代，全世界市值最大的公司是电讯、石油、制药公司，2019 年，市值前十位公司中七家公司都是网络公司（孙正义）。因此，在人工智能时代，我们必须不断更新旧的知识体系，迅速获取数字化知识，成为复合型人才，提升新时代下的洞察力、判断力、决策力。知识迭代的核心是改变传统的心智模式和认知模式。很多中小企业被流行性疾病击倒的重要原因是没有更换旧的思维模式。

第二，清晰企业战略目标，提升自身的战斗力。在 VUCA 环境下，企业必须制定出清晰可行的战略目标。如果企业目标不清晰、不明确，员工的执行力不会到位，也无法把个人的使命和企业的目标结合在一起，更谈不上挖掘出自身的全部潜力。有效领导力的核心是上下同欲。如果企业战略目标不清晰，领导和下属之间不可能有共鸣，员工的战斗力也会大打折扣。因此，领导者和追随者双方都要根据环境的变化对企业的战略目标不断调整，拥抱变化、提升战斗力。

第三，面对挑战，企业管理者和员工必须坚毅顽强、永不放弃。在今天的竞争环境下，职业人和创业者都必须保持一种坚毅顽强的精神，要能扛得住，不轻易倒下。尤其对于互联网竞争性极强的企业来讲，企业员工必须有很好的身体素质、超人的抗压能力、坚强的心理素质。我参观滴滴时，冯晓勤女士负责接待，公司工作经常要求她晚上十二点后回家。她十多年坚持下来，精神保持旺盛，原因之一就是她一直坚持跑步，锻炼身体，同时有较强的自我控制能力。

第四，招聘培养激励优秀人才是企业成功的法宝。招聘培养优秀人才对一个企业来讲是至关重要的问题。滴滴是一个极有战斗力、极有执行力的组织，工作强度很大，公司第一、第二把手身体力行，用行动影响激励了很多优秀人才。

比较之下，谷歌是一个极人性化的企业，强调绩效评估的同时，也展现出很多灵活性。一方面强调用工的投入，一方面强调工作效率，不鼓励加班，同样吸引了很多优秀人才。我们在加州参观了谷歌。一位中国工程师在拿到项目之后，可以很灵活地运用时间来完成项目。之后，他需要回答领导的四个问题：我在什么样的条件和环境下、接收了一个什么性质的任务、过程中遇到了什么挑战、用什么方法最终完成了这项任务。这个中国工程师很喜欢谷歌的工作氛围，对公司十分忠诚。

第五，平衡管理中的硬件和软件，绩效和人性化侧重。冯晓勤觉得跨国公司更加强调目标管理、绩效评估，而创业公司更加强调软性东西，人性人情。很有意思的评论。吸引人才、逗留人才，必须在绩效和人文上找到平衡点。信奉长期主义的企业明晰自己的长远目标和使命，了解如何在今天的竞争环境下合理提高企业的经营效率。我们更需要的是建立新环境下的组织能力、体系建设和人才激励机制，而不是天天依赖996，死打死拼。

最后，我们回到神探李昌钰。他在世界各地都受到不同政府、组织、人群的欢迎，什么原因？他的回答是，"按西方人的方式做事"（讲制度、讲规则、重契约），"按中国人的方式做人"（讲人情、懂礼貌、交朋友）。如果把中国文化中重视人情、重视和谐、重视生命的人本主义精神和西方文化中重视制度、重视规则、重视效率的海洋文化理念地结合在一起，中国企业在世界上可以迅速得到尊重。

Postscript | 后记

在这个充满不确定性的时代，无论国家、组织还是个人都面临着前所未有的挑战和机遇。《VUCA 时代的跨文化领导力》一书的出版是团队协助和集体努力的成果，凝结了太多人的智慧和心血。在此，首先对为本书投稿的各位作者表示深深的感谢，投稿人立足多元视角，将理论与实践相结合，通过国际视野和本土应用的鲜活案例，充分诠释了跨文化领导力在 VUCA 时代的重要性，为读者打开了一扇了解世界、了解企业、了解自己的窗户。其次，感谢北京大学跨文化领导力论坛多名创始成员乔顺昌、李英健、张捷、马豫等，感谢核心成员朱明明、张宇伟和张莹莹一直以来对跨文化领导力平台的付出和支持。同时，感谢北京大学国家发展研究院姚洋老师和范保群老师、南南合作与发展学院刘旭杰老师、公关部王贤青老师、EMBA 中心柴豫荣老师、MBA 中心于斌老师和马宏莉老师、校友部程军慧老师和施静老师、教务部杜桂英老师、IT 部沈成铃老师和黄天衢老师等对跨文化领导力论坛的支持，您们推荐的优秀 EMBA 和 MBA 校友，为跨文化领导力论坛提供了优质的演讲内容，也为本书的出版打下了坚实的基础。

此外，特别感谢在百忙之中为本书写推荐语的王石先生、贾庆国教授、何日生教授和张力奋教授，各位教授和专家对本书中肯的评语将和对本书感兴趣的读者产生共鸣。最后，衷心感谢颉腾文化，他们是提高本书质量的关键因素。需要感谢的个人和团体还有很多，不再赘述，一并表达感谢！跨文化领导力不但关乎企业的成长和发展，更强调个人内在素质和外在影响力的培养。希望阅读本书的读者从本书中披沙拣金，并对本书内容给予反馈和提出建议，这将鼓励和鞭策我们在未来的工作中再接再厉。

编者

2022 年 7 月

于北京大学承泽园